LÉON ET SOPHIE TOLSTOÏ

Louise **SMOLUCHOWSKI**

LÉON ET SOPHIE TOLSTOÏ

Portrait d'un mariage

Traduit de l'américain par Marc Cholodenko

Olivier Orban

Ouvrage publié
sous la direction de
Mustapha Tlili

Pour Nancy, qui inspira mon intérêt pour les
Tolstoï et pour ceux qui firent que ce livre existe :
Alan, Bob et surtout Roman.

NOTE SUR LA TRANSCRIPTION

Afin de préserver l'atmosphère russe, les prénoms ont été transcrits de manière aussi proche que possible de l'original — Lev plutôt que Léon, Sonia plutôt que Sophie, Nicolaï, Andreï et ainsi de suite. La transcription habituelle des noms historiques (Pierre le Grand, Nicolas Ier) a été conservée et la terminaison féminine n'est pas utilisée pour les noms de famille.

Chapitre premier

A LA RECHERCHE DE L'AMOUR
1828-1862

I

Le 23 septembre 1862, en l'église de l'Immaculée Conception, à l'intérieur du Kremlin, le cœur fortifié de Moscou qui enfermait le palais impérial, les bâtiments officiels et les demeures de l'aristocratie, à la lueur scintillante des cierges, une cérémonie solennelle unit Lev Nicolaïevitch Tolstoï et Sonia Andréevna Bers. Ainsi commencèrent l'un des plus célèbres mariages et une relation qui devait connaître plus d'amour et de bonheur, de douleur et de rancœur, de bouleversements dramatiques et de développements inattendus qu'on imaginerait en quarante-huit ans de vie commune.

A la famille et aux amis comme aux promeneurs venus des jardins du palais et des parcs, les époux semblaient peut-être former un couple peu assorti. Le marié avait trente-quatre ans ; il était comte, descendait d'une vieille famille russe, avait beaucoup voyagé, beaucoup vécu et était déjà un écrivain célèbre. La mariée avait à peine dix-huit ans et sa silhouette mince de toute jeune fille la faisait paraître encore plus jeune. Elle avait été élevée à l'intérieur du Kremlin, son père étant médecin auprès de la cour. Sa connaissance du monde au-delà de Moscou ne s'étendait pas plus loin que Pokrovskoë, petite ville distante de treize kilomètres où la famille Bers possédait une maison d'été.

Malgré les différences d'âge et d'expérience, les nouveaux

11

époux se connaissaient depuis longtemps. Toute sa vie d'adulte, mis à part le temps passé à l'armée et à l'étranger, Lev avait fréquenté la maison Bers, tant à Moscou qu'à la campagne. Depuis de nombreuses années, il vivait une histoire d'amour heureuse avec toute la famille : le docteur Bers, sa femme Lioubov et leurs huit enfants. L'atmosphère pleine de chaleur, d'animation, d'espièglerie et d'amour qui régnait chez les Bers l'avait séduit. Sonia était encore une enfant quand Lev avait commencé sa quête de la femme idéale.

Son idéal féminin était sa mère, Maria Tolstoï, morte quand il avait deux ans en lui laissant, à défaut de souvenirs réels, une image créée par la tradition familiale. C'était une femme intelligente, d'une grande exigence morale et intellectuelle qui s'était entièrement dévouée à sa famille. Sans beauté, à part ses grands yeux expressifs, elle avait cinq ans de plus que Nicolaï Tolstoï, le bel officier qu'elle avait épousé. C'était un mariage de convenance : Nicolaï avait grand besoin de l'argent de sa femme et Maria, à trente-deux ans, ne pouvait espérer un autre parti. Il y avait eu un flirt entre Nicolaï et Tatiana Iergolsky, pupille pauvre de la famille Tolstoï, mais, comme Sonia dans *Guerre et Paix*, Tatiana accepta le fait que son soupirant fût forcé de faire un mariage d'argent.

Quand Nicolaï et son épouse s'installèrent à Iasnaïa Poliana, le domaine, situé à deux cents kilomètres au sud de Moscou, que Maria avait hérité de son père, le prince Volkonsky, Tatiana Iergolsky les y accompagna et elle y vécut presque toute sa vie.

Durant les sept premières années de leur mariage Maria et Nicolaï eurent quatre fils : Nicolaï, Sergueï, Dmitri et Lev — suivis par une fille, Maria, qui naquit cinq mois exactement avant la mort de sa mère. Bien que leur union eût été dépourvue d'amour, une affection profonde s'était développée entre Nicolaï et sa femme et sa perte fut pour lui aussi grande que pour ses enfants. Six ans plus tard, Nicolaï demanda à Tatiana Iergolsky de l'épouser et d'être une mère pour ses enfants. « Tante » Tatiana, satisfaite et heureuse de sa position assurée dans la famille, ne voulut pas se marier mais elle accepta avec joie de s'occuper des enfants. Bien qu'aucun des intéressés n'ait jamais mentionné cette demande en mariage,

12

une note de la main de Tatiana, trouvée après sa mort dans son petit sac brodé de perles, le confirme.

Le petit Lev admirait de loin son fringant père. Son monde était composé de femmes : sa nurse, sa grand-mère Pélagueïa Tolstoï, la fille aînée de celle-ci, tante Alexandra (sa fille cadette, tante Pelagueïa, vivait à Kazan) et sa « tante » favorite, celle qu'il aimait le plus, Tatiana. Tatiana était aussi une créature idéale, moins intelligente et cultivée que la mère de Lev, mais tout aussi dévouée aux autres. Quand Lev fut en âge de partager la vie de ses frères, Nicolaï, l'aîné, leur fit découvrir un autre genre d'idéalisme : le désir d'un monde parfait où la douleur était inconnue et où tout le monde s'aimait ; le secret qu'il fallait connaître pour atteindre ce monde était écrit sur un bâton vert enterré dans les bois de Iasnaïa Poliana. Cette fable heureuse garda son importance pour Lev tout au long de sa vie. Soixante ans plus tard, il consigna dans son journal son désir d'être enterré près de l'endroit où le bâton vert était censé être caché.

En 1837, quand Lev avait neuf ans, son père mourut. Tante Alexandra devint la tutrice des enfants ; elle mourut quatre ans plus tard et tante Pélagueïa prit sa place. Tante Pélagueïa emmena les enfants chez elle à Kazan, port actif sur la Volga situé à environ sept cents kilomètres à l'est de Moscou. A Kazan, les aînés étaient à l'université et à l'âge de quatorze ans, Lev fut initié aux délices de la société — le jeu, la boisson, les tziganes et les prostituées — délices auxquelles il prit part avec délectation et qu'il avait appris, avant d'avoir atteint l'âge de dix-neuf ans, à condamner avec autant de passion. La bataille s'était alors déjà engagée entre ses principes idéalistes et ses appétits naturels parfaitement normaux. Ce conflit le distingue de la plupart des jeunes aristocrates de la Russie du XIXe siècle. Tourguéniev, par exemple, séduisit les paysannes de ses domaines, eut au moins un enfant illégitime et entretint une longue liaison avec une femme mariée, sans que toute cela nuise à sa réputation. Lev était incapable d'une telle indifférence aristocratique. Les plaisirs que les hommes de son milieu jugeaient ordinaires et dont il avait joui au début devinrent bientôt des péchés à ses yeux. La première fois que ses frères l'emmenèrent au bordel, Lev resta debout à côté du lit de la prostituée et pleura de pitié pour elle[1].

Le journal qu'il commença, au cours de sa troisième année à l'université de Kazan, abonde en résolutions de vivre en accord avec ses idéaux mais, hélas ! « Il est plus facile d'écrire dix volumes de philosophie que de mettre un seul précepte en pratique. » C'est dans un lit d'hôpital qu'il écrivit les premières lignes de son journal :

> 17 mars 1847. Kazan. Voilà six jours que je suis entré en clinique et voilà six jours que je suis presque satisfait de moi-même. *Les petites causes produisent de grands effets* *.

La petite cause était une blennorragie et le grand effet sa réforme. A l'âge de dix-huit ans, il commença à consigner ses faiblesses et à se fixer de nouveaux idéaux, occupation qu'il conservera toute sa vie.

L'idéalisme de Lev ne s'étendait pas jusqu'au domaine des études et ses notes n'étaient pas brillantes. Il avait peu de respect pour la plus grande partie du corps enseignant et pour ses méthodes et il manquait d'allant pour travailler en vue d'obtenir un diplôme qui n'aurait aucun sens pour lui. Aujourd'hui les piètres études universitaires de Lev pourraient être attribuées à son incapacité de se choisir une carrière ou un but dans la vie. Sans attaches religieuses profondes, privé de père et de mère, il dut lutter seul pour établir un ensemble de buts et de valeurs morales. « J'en suis venu à voir clairement, écrit-il dans son journal, que la vie irrégulière que la majorité des gens élégants considèrent comme un effet de la jeunesse est, en réalité, celui d'une corruption précoce[2]. » Lev tenait ses fréquentations pour responsables de sa corruption mais il reconnaissait qu'on ne change pas de caractère par une simple modification des influences extérieures. Il ne cessait de se demander : « Quel est le but de la vie de l'homme ? » A dix-huit ans, Lev décida qu'il lui serait plus facile de découvrir le but de la vie à l'extérieur de l'Université. Après trois ans d'études, il demanda à partir, alléguant des raisons « fami-

---

* En français dans le texte.

liales » et de santé. Sa requête fut accordée et, au printemps 1847, Lev retourna chez lui pour prendre en charge la direction de Iasnaïa Poliana. Selon une coutume assez répandue en Russie, Lev, en tant que fils cadet, avait hérité la maison de famille[3]. Il se fixa trois objectifs : améliorer la condition des paysans, augmenter la productivité et s'instruire. Il résolut de « mener à bien tout ce qu'on s'est fixé », mais reconnut que sa volonté mentale et physique pouvait n'être pas à la hauteur de ses résolutions[4]. Son premier emploi du temps quotidien était ambitieux mais, ainsi qu'il le note par la suite, rien n'en fut accompli.

Pendant les quinze années suivantes, il s'intéressa à l'éducation des enfants, créa une méthode d'enseignement originale qu'il essaya avec succès dans une école qu'il fonda pour les enfants des paysans à Iasnaïa Poliana. Tandis qu'il servait dans l'armée au Caucase, il écrivit et publia son premier roman, *Enfance*, qui lui valut sur-le-champ une réputation d'écrivain. *Le Contemporain*, magazine littéraire fondé par Pouchkine, publia ses récits du siège de Sébastopol. Les cercles intellectuels de Saint-Pétersbourg reconnaissaient en Tolstoï un penseur original et stimulant. Il était également connu à Saint-Pétersbourg et à Moscou comme gros buveur, joueur, amateur de tziganes et mondain débauché. Il notait avec dégoût son indolence, son laisser-aller et son manque de tenue morale.

Tout ce temps, Lev était vivement conscient de ce qu'il resterait incomplet tant qu'il n'aurait pas trouvé cet être qui serait « l'autre » dans sa vie. A l'âge de vingt-neuf ans il faillit tomber amoureux de Valéria Vladimirovna Arsenev, une jolie jeune femme qui vivait avec sa tante et ses sœurs non loin de Iasnaïa, mais son journal et même ses lettres à Valéria révèlent que l'idylle était trop calculée.

Quatre ans après ce flirt, Lev ressentit l'attirance physique la plus forte qu'il ait jamais connue. Aksinia Bazykine était une paysanne qui vivait sur le domaine (son mari était à l'armée). Lev décrit leur liaison comme une sorte de mariage — Aksinia lui donna un garçon — mais en même temps il se traite de « bête » et éprouve de la honte d'avoir abusé d'une jeune femme. Il n'oublia jamais ni ne se pardonna cette liaison avec Aksinia [5]. Il continuait à rêver d'une épouse qui fût belle, idéaliste et peut-être intelligente, aussi. Lev était très attaché à une cousine, de onze ans son aînée, Alexandra Tolstoï, qu'il appelait plaisamment « grand-mère » parce que, disait-il, elle n'était pas assez vieille pour prétendre au titre respectueux de « tante ». « Grand-mère » était intelligente, sensible, sophistiquée ; dame d'honneur à la cour, elle était à l'aise dans les cercles élégants et intellectuels. Elle appréciait son jeune cousin qui était toujours heureux de se trouver dans sa compagnie stimulante. Ses visites à « grand-mère » lui faisaient prendre conscience de la solitude de sa vie de célibataire, bien que le seul fait d'imaginer la femme de ses rêves pût lui apporter une grande joie. A la fin, ces rêves délicieux se mêlèrent au tableau plus réaliste du bonheur familial qu'offrait la vie chez les Bers.

L'affection de Lev pour les Bers datait de l'époque de son enfance où il jouait avec Lioubov Islenev et son frère Constantin. Lioubov avait quelques années de plus que Lev qui fut brièvement amoureux d'elle. Un jour, pris de jalousie, il la poussa dans les escaliers parce qu'elle ne lui prêtait pas assez d'attention. Lioubov survécut au châtiment. A l'âge de quinze ans, elle alla passer un hiver avec sa famille à Tula, capitale de la province. Tula n'était qu'à quelques kilomètres de Iasnaïa mais l'époque où elle jouait avec les jeunes Tolstoï était révolue. Au cours de son premier hiver en ville, Lioubov contracta une fièvre dangereuse qu'aucun des médecins de la ville ne fut capable de guérir. En désespoir de cause, son père envoya un message à Andreï Ievstafévitch Bers, un médecin de Moscou qui était en visite chez Tourguéniev dont le domaine était proche. Le docteur Bers était un bel homme de trente-cinq ans, grand, imposant, avec du charme et de la pondération. Il avait été l'amant de la mère d'Ivan Tourguéniev, Varvara, femme quelconque et volontaire qui traitait son millier de serfs avec une effroyable cruauté. La douce Lioubov, qui était proche de la mort quand le docteur la vit pour la première fois, présentait un contraste saisissant avec Varvara. Emu par l'état de la jeune fille, le docteur Bers resta à Tula pour soigner sa patiente jusqu'à ce qu'elle guérit. Entre-temps, il tomba amoureux d'elle. Quand Lioubov avoua qu'elle partageait cet amour, sa mère et son père furent consternés. Les Islenev étaient de grands propriétaires terriens, alliés à la célèbre famille des Chérémétiev et ils ne pouvaient accepter pour gendre un homme qui exerçait une profession et n'avait ni fortune ni alliances[6]. Ses ascendants allemands leur faisaient également horreur, sans compter qu'il était de vingt ans plus âgé que la jeune fille. Mais l'amour l'emporta et le mariage eut lieu en août 1842. Lioubov s'installa à Moscou dans l'appartement du docteur Bers qui, étant donné sa situation de médecin à la cour, était contigu au palais. Il était loin d'être élégant, cependant, et semblait une cage aux yeux de Lioubov, qui était habituée aux pièces spacieuses et aux larges avenues bordées de tilleuls du domaine familial. Suivant la suggestion de son mari, elle poursuivit ses études jusqu'à la naissance de ses enfants, treize en tout, dont huit vécurent. Parmi les quatre premiers, il y avait un garçon, Alexandre (Sacha), et trois filles — Elizabetha, Sofia et Tatiana, plus familièrement appelées Liza, Sonia et Tania. Les quatre derniers enfants étaient tous des garçons.

Pour *Guerre et Paix*, Lev modela la famille Rostov en partie sur les Bers — la maison hospitalière, les nombreux enfants, parents et familiers, les invités qui venaient avec famille et domestiques et restaient des mois entiers —, mais le docteur Bers n'appartenait pas à la noblesse terrienne et n'ambitionnait pas de s'y faire une place par son mariage. Il s'intéressait à toutes sortes de gens. Dans ses mémoires, qu'elle écrivit à l'âge de soixante-dix ans, Tania, la sœur de Sonia, évoque une réunion dans le bureau de son père à laquelle participaient un paysan, un prince (Galitzine), un violoniste, un doyen de l'université de Moscou et un acteur, tous amis du docteur Bers. Ainsi les enfants Bers grandirent dans une atmosphère d'indépendance où les idées et le talent étaient plus respectés que la position sociale et où l'éducation était considérée comme importante, même pour les filles. Liza et Sonia obtinrent toutes deux un diplôme de professeur d'enseignement primaire. Liza était celle qui lisait le plus mais c'est Sonia qui, à l'âge de dix ans, lut en entier *Enfance* et sa suite, *Adolescence*. Ces deux livres intéressèrent particulièrement les Bers car l'auteur s'était inspiré, pour certains personnages, de la famille Islenev. Lev fit observer un jour à Lioubov qu'elle avait dû y reconnaître un grand nombre de personnes qui lui étaient proches et chères[7]. Quand Lev rendit visite au docteur Bers, peu après la publication d'*Adolescence*, Sonia attacha des rubans au fauteuil où il s'était assis. Lev ne fait pas mention de cette visite dans son journal mais il note :

> 18 février 1854... Je ne me rappelle rien sinon que je suis à Moscou. Une existence déréglée, tant physiquement que mentalement et j'ai dépensé trop d'argent.

Deux ans plus tard il fit une visite aux Bers qu'il jugea digne d'un commentaire :

> Eté à Pokrovskoë... et dîné chez Lioubov Bers. Les enfants nous ont servi, des petites filles délicieuses et gaies, ensuite nous sommes allés faire une promenade et nous avons joué à saute-mouton.

Les petites filles délicieuses et gaies avaient six ans de plus en 1862. Liza et Sonia avaient les cheveux relevés et portaient des robes longues. Seule Tania restait férocement attachée aux prérogatives de l'enfance ; pitre et taquine, elle exprimait librement ses affections et ses humeurs. Les trois sœurs étaient sensibles, intelligentes et possédaient une vitalité et une vivacité d'esprit qui les rendaient très attirantes. L'un des amis les plus proches de Lev, le poète russe Afanasy Fet, rencontra les filles Bers en 1862 et trouva que leur charme avait « *quelque chose du chien* »[*][8].

Les trois filles, cependant, étaient devenues trois jeunes femmes tout à fait différentes. Liza était calme et sensible. Toute jeune déjà, elle préférait rester allongée à lire sur un canapé tandis que Sacha jouait avec ses sœurs. Parfois Liza leur reprochait leur manque de manières, à quoi ils répondaient en la taquinant et en l'accusant d'être hautaine. Les photographies de Liza trahissent l'anxiété : peut-être Liza souffrait-elle d'une insécurité qu'elle masquait sous cet air hautain. Sonia, moins belle, avait une joliesse que paraient

* En français dans le texte.

tous les charmes d'une santé éclatante — des joues roses, de magnifiques cheveux, noirs comme ses grands yeux. Sonia était connue pour être la plus sentimentale de toutes et ses changements d'humeurs pouvaient être brusques. Le docteur Bers pensait que sa seconde fille ne serait peut-être jamais totalement heureuse. La préférée de tous était Tania, l'adorable lutin, la charmeuse irrésistible qui devint un des modèles de l'enchanteresse Natacha Rostov dans *Guerre et Paix*. Laissons Lev décrire lui-même Tania (Natacha) :

> Sans être jolie, cette petite personne aux yeux noirs, à la bouche trop grande, pétillait de vie ; l'ardeur de la course avait emmêlé ses boucles noires, rejetées en arrière, et faisait encore tressauter sous le corsage ses épaules maigrelettes ; ses bras graciles étaient nus, ses petites jambes sortaient d'un pantalon à dentelles, tombant sur des souliers découverts. Elle atteignait cet âge charmant où la jeune fille n'est plus une enfant, tandis que l'enfant n'est pas encore une jeune fille [9].

Lev s'intéressait à chacune des filles. Il s'entretenait de littérature et de sujets graves avec Liza, parlait de l'éducation des enfants ou jouait du piano avec Sonia, mais il traitait Tania comme si elle était beaucoup plus jeune que ses quinze ans, la portant sur son dos et se faisant le complice de ses farces. Parfois, il l'accompagnait au piano quand elle chantait et il l'avait surnommée « Madame Viardot », du nom de la maîtresse de Tourguéniev, chanteuse d'opéra célèbre. Il se sentait aussi heureux et à l'aise au sein de la famille que s'il avait été un oncle ou un cousin cher. A partir de l'été 1862, les visites de Lev se firent plus fréquentes et ses attentions plus assidues ; bref, il se conduisait soudain comme un homme qui venait faire sa cour. La famille croyait qu'il courtisait Liza, l'aînée. Il était évident pour le docteur Bers que les cadettes ne pouvaient faire l'objet d'attentions sérieuses avant que l'aînée ne fût mariée ; de plus, selon toute apparence, Liza aurait fait une superbe comtesse Tolstoï. Elle avait de la classe et de l'agilité d'esprit. Un potin colporté par les deux gouvernantes allemandes, celle des Bers et celle de Maria Nicolaïevna, la sœur de Lev, confirma chacun dans l'idée qu'il s'agissait bien de Liza. Les gouvernantes racontaient avoir entendu le comte confier à sa sœur qu'il aimait tant la famille Bers que, s'il se mariait jamais, ce serait avec l'une de leurs filles. A quoi Maria Nicolaïevna avait répondu que Liza ferait une excellente épouse.

Mais sérieux et raison ne suffisaient pas à Lev, qui n'avait pensé que brièvement à Liza avant de fixer son choix sur Sonia. Les serviteurs, cependant, se mirent à flatter Liza en supposant l'intérêt que le comte Tolstoï était censé lui porter. L'austère jeune fille s'adoucit de manière sensible ; elle faisait plus attention à sa mise, portait des coiffures nouvelles et passait de longs moments devant son miroir. Ses sœurs la taquinaient à propos de Lev Nicolaïevitch qu'elles appelaient maintenant « *le comte* » *. Sonia, elle aussi, avait un soupirant, un jeune cadet de belle apparence, Mitrofan Andreïevitch Polivanov, et il était admis qu'une fois que Liza aurait épousé *le comte*, Polivanov ferait une cour sérieuse à Sonia. En attendant, il était entendu entre Sonia et Mitrofan qu'ils étaient amoureux l'un de l'autre et Mitrofan assura généreusement à Sonia qu'il ne la retiendrait pas si elle changeait d'avis.

La famille Bers passa l'été 1862 dans une atmosphère d'agitation romantique. A Pokrovskoë, il y avait chaque jour des invités pour le thé et le dîner. Sacha, qui était lui-même cadet, amenait des camarades en visite et le docteur Bers observait d'un œil approbateur l'homme qu'il croyait être le prétendant de Liza. Son épouse était moins satisfaite, mais elle consentait. Les jeunes gens, auxquels Lev s'était maintenant mêlé, faisaient de longues promenades au clair de lune ou restaient assis sur la véranda à parler jusqu'à minuit passé. A l'heure du coucher, les confidences allaient bon train dans la chambre que les sœurs partageaient. C'est Tania, avec son sens de l'observation et son intuition, qui fut la première à se rendre compte que les choses n'étaient pas tout à fait telles qu'elles paraissaient. Après que Liza se fut endormie, Tania murmura à Sonia : « *Sonia, tu aimes le comte ?* » * et Sonia sans paraître surprise ni choquée, murmura en retour : « *Je ne*

* En français dans le texte.

sais pas » *. Cette nuit-là, Sonia pleura un peu dans son oreiller avant de s'endormir et Tania resta éveillée en méditant sur les caprices de l'amour [10].

Il n'y a pas un mot dans le journal de Lev pour indiquer le moment où il pensa, pour la première fois, à Sonia comme à une épouse possible. Son journal pour 1862 est presque vide jusqu'à la fin d'août et à ce moment, Lev était en proie aux tourments de l'amour. L'idée qu'elle pourrait devenir la comtesse Tolstoï était flatteuse et excitante pour Sonia et il est peu surprenant que son idylle avec Polivanov ait pâli. Le jeune cadet avait l'avantage sur un seul point — il était beau. Lev, mis à part ses yeux gris-bleu perçants, était laid. Il avait déjà perdu beaucoup de dents, sa barbe était hirsute et il avait les grosses mains rouges d'un paysan. Jeune homme, Lev regrettait de ne pas avoir la belle apparence qu'on associe à l'héroïsme et à la distinction, mais en 1862, il y avait déjà longtemps qu'il ne faisait que de rares allusions à son physique. De plus, ce n'était pas son apparence, mais sa personnalité qui le rendait intéressant aux yeux des Bers et ils étaient particulièrement fiers de ses romans et de ses réalisations dans le domaine de l'éducation. Liza et Sonia lisaient régulièrement le journal consacré à l'éducation qu'il publiait à Iasnaïa. Tout ce qu'il avait déjà accompli aurait peut-être été suffisant pour susciter l'émoi des sœurs Bers mais il possédait quelque chose de plus qui le distinguait des autres. Son extrême sensibilité aux gens et une sorte de feu intérieur, peut-être entretenu par les conflits qui le divisaient, lui conféraient une présence pleine de magnétisme et de charme. Bien plus tard, Tania Bers écrivit de lui : « Où qu'il fût, les choses étaient plus animées et intéressantes. » Les filles Bers étaient bien préparées à réagir à cet intérêt et à cette vitalité, particulièrement la seconde, sentimentale et réfléchie qu'elle était.

* En français dans le texte.

Au début du mois d'août, le déroulement de l'idylle se précipita. Lioubov Bers emmena ses trois filles et deux de leurs plus jeunes frères chez leur grand-père Islenev et sa seconde femme à Ivitsky[11]. Quoi de plus naturel que d'aller faire une visite à Iasnaïa Poliana qui n'était qu'à quelques heures de route du domaine d'Islenev ? La sœur de Lev, Maria Nicolaïevna, habitait avec son frère. Lioubov avait grande envie de voir son amie d'enfance et peut-être aussi de favoriser la cour supposée de Lev à Liza. Moins satisfaite que ne l'était son mari, elle se fit rapidement à l'idée d'un prétendant qui portait le titre de comte, appartenait à une des plus vieilles familles de Russie et était un écrivain célèbre.

Les Bers firent halte dans une auberge à Serpoukhov, à mi-chemin entre Moscou et Tula. Les enfants furent très excités par leur séjour à l'auberge, l'odeur des écuries et du foin et le départ matinal au chant du coq, dans la brume planant sur les prés. Une fois achevée la visite à la famille de Lioubov à Tula, on prit la route pour la propriété des Tolstoï, Iasnaïa Poliana, « la clairière ensoleillée ». La maison s'élevait en effet dans une prairie qu'entouraient des bois, et consistait en un bâtiment blanc plein de coins et de recoins dominant un étang. Mme Bers trouva l'endroit tout à fait familier et nostalgique, bien que différent de ce qu'il était quand elle avait joué là avec les enfants Tolstoï. Depuis, Lev avait vendu une partie de la maison pour payer ses dettes de jeu. Cette partie avait été complètement enlevée et, à sa place, Lev avait planté des arbres et des buissons de lilas.

La visite des Bers fut une joyeuse surprise pour leurs hôtes. Des années plus tard, quand Sonia écrivit l'histoire de son mariage, elle commença par cette visite à Iasnaïa Poliana.

> Maria Nicolaïevna et Lev Nicolaïevitch nous accueillirent avec enthousiasme. Tante Tatiana Alexandrovna nous reçut cordialement mais avec plus de réserve et dans un excellent français. Sa dame de compagnie

Natalia Petrovna me pressa contre son épaule sans dire un mot... Ils nous conduisirent dans une grande pièce voûtée qui était meublée non pas simplement mais même pauvrement. Il y avait des canapés peints en blanc contre les murs avec, en guise de dossier, des coussins très durs recouverts de toile à matelas à rayures bleues et blanches. Une chaise longue était peinte du même blanc... C'était le début d'août et déjà les jours étaient plus courts. Nous avions eu à peine le temps de courir autour du jardin que Natalia Petrovna nous emmena aux framboises. Pour la première fois de notre vie, nous mangeâmes des framboises à même les branches....

Quand il commença à faire sombre, mère m'envoya au rez-de-chaussée pour ranger nos affaires et préparer les lits. Douniacha (la femme de chambre de tante Tatiana) et moi-même étions occupées à tout préparer pour la nuit quand soudain Lev Nicolaïevitch entra et Douniacha lui dit qu'il y avait trois lits sur les canapés mais pas d'endroit pour un quatrième.

— Mais la *chaise longue** fera l'affaire, dit Lev Nicokaïevitch et il la déploya.

— Je dormirai sur la *chaise longue**, dis-je. — Et je ferai votre lit, dit Lev Nicokaïevitch, et avec des mouvements maladroits et empruntés il commença à préparer le lit. Cette façon intime que nous eûmes de préparer le lit à deux m'intimida, mais d'une manière agréable. Quand tout fut prêt nous montâmes... Le petit serviteur louchon, Alexis Stéfanovitch, était en train de mettre la table... Je pris une chaise et allai seule sur le balcon pour admirer la vue. Dans mon esprit il y avait quelque chose de nouveau, très fort, sérieux, heureux et infini. Tout le monde alla dîner... Lev Nicolaïevitch m'appela pour que je vienne dîner.

« Non merci, dis-je, je ne veux pas manger. C'est si beau ici ! » Lev Nicolaïevitch retourna dans la salle à manger mais il ne termina pas son dîner. Il revint me

* En français dans le texte.

voir sur le balcon. De quoi il parla, je ne me rappelle pas en détail. Je me rappelle seulement qu'il dit : « Comme vous êtes claire et simple ! » Et ceci me fut très agréable. Comme je dormis bien sur la *chaise longue** que Lev Nicolaïevitch avait préparée pour moi !

Le lendemain matin il faisait beau et Sonia se réveilla d'humeur heureuse. On dressa des plans pour faire un pique-nique dans l'après-midi ; la voiture fut attelée et Lev, qui devait aller à cheval, suggéra que Sonia l'accompagne sur son cheval Belogoubka. Elle avait très envie d'accepter mais elle refusa parce qu'elle n'avait pas de tenue d'amazone. Elle portait, se rappela-t-elle plus tard, une jolie robe jaune avec des boutons de velours sombre et une ceinture assortie.

« Ça ne fait rien, lui dit Lev, il n'y a pas de datchas dans les bois et personne ne vous verra. » Il aida Sonia à monter sur Belogoubka. Elle se sentit incroyablement heureuse tandis qu'elle galopait dans les bois avec Lev Nicokaïevitch.

Arrivés sur le lieu du pique-nique, on installa le samovar et on prépara le dîner. Tout le monde était gai et Lev persuada tous les participants d'escalader une grande meule pour se laisser glisser jusqu'en bas ; mais avant de redescendre, on s'allongea au sommet pour chanter des chansons et regarder le coucher de soleil.

Plusieurs jours plus tard les Bers allèrent à Ivitsky où le grand-père Islenev et sa seconde femme avaient un train de maison plus élégant que celui de Iasnaïa. Le lendemain, Lev arriva à l'improviste, monté sur son cheval blanc. Il était d'excellente humeur. Comme d'habitude à Ivitsky, il y avait de nombreux invités et on dansa après dîner. Ceux qui savaient jouer se relayaient au piano. Sonia portait une robe blanche et mauve avec des nœuds lilas aux épaules d'où pendaient des rubans qu'on appelait des *suivez-moi**.

« Comme vous êtes tous élégants ! » dit Lev et il ajouta en souriant à Sonia qu'il aurait aimé que tante Tatiana fût là pour la voir. Mais il ne se joignit pas à la danse.

* En français dans le texte.

— Vous ne dansez pas ? demanda Sonia.

— Non, je suis bien trop vieux.

Tania l'entendit et déclara : « Vous ne me paraissez pas vieux », mais après l'avoir fixé de manière très soutenue elle ajouta : « Mais vous ne me paraissez pas jeune non plus. » Ils rirent et Lev accepta de faire un tour de valse avec Tania, après quoi il retourna s'asseoir. On avait installé des tables de jeu pour ceux qui ne dansaient pas. Les joueurs notaient les points à la craie sur les tapis verts qu'on effaçait ensuite. Quand il se fit tard, Mme Bers suggéra que ses filles aillent se coucher, mais comme Sonia partait, Lev l'appela dans la pièce vide qui avait servi pour le jeu. Tania les suivit sans se faire voir et se glissa sous le piano pour écouter leur conversation.

— Sofia Andréevna, dit Lev, venez ici un instant.

— Qu'est-ce que c'est ?

— Lisez ce que je vais écrire.

— Très bien.

— Mais j'écrirai seulement les premières lettres et vous devez deviner les mots en entier.

— Comment cela ? C'est impossible. Eh bien ! d'accord.

Lev effaça les marques du tapis, prit la craie et se mit à écrire. Tous deux étaient très sérieux et émus. Sonia observait sa grande main rouge. Lev écrivit : « V. j. c. v. b. d. b. n. m. r. q. t. m. a. e. l. i. d. m. b. » Sonia lut tout haut : « Votre jeunesse et votre besoin de bonheur ne me rappellent que trop mon âge et l'impossibilité de mon bonheur. » Son cœur se mit à battre violemment, le sang lui cognait aux tempes et son visage était en feu. Plus tard, elle se rappela ce qu'elle éprouvait : « Hors du temps, j'avais perdu conscience du monde ; il me semblait qu'à ce moment j'étais capable de tout faire, de tout comprendre, d'embrasser l'immensité. »

« Maintenant, encore une fois », dit Lev et il écrivit : « V. f. s. f. u. f. i. d. m. r. a. v. s. L. V. e. v. s. T. d. m. d. » Sonia déchiffra facilement : « Votre famille se fait une fausse idée de mes relations avec votre sœur Liza. Vous et votre sœur Tania devez me défendre. » Lev l'écouta sans témoigner de surprise, comme s'il était parfaitement naturel que Sonia lût

25

ses pensées. Le lendemain matin il partit, mais non sans avoir arraché aux Bers la promesse de s'arrêter à Iasnaïa sur le chemin du retour.

La visite de Lev n'avait pas été longue mais elle laissait les filles Bers dans une grande agitation. Liza était comme folle, convaincue que Lev l'aimait mais que Sonia usait de procédés malhonnêtes pour le lui voler. Elle se demandait si elle devait se battre pour l'obtenir, comme Sonia, croyait-elle, le faisait. En désespoir de cause, elle se confia en pleurant à Tania. Tania n'avait-elle pas observé que Sonia était en train de lui prendre *le comte*? N'avait-elle pas vu les regards aguicheurs de Sonia, l'attention inhabituelle qu'elle portait à son apparence? Tania essaya de rassurer Liza mais elle n'eut pas le courage de dire à sa sœur que Lev Nicolaïevitch s'était quasiment déclaré à Sonia. Elle attendit que sa mère fût couchée et lui dit que la famille se trompait en pensant que c'était Liza qui était courtisée. Lioubov se fâcha et déclara que Tania disait n'importe quoi mais, après avoir gardé le silence un moment, elle demanda : « Sonia t'a-t-elle dit quelque chose à ce propos ? » Tania reconnut qu'elle l'avait fait, mais en secret. Tania devina que sa mère s'inquiétait pour le docteur Bers qui adorait sa fille aînée. Il savait qu'elle désirait ardemment devenir comtesse Tolstoï et il croyait fermement à la convention qui veut que la fille aînée soit courtisée la première. Il supporterait mal le chagrin de Liza et c'était cela qui inquiétait son épouse.

La seconde visite des Bers à Iasnaïa fut moins réussie. Les adultes étaient fatigués et les enfants impatients de retourner à Pokrovskoë. Comme ils se tassaient dans la voiture, Lev annonça soudain : « Je pars avec vous. Comment pourrais-je rester à Iasnaïa maintenant? Tout va être si vide et ennuyeux. » Tout le monde partit, sauf tante Tatiana et sa dame de compagnie, car la sœur de Lev les accompagnait afin de prolonger son séjour auprès de Lioubov. Il fut décidé que Lev s'assiérait sur le siège extérieur qu'il partagerait d'abord avec Liza et ensuite avec Sonia. Quand le froid du soir tomba, Sonia était à l'extérieur, chaudement emmitouflée aux côtés de Lev qui lui faisait de longs récits de son séjour dans le Caucase. Sonia se rappelle :

J'étais si heureuse d'entendre sa voix calme et voilée, tendre et émouvante comme si elle venait de très loin. Et puis je m'endormais quelques minutes et puis je m'éveillais et une fois de plus sa voix me contait de beaux récits poétiques sur lui quand il était au Caucase. J'avais honte d'avoir sommeil mais j'étais encore si jeune et, bien que je fusse désolée de ne pas entendre tout ce que disait Lev Nicolaïevitch, il y avait des moments où je ne pouvais pas résister au sommeil.

Ils voyagèrent toute la nuit. Près de Moscou, ils firent une dernière étape et tout le monde sortit de la voiture pour entrer dans le relais pendant qu'on changeait les chevaux. Liza venait de voyager dehors et c'était le tour de Sonia mais Liza insista pour rester à l'extérieur, prétextant que l'air à l'intérieur de la voiture était trop lourd pour elle. Sonia n'eut pas le cœur de dire non à sa sœur.

— Sofia Andréevna, cria Lev, vous savez que c'est votre tour de voyager dehors.

— Je sais mais j'ai trop froid, répondit Sonia et la portière se referma. De l'intérieur, elle put voir Lev demeurer immobile quelques minutes, plongé dans ses pensées, avant de prendre place à côté de Liza.

A Moscou, Lev loua une chambre à un cordonnier allemand afin d'être près des Bers à Pokrovskoë. Le 23 août, il reprit son journal longtemps négligé et y fit mention de Sonia pour la première fois mais sans écrire son nom :

> 23 août... Passé la nuit chez les Bers. Une enfant ! Exactement comme une enfant ! Mais quel désordre ! Ah ! si seulement je pouvais me regarder clairement et honnêtement... J'ai peur de moi-même. Et si ce n'était que cela, le désir de l'amour et non l'amour ? J'essaye de ne voir que ses côtés faibles mais même ainsi, cela existe. Une enfant ! Exactement comme une enfant !

Deux jours plus tard, il alla à pied chez les Bers et Sonia lui donna un récit qu'elle avait écrit. L'héroïne s'appelait Elena, elle avait de beaux yeux noirs. Sa sœur aînée, Zinaïda, était froide et fière et la cadette, Natacha, était un lutin gâté par tout le monde. Elena était courtisée par un homme plus âgé, Doublitsky, qui n'était pas attirant physiquement, plutôt vacillant dans ses opinions, mais plein d'énergie et d'intelligence. Un beau jeune homme s'intéressait également à Elena, Smirnov, qui l'avait demandée en mariage mais qu'elle avait repoussé à cause de l'attrait qu'elle éprouvait pour Doublitsky. Zinaïda pensait que Doublitsky était amoureux d'elle. Elena était torturée par l'indécision — elle admirait Doublitsky mais son intelligence subtile la mettait mal à l'aise. Elle résolvait son problème en entrant au couvent. Doublitsky épousait Zinaïda et en fin de compte Elena quittait le couvent et épousait Smirnov. Peut-être était-ce là un avertissement à peine déguisé enjoignant Lev de se déclarer, faute de quoi Sonia se tournerait du côté de Mitrofan Polivanov. Lev était troublé :

> Elle m'a donné un récit à lire. Quelles vérités et quelle simplicité pleines de force ! Elle est torturée par l'incertitude. J'ai tout lu sans me troubler, sans un signe de jalousie ni d'envie mais « l'apparence extraordinairement peu attirante » et les « opinions vacillantes » m'ont fameusement blessé. Je me suis calmé.

Lev était forcé d'admettre qu'il était ensorcelé par Sonia :

> 27 août. Sa timidité n'est pas un bon signe mais elle est fermement présente partout.

D'abord il avait écrit « fermement présente dans ma tête » mais il barra « dans ma tête » et lui substitua « partout ».

Le 28 août, jour de ses trente-quatre ans, il se réveilla d'humeur triste et nota : « C'est en vain que j'ai écrit en initiales à Sonia. » Il ne savait pas que son message avait été déchiffré par Sonia et Tania. Il conclut cette journée par une réprimande :

> Mauvais, laid, ne pense pas au mariage, ta vocation est autre part et elle a été amplement satisfaisante.

Comme la fin du mois d'août approchait, les Bers se réinstallèrent dans leur appartement de Moscou, tout en passant les fins de semaine à la campagne. Lev rendait de fréquentes visites aux deux endroits. Le 29 août il écrit dans son journal :

Allé chez les Bers et avec eux à Pokrovskoë. N'y pensons pas, n'y pensons pas, silence. (Allusion au *Journal d'un fou* de Gogol). Pas l'amour comme avant, pas la jalousie, pas même le regret mais quelque chose de similaire et doux — un petit espoir (qui ne doit pas être). Porc. Un peu comme le regret et la tristesse. Mais une nuit merveilleuse et un sentiment bon et doux... Une scène de famille a eu lieu à la maison.

La famille Bers était tendue. Le docteur Bers attendait que Lev fît sa demande à Liza, Liza espérait de plus en plus follement et Sonia, encore très enfant, n'en jouait pas moins ses cartes avec prudence et justesse. Polivanov était là un jour que son rival vint faire sa visite. Lev nota :

> S. proche de P. ne me rendit pas jaloux. Je ne peux pas croire que ce n'est pas moi... Nous sommes allés nous promener, le pavillon d'été, et retour à la maison pour dîner — ses yeux, mais la nuit !

Comme bien des amoureux, il se mit à craindre d'avoir imaginé l'intérêt que Sonia lui portait. Ils allèrent se promener et, jugeant la conversation sans intérêt, Lev garda le silence. Ensuite, il fit une promenade à cheval et médita sur l'attitude de Sonia :

> Comme j'étais à cheval je pensais : Ou tout est hasard, ou elle ressent les émotions d'une manière extraordinairement subtile, ou c'est la plus légère des coquetteries, une chose aujourd'hui et une autre demain. Pour l'essentiel, où va-t-elle, soit par hasard, soit par coquetterie, ou avec une intention subtile ?

Tous attendaient que Lev agît. Entre-temps il temporisait :

> Eté me promener : Ou, ou, ou. Et hier le bonheur apparaissait de manière si évidente que je n'ai pas dormi de la nuit. Le soir nous avons parlé d'amour. Encore pire... Aujourd'hui seul chez moi, j'ai d'une certaine manière pris la bonne mesure de ma position. Je dois attendre.

29

Chaque jour son journal faisait mention de Sonia :

> Elle rougit et elle est agitée. Oh! Doublitsky, ne rêve
> pas! Je ne suis pas capable de quitter Moscou... Je n'ai
> pas dormi avant trois heures du matin. Comme un
> garçon de seize ans, j'ai rêvé et je me suis torturé...
> Réveillé à dix heures, fatigué par l'agitation de la nuit.
> Travaillé paresseusement et, comme un écolier attend
> dimanche, j'ai attendu le soir... Plus amoureux qu'a-
> vant. *Au fond**, l'espoir subsiste... J'aime comme je ne
> croyais pas qu'il fût possible d'aimer. Je suis fou, je me
> tuerai si je continue comme ça. Eté chez eux ce soir.
> Elle est délicieuse à tous égards. Mais je suis le
> dégoûtant Doublitsky. C'est avant que j'aurais dû être
> prudent. Je ne peux plus m'arrêter maintenant. Dou-
> blitsky, d'accord, mais l'amour me rend beau.

Il résolut d'aller chez les Bers tôt le matin et de faire sa
déclaration à Sonia sur-le-champ mais la nuit suivante il fut
forcé d'admettre :

> 13. septembre. Il ne s'est rien passé... Demain, j'irai
> dès que je serai levé et je dirai tout ou je me tuerai.

Il repensa à son suicide et barra les quatre derniers mots.
Cette nuit-là, il ne dormit pas. Aux petites heures du jour, il
nota sur son journal :

> Quatre heures du matin. Je lui ai écrit une lettre.
> Demain je la porterai, c.a.d. aujourd'hui, le quatorze.
> Mon Dieu, comme je crains de mourir. Un bonheur tel
> que celui-ci me semble impossible. Mon Dieu, aide-
> moi.

Sonia pressentit le dilemme de son soupirant et quand il
lui dit qu'il devait lui parler d'une chose très importante elle
devina ce que c'était. Elle se rappelle :

> Il me parla un long moment ce soir-là. Je jouais du
> piano dans le salon tandis qu'il restait debout, sil-

---

* En français dans le texte.

30

houette appuyée contre le poêle, et dès que j'arrêtais, il répétait : « Continuez, continuez. »

Sonia joua encore et encore la valse *Il Bacio,* qu'elle avait apprise par cœur pour accompagner Tania. Ses mains tremblaient d'émotion et elle fit plusieurs fausses notes. Lev quitta la maison sans avoir donné sa lettre et sans avoir parlé mais il se sentait plus confiant. Le seize était un samedi. Il passa toute la journée avec les Bers, sa lettre dans la poche. A l'heure du thé, Sonia demanda à Tania de chanter *Il Bacio,* ce qui ennuya visiblement Lev, ne fût-ce que parce qu'il l'avait déjà trop entendue. Tania était en voix, Lev oublia bientôt son irritation et la félicita. Bien des années plus tard, il dit à Tania qu'il s'était promis : « Si elle sort bien la note finale, alors je donnerai ma lettre aujourd'hui. » La note finale de Tania était claire et belle. Lev attendit l'occasion d'être seul avec Sonia. Sacha arriva avec des amis et on dressa la table de la salle à manger pour les cadets affamés. Tania se mit à servir le thé et Lev appela Sonia dans la chambre vide de sa mère.

Il commença : « Je voulais vous parler mais je ne peux pas. Voici une lettre que j'ai dans ma poche depuis déjà plusieurs jours. Lisez-la. J'attendrai votre réponse ici. » Je m'emparai de la lettre, raconte Sonia, et descendis précipitamment l'escalier pour aller dans la chambre que je partageais avec mes sœurs. Voici ce que disait la lettre :

Sofia Andrevna [12],
Cela m'est devenu insupportable. Depuis trois semaines, chaque jour, je dis : aujourd'hui je vais tout lui dire et je me mets en chemin avec la même peur, la même tristesse et le même bonheur au cœur. Et chaque nuit, comme maintenant, je revis le jour passé, je me torture et je dis : pourquoi ne lui ai-je pas parlé et comment et qu'est-ce que j'aurais dû dire ? J'ai apporté cette lettre avec moi afin de vous la donner, si une fois

de plus il m'est impossible ou si le courage me manque de tout vous dire. *La fausse opinion de votre famille à mon sujet* consiste, il me semble, en ceci : que je suis amoureux de votre sœur Liza. Ceci n'est pas juste. *Votre histoire ne quitte pas mon esprit*, parce qu'à la lire j'ai été convaincu que j'étais Doublitsky, qu'il m'était impossible de rêver au bonheur, que votre *magnifique* et poétique besoin d'amour... [Ici la lettre est illisible.] ... Que je n'envie ni n'envierai celui que vous aimez. Il m'a semblé que je pourrais être capable de me réjouir pour vous, comme pour un enfant. A Ivitsky j'ai écrit : « Votre jeunesse et votre besoin de bonheur ne me rappellent que trop mon âge et l'impossibilité de mon bonheur. » Mais alors et maintenant je me mentais à moi-même. Même alors, j'aurais pu tout arrêter et retourner une fois de plus au cloître de mes travaux solitaires et à ma passion du travail. Maintenant je suis incapable de faire quoi que ce soit et je sens que j'ai blessé votre famille, et que l'attitude simple que j'avais à votre égard, en tant qu'ami sincère, n'existe plus. Et je ne peux pas partir et je ne peux pas rester. Vous êtes honnête ; dites-moi, la main sur le cœur : que dois-je faire ? Ce n'est pas une plaisanterie, c'est sérieux. Il y a un mois, je serais mort de rire si on m'avait dit qu'il était possible d'être tourmenté comme je suis tourmenté en ce moment, et tourmenté avec bonheur. Dites-moi, en toute honnêteté, désirez-vous être ma femme ? Dites oui, seulement si vous le désirez sans aucune crainte, de toute votre âme ; autrement, si vous avez l'ombre d'un doute, il vaudra mieux dire non. Je m'y attends et je trouverai la force de le supporter. Et si je ne pouvais pas être aimé en tant qu'époux, ainsi que j'aime, ce serait terrible.

Je ne lus pas cette lettre en entier immédiatement, je ne fis que la parcourir des yeux jusqu'aux mots : « Désirez-vous être ma femme ? » Je voulais remonter immédiatement pour dire oui à Lev Nicolaïevitch quand je rencontrai ma sœur Liza à la porte. Elle me demanda : « Eh bien, qu'y a-t-il ? » et je répondis rapidement : « *Le comte m'a fait la proposition**. »

Tania arriva à temps pour entendre ces mots. Elle avait vu Sonia se précipiter hors de la chambre de sa mère avec une lettre, avait vu Liza la suivre et, devinant ce qui s'était passé, elle posa le plateau du thé et courut derrière ses sœurs. D'après Tania (Sonia omit généreusement cette scène), Liza eut une crise de nerfs et hurla : « Repousse-le, repousse-le immédiatement ! » Quant à sa mère, elle comprit immédiatement ce qui s'était passé et, poussant Sonia vers la porte, elle dit : « Va lui donner ta réponse. »
Mᵐᵉ Bers craignait peut-être que le soupirant ajourné ne changeât d'avis et ne fuît la maison. Sonia lui obéit comme si elle avait eu la même idée :

> Comme si j'avais des ailes, à une vitesse incroyable, je montai l'escalier, traversai la salle à manger et le salon comme une flèche et me précipitai dans la chambre de ma mère. Lev Nicolaïevitch m'attendait, appuyé contre le mur dans le coin de la pièce. J'allai à lui et il me prit les mains. « Eh bien, quoi ? » demanda-t-il. Je répondis : « Bien sûr, oui. » Quelques minutes plus tard, tous ceux qui étaient dans la maison savaient ce qui venait d'arriver et on se mit à nous féliciter.

III

Tout le monde ne prit pas part aux félicitations. Liza resta dans sa chambre et le docteur Bers prétendit qu'il ne se sentait pas bien et s'enferma dans son bureau. Cette nuit-là, Lev décrivit son bonheur avec un minimum de mots :

> 16 septembre. Parlé. Elle — oui. Elle est comme un oiseau blessé. A quoi bon écrire ? Rien de ceci ne peut être décrit ni oublié.

---

* En français dans le texte.

« Oiseau blessé » est une étrange description pour une jeune fille qui devait s'être sentie triomphante, à moins que le second « elle » ne désignât Liza, ou encore Lev pensait-il peut-être à la jeunesse et à l'inexpérience de Sonia. Le lendemain il redescendit sur terre :

> 17 septembre. Fiancé, cadeaux, champagne. Liza est pitoyable et misérable, elle devrait me détester. Elle m'embrasse.

Toute la journée Liza fit bonne figure. Le 17 était le jour de sa fête et de celle de sa mère et les amis de la famille vinrent les féliciter. Liza et Sonia étaient habillées à l'identique comme d'habitude, les jours de fête ; toutes deux portaient du mauve et du blanc avec des rubans aux épaules. Le docteur Bers était absent mais Liza se tenait bravement aux côtés de sa mère et de sa sœur pour recevoir les invités.

C'est à cette réception que les Bers annoncèrent les fiançailles de Sonia. Mme Bers ne fit pas toujours preuve de tact ; elle parla plusieurs fois des fiançailles de sa fille, oubliant de préciser laquelle. Liza et Sonia rougissaient de la confusion des invités qui adressaient leurs vœux à Liza avant de se voir dirigés vers Sonia. Le vieux professeur d'université, qui avait appris le français aux trois filles, était désolé que le comte Tolstoï épousât Sonia Bers. Il déclara franchement : « *C'est dommage que cela ne fût Mlle Lise. Elle a si bien étudié* * . »

On commença en hâte les préparatifs du mariage qui, pour la plupart, ennuyèrent Sonia. Sa famille l'emmenait dans des boutiques où elle essayait robes, lingerie et bonnets avec la plus complète indifférence. Lev, lui aussi, supportait mal les formalités et persuada les Bers que les fiançailles n'avaient pas besoin de durer plus d'une semaine. Lui et Sonia étaient absorbés dans leur amour.

Pour Lev, l'idéal de la félicité conjugale incluait une franchise totale entre mari et femme et le partage de leurs pensées les plus intimes par la lecture de leurs journaux respectifs :

> Lev Nicolaïevitch venait chaque jour et une fois il m'apporta ses journaux. Je me rappelle que la lecture

---

* En français dans le texte.

de ces journaux, qu'il me donna à lire avant notre mariage par une délicatesse de conscience superflue, me choqua terriblement. Et il avait tort, je pleurai beaucoup en considérant son passé.

En vérité, Lev se trompa naïvement et cruellement en pensant qu'il devait partager sa vie passée, dont il avait honte, avec sa fiancée, une jeune fille protégée qui venait juste de fêter son dix-huitième anniversaire. Il est tout à l'honneur de Sonia d'avoir donné à leur amour et à ses espoirs priorité sur ces révélations.

Sonia n'était pas la seule à pleurer. Sa famille et ses amis versaient des larmes comme s'ils allaient la perdre pour toujours. Quand, à son arrivée, Lev trouva Sonia en train de réconforter une amie prise d'une crise de sanglots, il dit sèchement : « On croirait que vous êtes en train de l'enterrer. » L'importance du trousseau était pour lui une autre cause d'étonnement. « Elle a sûrement des vêtements, dit-il à Mme Bers. Elle a toujours été convenablement habillée. » Mais en dépit de l'irritation que lui causaient les conventions, Lev ne négligeait pas son propre rôle :

> Lev Nicolaïevitch souffrait lui aussi beaucoup de désagréments. Il acheta une belle *dormeuse* [une voiture de nuit] pour le voyage de noces, commanda une photographie de notre famille et me donna une broche avec des diamants. Il fit son propre portrait que je lui avais demandé de monter dans le bracelet en or que mon père m'avait donné.

Sonia était absorbée par son amour et, déjà, par la peur de le perdre :

> Cette peur demeura dans mon cœur toute ma vie bien que, Dieu merci, durant les quarante-huit ans de notre vie commune, nous ayons conservé l'amour que nous nous portions. Quand nous parlâmes de notre avenir, Lev Nicolaïevitch me donna le choix entre rester d'abord vivre à Moscou avec mes amis, aller à l'étranger ou aller directement à Iasnaïa Poliana.

Sonia choisit d'aller directement à Iasnaïa Poliana, ce qui fit un immense plaisir à Lev.

Le jour du mariage arriva, le 23 septembre, et Lev fut assailli par le remords. Il alla immédiatement chez Sonia et la trouva dans la pièce où les bagages attendaient d'être montés en voiture. Ils s'assirent sur les malles et il lui fit part de ses doutes :

> Il semblait même qu'il voulût s'échapper, qu'il eût peur du mariage. Je me mis à pleurer. Mère entra et réprimanda Lev Nicolaïevitch. « Vous avez choisi votre moment pour la bouleverser ! dit-elle. Le jour du mariage, qui va déjà l'épuiser, avec le long voyage qu'elle aura à faire et la voilà en pleurs ! » Lev Nicolaïevitch sembla éprouver de la honte. Il s'en alla rapidement.

Le seul parent que Lev voulut avoir au mariage était sa tante Pelaguéïa de Kazan, qui se rendit à l'église avec Sonia. Son frère Sergueï était allé à Iasnaïa préparer l'arrivée du jeune couple. Les autres frères Tolstoï étaient morts, Dmitri en 1856 et Nicolaï en 1860. Lev choisit un ami, Timiryazev, pour garçon d'honneur. Tout se fit suivant la coutume, à la différence que Sonia voulut se coiffer elle-même. Après six heures, ses sœurs et ses amies commencèrent à l'habiller, épinglèrent les fleurs et le long voile de tulle. La robe de mariée était également en tulle, décolletée et à manches bouffantes. Sonia remarqua que ses épaules et ses bras enfantins étaient osseux et pitoyables. Enfin tout fut prêt et le cortège attendit que le garçon d'honneur vînt annoncer que le marié était à l'église.

> Plus d'une heure passa, et personne. L'idée me traversa l'esprit qu'il s'était enfui — il avait été si étrange le matin. Mais au lieu du garçon d'honneur... le valet de Lev Nicolaïevitch apparut... très énervé et nous demanda d'ouvrir au plus vite une valise et de lui donner une chemise propre. Dans tous les préparatifs du mariage et du départ, ils avaient oublié de garder une chemise propre.

Sonia alla dire au revoir à son père qui avait prétexté une maladie afin de ne pas assister au mariage.

> J'allai dans son bureau lui dire au revoir et il sembla adouci et ému. On prépara le pain et le sel, mère prit l'icône de sainte Sofia, et côte à côte avec mon oncle Mikhaïl Alexandrovitch, ils me bénirent. Sans un mot nous allâmes solennellement en voiture jusqu'à l'église qui était à deux pas de la maison. Je pleurai tout le chemin.
> (...)
> Le jardin d'hiver et la cour de l'église de l'Immaculée Conception étaient splendidement illuminés. Lev Nicolaïevitch me reçut dans la cour du jardin d'hiver, prit ma main et me conduisit à la porte de l'église où le prêtre nous reçut. Il nous prit par la main et nous conduisit au lutrin. [Dans les églises russes l'autel se trouve dans le sanctuaire derrière un écran.] Le cœur de la cour chantait, deux prêtres aidaient à la cérémonie et tout était élégant, élégant et solennel... Lev Nicolaïevitch a parfaitement décrit la cérémonie de notre mariage dans son roman *Anna Karenine*, dans le passage où il décrit le mariage de Lévine et Kitty.

Au cours de la cérémonie, Sonia était comme anesthésiée :

> Il me semblait qu'alors, après tous ces jours d'agitation, j'avais vécu tant de choses que, comme je me tenais sous la couronne [la couronne rituelle de la cérémonie orthodoxe] je n'éprouvai ni ne ressentis rien. Il semblait qu'il était en train de se passer quelque chose qui était incontestable, inévitable. Comme un phénomène spontané.

Selon la coutume russe, deux hommes étaient dans la suite de la mariée : son frère Sacha et son prétendant éconduit, Mitrofan Polivanov.

La cérémonie terminée, on félicita les époux et Lev revint dans la voiture des Bers avec Sonia.

> Il était très tendre et semblait très heureux. A la maison, au Kremlin, on avait dressé la table ainsi qu'on

fait pour les mariages : champagne, fruits, bonbons et le reste. Il n'y avait pas beaucoup d'invités, seulement des parents et les amis les plus intimes de la famille. On me mit ma robe de voyage... Un postillon amena six chevaux de poste qu'il attela à la nouvelle *dormeuse* que venait d'acheter Lev Nicolaïevitch, on attacha les malles neuves, noires et brillantes, sur le toit de la voiture et Lev Nicolaïevitch commença à presser le départ... J'avais fait exprès d'attendre le dernier moment pour dire au revoir à ma mère. Juste avant de prendre place dans la voiture, je me jetai à son cou. Nous pleurâmes toutes deux... La pluie d'automne n'arrêtait pas de tomber, les faibles lumières des réverbères et des lanternes de la voiture se reflétaient dans les flaques. Les chevaux frappaient du sabot d'impatience et ceux qui étaient en tête avec le postillon avancèrent. Lev Nicolaïevitch claqua sur nous les portières de la voiture... je me cachai dans le coin et, exténuée de fatigue et de chagrin, je me mis à pleurer sans discontinuer.

Lev ne comprenait pas le chagrin qu'éprouvait Sonia à quitter sa famille. Il déclara qu'apparemment elle ne l'aimait pas beaucoup, mais Sonia pensa qu'il ne pouvait pas la comprendre parce qu'il avait perdu très jeune son père et sa mère. Elle sécha ses larmes et s'étonna de l'obscurité de la route comme ils quittaient Moscou. Elle n'avait jamais voyagé de nuit en automne ou en hiver. Jusqu'à ce qu'ils s'arrêtent à Biroulevo ils parlèrent à peine. Sonia se rappelle que « Lev Nicolaïevitch était particulièrement empressé et tendre. » Si Lev avait acheté la voiture de nuit dans l'espoir de consommer son mariage sur-le-champ, les circonstances n'étaient pas favorables. Ses peurs de dernière minute, le terrible chagrin de Sonia, son appréhension et sa fatigue évidentes avaient tendu l'atmosphère. Lev trouva l'intensité du chagrin de Sonia anormale. Deux jours plus tard, il écrivit dans son journal : « Elle sait tout ; c'est si simple. » Il avait tort s'il croyait qu'il serait simple pour Sonia de pardonner et d'oublier ce que ses journaux lui avaient révélé.

Quand ils s'arrêtèrent à Biroulevo, l'aubergiste fut tellement impressionné par ce couple titré, qui arrivait dans une voiture tirée par six chevaux, qu'il leur donna la suite royale. Sonia la décrit :

> ... Une grande pièce vide avec des meubles très inconfortables en peluche rouge. On apporta le samovar et prépara le thé. Je me cachai dans un coin du canapé et gardai le silence tel un condamné. « Venez, dit Lev Nicolaïevitch, faites la maîtresse de maison, servez le thé. » J'obéis et nous commençâmes à prendre le thé mais j'étais intimidée et effrayée.

Le lendemain ils arrivèrent à Iasnaïa Poliana dans la soirée. Tante Tatiana les reçut à la porte, tenant l'icône de la Mère de Dieu avec, à côté d'elle, le frère de Lev, Sergueï, tenant le pain et le sel. Sonia leur fit la révérence, se signa et embrassa l'icône et tante Tatiana. Lev fit de même et ils allèrent ensemble dans la chambre de Tatiana. Le lendemain matin Lev résuma brièvement sa semaine de fiançailles :

> 24 septembre 1862. Incompréhensible comme la semaine est passée. Je ne me rappelle rien, seulement le baiser près du piano et l'apparition de Satan [Lev fait allusion au désir physique provoqué par le baiser], puis la jalousie du passé, le doute de son amour et la pensée qu'elle s'abuse elle-même.
>
> ... Le jour du mariage, la peur, la méfiance et le désir de fuir. Réjouissances rituelles. Elle marquée de larmes. Dans la voiture. Elle sait tout ; c'est si simple. A Biroulevo. Sa peur. Quelque chose de malsain à cela. Iasnaïa Poliana. Seriosha [Sergueï] tendre. Tatiana parle déjà de souffrances. Nuit, un rêve angoissant. Pas elle.

Avec « souffrances », Tatiana faisait-elle allusion au nouveau et difficile rôle de Sonia en tant que maîtresse de maison, ou à sa propre position maintenant que Lev était marié ? Et de qui Lev rêva-t-il ? Ce texte confirme son désir d'être pur et loyal envers Sonia, même dans ses rêves et, à défaut de cela, son besoin de partager avec elle ce qu'il ressentait comme un péché, quelqu'inconscient qu'il fût. Comme Sonia et lui avaient convenu de lire leurs journaux respectifs régulièrement, il savait qu'elle verrait ce qu'il avait écrit. A la fin de leur premier jour à la maison il retourna à son journal :

Café matinal — emprunté... Marché avec elle et Seriosha. Déjeuner. Elle est devenue beaucoup moins timide. Après le déjeuner, j'ai dormi, elle a écrit. Incroyable bonheur. Et de nouveau elle écrit à mon côté. Il ne se peut pas que tout ceci ne finisse qu'avec la vie.

Et cinq jours plus tard :

30 septembre. A Iasnaïa. Je ne me reconnais pas. Toutes mes erreurs me sont claires. Je l'aime autant que jamais si ce n'est plus. Travailler, je ne peux pas. Aujourd'hui il y a eu une scène. Je me suis senti triste à la pensée que tout dans notre maison était comme chez les autres. Je lui ai dit qu'elle avait blessé mes sentiments pour elle, j'ai pleuré. Elle est charmante. Je l'aime encore plus. Mais ceci pourrait-il n'être pas réel ?

Chapitre II

DES HAUTS ET DES BAS
1862-1863

I

Le premier matin à Iasnaïa Poliana, Sonia fut bien embarrassée de se voir offrir un coq et une poule enrubannés de différentes couleurs, cadeau des paysannes du village. Les femmes, également parées de rubans, étaient arrivées par l'allée bordée d'arbres avec un chant de bienvenue pour la nouvelle comtesse. Sonia resta debout en tenant contre elle les volailles qui battaient des ailes de frayeur, tandis que les femmes dansaient en battant des mains. « Voilà un comte pour nous, s'écrièrent-elles, qui s'est trouvé une beauté à Moscou. » Sonia rougit et ne sut que dire. Les coutumes et les manières paysannes lui étaient étrangères. A l'intérieur du Kremlin, les domestiques avaient les ongles propres et étaient plus réservés que ceux qui appartenaient à la terre.

Le silence de la nuit l'étonnait aussi et il n'y avait pas de lampadaires pour atténuer l'obscurité. Même la maison des Bers à Pokrovskoë était à portée de la vie citadine et Sonia était habituée à la compagnie des jeunes gens de son âge. D'avoir à s'accoutumer à vivre dans la seule société de son mari, de tante Tatiana et de sa dame de compagnie, Natalia Petrovna, fut peut-être le plus difficile. Tante Tatiana était une petite femme menue, vieux jeu et romantique. Elle portait toujours un châle et un bonnet et, bien qu'elle parlât un français impeccable, sa conversation était sans

41

intérêt. Natalia Petrovna était également menue. Elle appartenait à une famille de la petite noblesse, prisait et prenait
volontiers un verre de vodka avant le dîner. A table, elle
ennuyait tout le monde avec d'interminables jacasseries à
propos des gens qu'elle avait connus. Elle chiquait de temps à
autre. Les deux vieilles dames n'étaient pas une compagnie
très stimulante.

Lev préférait la vie à la campagne à celle de Moscou ou de
Saint-Pétersbourg et l'atmosphère simple de Iasnaïa Poliana
lui convenait parfaitement. Tout lui était délicieusement
familier, les vieux meubles de son enfance, et même le divan
en cuir sur lequel il était né. La pièce où il avait vu le jour se
trouvait dans la partie de la maison qu'il avait vendue, mais il
désignait fréquemment les arbres et les buissons qui s'éle-
vaient à cet endroit : « Vous voyez ce mélèze ? Eh bien, là-
haut, à peu près à la hauteur de cette branche, était la pièce où
je suis né. » Lev se souvenait d'avoir toujours vu ces portraits
aux murs : ses grands-parents, le comte et la comtesse Ilya
Tolstoï, et son grand-père maternel, le beau, l'austère prince
Volkonsky. Dans le bureau de Lev, on voyait un portrait de son
père et une silhouette de sa mère.

Le monde familier de Lev s'étendait au-delà de la maison à
l'école de Iasnaïa Poliana qu'il avait fondée, aux professeurs et
aux élèves, aux pèlerins, saints mendiants qui parcouraient la
Russie et étaient toujours les bienvenus, et aux paysans dont
beaucoup connaissaient Lev depuis sa naissance. Le seul
changement dans la vie de Lev était sa femme et il était
passionnément amoureux d'elle.

C'était plus qu'une attirance physique, toutefois, qui les
avait poussés l'un vers l'autre. Lev avait depuis longtemps
résolu d'épouser une très jeune femme qu'il pût façonner à sa
guise et, par principe, de se marier hors de son milieu[1]. Les
Bers étaient mêlés à la société du Kremlin puisque le docteur
Bers était médecin à la cour, mais ils n'appartenaient pas à
l'aristocratie. Quant à Sonia, elle avait toujours désiré un mari
qu'elle pût aduler comme un héros. La célébrité de Lev, son
âge et ses succès littéraires, tout lui convenait. Et, en dépit de
leurs différences, les Tolstoï avaient bien des points communs.
Tous deux étaient idéalistes, sensibles, vifs, facilement jaloux

et portés à l'auto-analyse. « Grand-mère », la cousine de Lev, Alexandra Tolstoï, lui avait dit un jour que cette habitude transformerait son cœur en éponge sèche. Maintenant, il avait une femme qui tout comme lui disséquait et examinait ses pensées et ses émotions.

Dès le début, Sonia essaya de trouver sa place dans le monde de son mari. Lev avait repris *Les Cosaques*, commencé au Caucase des années auparavant, il dirigeait activement son domaine et Sonia devint son assistante. Elle s'occupait des provisions et surveilla la traite pendant un temps. A l'intérieur de la maison, elle déplaça les meubles pour rendre les pièces plus intimes. Elle était mariée depuis deux jours quand elle écrivit à Tania pour lui décrire son bonheur d'épouse :

> Comment vas-tu, douce Tatianka ? Parfois, je suis très triste que tu ne sois pas ici. En dépit du fait que ma vie est plus merveilleuse que tout, elle le serait encore plus si je pouvais entendre ta voix de rossignol et bavarder avec toi comme avant... Aujourd'hui nous avons déjà pris le thé au premier autour du samovar, ainsi que cela doit être dans une famille heureuse. Tante est si satisfaite, Sériosha si gentil, mais de Levotchka je ne veux pas parler : il est si effrayant et déconcertant qu'il m'aime autant. Tatiana, vois-tu pourquoi ? Que penses-tu ? Est-il possible qu'il puisse cesser de m'aimer ?... Pour la première fois je signe de mon nom,
>
> Ta sœur,
> Comtesse Sonia Tolstoï

Lev ajouta un post-scriptum :

> Si jamais vous perdiez cette lettre, notre charmante Tanychka, je ne vous pardonnerais pas d'un siècle. Mais faites-moi une faveur, lisez la lettre et renvoyez-la-moi... Aujourd'hui elle porte un bonnet avec des dentelles pourpres — pas mal. Et ce matin comme elle a joué à la grande, parfaitement et tout à fait comme la maîtresse de la maison !

A sa cousine « Grand-mère », Lev écrivit :

> J'ai vécu trente-quatre ans sans savoir qu'on pouvait aimer tant et être si heureux.

L'amour et le bonheur étaient là, mais les malentendus aussi, comme en témoigne la première page du journal de Sonia, le 8 octobre 1862 :

> Encore un journal et je trouve ennuyeux de retourner à une ancienne habitude que j'ai totalement abandonnée depuis que je me suis mariée. J'écrivais dans mon journal quand j'étais malheureuse et maintenant, très probablement, c'est pour la même raison... Pendant longtemps j'ai rêvé d'un homme que je pourrais aimer comme un tout parfait, un homme neuf, pur... Maintenant que je suis mariée, je devrais admettre que tous mes rêves passés étaient idiots et y renoncer mais je ne peux pas. Tout son passé, celui de mon mari, est tellement terrible pour moi qu'il me semble que je ne pourrai jamais l'accepter.

Les plaintes de Sonia concernant le passé de Lev la conduisirent à douter de son amour et à pleurer. Elle l'accusa même de la tourmenter délibérément, mais accusations et contretemps se terminèrent en bienheureuses réconciliations. Parfois l'amour de Sonia la submergeait :

> Hier avec Grand-papa [le grand-père Islenev était en visite à Iasnaïa], je descendis pour le voir [Lev] et quand je le regardai, je fus saisie d'un sentiment tellement extraordinaire de force et d'amour. Je l'aimais tant que je voulais m'approcher de lui mais il semblait que si je le touchais je ne serais plus si heureuse.

Elle était jalouse. Si elle n'avait pas connu le passé de son mari, elle aurait probablement accepté le fait qu'il avait dû y avoir des femmes avant elle, comme la paysanne Aksinya qui vivait toujours sur le domaine avec l'enfant dont Lev était le père. Certains passages du journal de Lev lui revenaient alors en mémoire :

> Aperçu Aksinya. Très belle. Tous ces jours j'ai attendu en vain. Aujourd'hui dans la vieille forêt de grands arbres — je suis un imbécile. Une bête. Le hâle de son cou — je suis amoureux comme je ne l'ai jamais été de toute ma vie... Décidé que je devais faire l'amour et travailler, c'est tout. Déjà, combien de fois... Fait un rêve — les fraises — la route, elle[2].

Peut-être Sonia reprocha-t-elle certaines de ces phrases à Lev, ce qui provoqua une scène. L'attitude réservée de Lev était pour elle un autre problème :

> Je l'écoute qui dort. C'est effrayant d'être seule. Il ne me permet pas de l'approcher et c'est dur pour moi. Toute démonstration physique le choque[3].

Sonia, qui avait dix-huit ans, venait de s'éveiller à l'amour et avait vécu dans un milieu familial affectueux, semble avoir été plus démonstrative que son mari. Cependant, les enfants Tolstoï se rappellent que leur père embrassait parfois tendrement la main de leur mère. Les premiers mois de mariage, Sonia avait besoin d'être rassurée par des signes constants d'amour. La plus légère froideur l'effrayait.

> Il ne m'aime pas. Je m'y attendais mais ne pensais pas que ce serait si terrible. Pourquoi les gens croient-ils en mon colossal bonheur ?

Mais tout le monde croyait vraiment à son bonheur ; à des amis de passage tels que Fet, elle paraissait une épouse radieuse. Ses points forts, particulièrement son intelligence et son énergie pleine de jeunesse, s'affirmaient. Si elle dramatisait ses craintes et ses doutes, elle ne les cultivait pas et elle retrouvait bien vite le bonheur de se jeter dans le rôle de maîtresse de maison. L'organisation lui était naturelle et, à la maison comme au jardin, Sonia prenait grand plaisir à ajouter sa touche personnelle au style de vie simple, presque grossier qui avait été celui de Iasnaïa Poliana. Deux mois plus tôt, elle avait couru dans le jardin avec ses sœurs et ses plus jeunes frères et elle était toujours la même jeune fille exubérante et pleine de santé. Aujourd'hui, les clés attachées à sa ceinture comme une châtelaine, elle courait à travers champs rejoindre son mari en sautant les haies comme si elle était en pantalons[4].

A la mi-octobre, Lev écrivit dans son journal :

> Il y a eu deux affrontements à la maison 1. parce que j'étais grossier 2. à cause de sa *n*. [Probablement pour *naïveté**.] Cependant, je l'aime de plus en plus bien que ce soit un genre d'amour différent... Un tel bonheur me coupe le souffle.

L'amour de Lev incluait sa famille. Quelques semaines après son mariage, il écrivit à Liza Bers en la suppliant de ne pas abandonner l'habitude de lui écrire et en lui suggérant de se tutoyer. Il signa la lettre : « Votre frère, L. Tolstoï. » La lettre écrite le même jour à Tania tandis que Sonia regardait par-dessus son épaule était d'une humeur toute différente :

> Tatiana, amie bien-aimée !
> Plaignez-moi, j'ai une femme stupide (*Stu* — je prononce ainsi [en insistant sur la première syllabe] comme vous.)

Ici Sonia lui prit la plume des mains et écrivit :

> Lui aussi est stupide, Tania.

Lev continua :

> Cette nouvelle, que nous sommes tous deux stupides, doit beaucoup vous peiner, mais après le chagrin vient la consolation et nous sommes tous deux parfaitement satisfaits d'être stupides et ne voudrions pas être autrement.

Sonia prit de nouveau la plume pour écrire : « Mais je veux qu'il soit intelligent. »

> Voici donc un problème. Sentez-vous comme ceci nous fait rire ? Je suis désolé qu'on vous ait coupé un bout. [Tania venait d'être opérée des amygdales.]

* En français dans le texte.

Envoyez-m'en un morceau... Sonia dit qu'il est insultant de vous écrire sur ce ton.

Pour rattraper le « ton », Lev termina sa lettre en disant : « C'est vrai, il ne serait pas facile de retrouver une Tania aussi satisfaisante ni un tel connaisseur que L. Tolstoï. » Sonia tolérait cette raillerie affectueuse parce qu'elle s'adressait à Tania, qui était encore presque une enfant et sa sœur préférée.

Sonia était entièrement absorbée par leur couple, tandis que Lev équilibrait son bonheur marital avec sa carrière littéraire et la direction de son domaine. La première fille des Tolstoï, Tatiana, écrit à propos de sa mère :

> A cette époque le but de toute jeune fille était le mariage. Et ma mère souscrivait également à cet idéal par instinct. Pour elle le mariage était un sacrement. Toute son éducation l'avait préparée à une vie d'épouse et de mère et elle offrit à cette vie de famille tous les trésors de son corps et de son âme vierges[5].

Sonia reconnaissait cette dépendance envers son mari :

> La vérité est que je ne suis pas capable de trouver quelque chose à faire. Il est heureux parce qu'il est intelligent et qu'il a du talent. Mais moi, je ne le suis pas et je n'en ai pas. On ne peut pas se contenter d'aimer toute sa vie mais je suis si limitée que pour l'instant je pense seulement à lui.

Quand Lev se plaignait de ne pas se sentir bien, Sonia craignait immédiatement qu'il ne tombât malade et mourût. Quand il était heureux, elle avait peur que son humeur ne changeât. Maintenant qu'elle était enceinte, elle mettait ses craintes sur le compte de son état mais également sur celui de son oisiveté :

> Il n'est pas difficile de trouver quelque chose à faire, beaucoup à faire, mais il faut d'abord éprouver de l'enthousiasme pour des choses insignifiantes — élever des poules, pianoter, lire... faire des conserves de concombres. Tout ceci marchera, je le sais, quand j'aurai oublié la vie oisive de mon enfance et que je me

serai habituée à la campagne... Mon mari m'aime trop pour pouvoir me diriger tout de suite et, oh ! mais il est difficile de régler les problèmes toute seule.

Mais Sonia essayait vraiment de régler les problèmes. Elle comptait sur la visite qu'ils devaient rendre à sa famille, à Moscou, pour Noël et sentait qu'elle aurait là un meilleur point de vue sur sa situation. En attendant, elle trouva une nouvelle raison d'être jalouse : la dévotion de Lev pour les pèlerins qui s'arrêtaient à Iasnaïa et que Sonia appelait « les gens ». Pourquoi Lev devait-il éprouver tant d'amour pour ces étrangers ? Tout son amour lui appartenait :

Je vis pour lui, je vis par lui et je veux qu'il en soit de même pour lui.

Parfois, la maison lui pesait, avec les deux vieilles dames à l'intérieur et les étudiants et les pèlerins à l'extérieur. Elle quittait alors la maison :

J'ai fui parce que tout et tous commençaient à me devenir odieux... Quand je me suis enfuie tranquillement de la maison, j'ai presque ri de joie. L. ne m'est pas odieux mais j'ai soudain senti que lui et moi ne sommes pas dans le même camp, c'est-à-dire que ses gens ne pouvaient pas être tout pour moi. C'est très simple, si je ne suis pas tout pour lui, si je suis une poupée, si je suis seulement une épouse et pas un individu, alors je vis comme je ne suis pas capable de vivre et comme je ne veux pas vivre.

Sonia aurait eu amplement de quoi s'occuper en jouant son rôle de comtesse Tolstoï, en organisant la maison et en préparant la venue au monde de son enfant. Mais elle ne voulut jamais se contenter d'être une maîtresse de maison. Même quand elle eut beaucoup d'enfants à qui elle voua son temps et son énergie, elle trouva toujours des réserves en elle pour son rôle le plus satisfaisant : celui de collaboratrice de son mari. Cependant, au cours des premiers mois de leur mariage, Lev se rendit compte qu'elle souffrait de ne pas savoir quoi faire de son temps. Il fit de son mieux pour lui trouver des divertissements. L'hiver venu, quand il y avait un clair de lune, il enveloppait sa femme dans des fourrures et ils galopaient en troïka dans les champs recouverts de neige glacée.

En décembre un incident malheureux se produisit. Les femmes du village vinrent laver les parquets et parmi elles, se trouvait Aksinya avec un petit garçon. Lev avait donné des ordres pour qu'Aksinya ne pénétrât pas dans la maison mais soit les ordres avaient été oubliés, soit Aksinya s'était introduite délibérément. Elle devait être curieuse de voir la nouvelle maîtresse. Sonia la reconnut à cause de la ressemblance de l'enfant avec Lev et elle courut à son journal :

> Je pense qu'un jour je me tuerai de jalousie. « Je suis amoureux comme je ne l'ai jamais été de toute ma vie. » Et simplement une paysanne forte et pâle — c'est horrible. J'ai regardé ses couteaux et ses fusils avec un tel plaisir. Un coup — ce serait facile. Tant qu'il n'y a pas d'enfant. Et elle est ici, à quelques mètres. Je suis tout simplement folle... j'aimerais pouvoir brûler ses journaux et tout son passé avec.

Sonia n'était pas la seule à se plaindre :

> Je suis continuellement mécontent de ma vie et même d'elle. Je dois travailler...

Mais leur bonheur était plus résistant que la tirade jalouse de Sonia et les façons de Lev ne le laissent paraître. Un mois passa avant que Sonia éprouve le besoin d'ouvrir son journal et à la mi-décembre, trois mois exactement après leurs fiançailles, Lev note :

> Encore un mois de bonheur.

II

Le 23 décembre, les Tolstoï arrivèrent à Moscou pour leur visite de Noël. La joie de Sonia commença au moment où ils

49

passèrent entre les canons qui flanquent les portes du Kremlin. Lev dit en riant aux Bers : « Quand Sonia a vu ses chers canons près desquels elle est née, elle a failli mourir d'excitation. » L'appartement des Bers étant plein, les Tolstoï s'installèrent dans une auberge proche mais ils prenaient leurs repas en famille. Sonia, dont c'était la première visite depuis son mariage, était le centre de l'attention. Cependant, Lev avait de nombreuses visites à faire à ses amis moscovites et il voulait que Sonia l'accompagnât. Ces visites, particulièrement celles qu'ils rendaient à ses amis intellectuels, demandaient un effort à Sonia et elle se redonna confiance en achetant un chapeau.

« Quoi ? » s'exclama Lev, quand il vit Sonia s'admirer dans le miroir. « Sonia va faire ses visites avec cette tour de Babel sur la tête ? » Mme Bers l'assura que la tour de Babel était à la dernière mode, mais ceci ne calma pas Lev, qui poursuivit : « Non, vraiment, c'est une monstruosité. Elle ne peut pas mettre son bonnet de fourrure ? » Sonia et sa mère éclatèrent de rire à l'idée de faire des visites à Moscou en bonnet de fourrure et Lev céda. Il se calma moins facilement quand Sonia laissa son ancien soupirant, Polianov, lui faire une cour légère. Lev enrage dans son journal :

> 27 décembre... J'ai été très mécontent d'elle. Je l'ai comparée aux autres, je l'ai presque regretté [son mariage] mais je savais que c'était passager et j'ai attendu et c'est passé... J'observe Tania très attentivement.

Trois jours plus tard il mentionne à nouveau Tania :

> Une soirée splendide chez les Bers. Peur de Tania — sensualité. Peur de Sonia touchante. Seule la différence me blesse. Je l'aimerai toujours.

Lev observait Tania « très attentivement » et il avait peur d'elle. Débordant de gaieté et de jeunesse, Tania flirtait avec le monde entier et avec son beau-frère en particulier ; Sonia s'en aperçut et s'en inquiéta. Il n'était pas insensible aux sentiments de Sonia et le 3 janvier, il inaugure le journal de la nouvelle année par ces commentaires :

> A présent, tout va bien mais la tristesse, ou pire, peut arriver soudain. Elle m'a embrassé pendant que j'écrivais. J'ai senti que ce n'était pas pour plaisanter. J'ai tourné la tête, elle pleurait. Tat [Tatiana] me harcèle.

Sonia pleurait de la jalousie que provoquaient en elle les attentions de sa sœur cadette pour Lev et il réagissait en éprouvant de l'agacement envers Tania. Mais Tania devenait progressivement plus qu'une belle-sœur pour Lev, et d'une manière qui ne devait pas inquiéter Sonia : Tania s'insinuait dans l'imaginaire créateur de Lev. Le même jour il note dans un autre paragraphe :

> Le genre épique est en train de devenir le seul qui me soit naturel.

Lev emmagasinait des idées pour un nouveau roman. *Enfance*, *Adolescence* et le dernier de la trilogie, *Jeunesse*, lui avaient apporté la célébrité en charmant ses lecteurs par une évocation simple et prenante de l'enfance et de l'adolescence mais ce n'était pas des œuvres majeures. Pendant six ans Lev avait essayé de terminer *Les Cosaques*. Aujourd'hui quelque chose dans son bonheur d'homme marié, dans le sentiment de plénitude qu'il éprouvait à avoir trouvé « l'autre », stimulait sa créativité. Il put finir *Les Cosaques* en quelques mois et diriger ses pensées vers une œuvre plus longue, un roman sur les Décabristes, un groupe d'officiers nobles aux idées libérales qui, dans l'espoir d'établir une monarchie constitutionnelle, avaient essayé d'empêcher l'accès au trône de Nicolas Ier. Lev avait toujours été fasciné par les Décabristes ; il passait maintenant de longues heures dans les bibliothèques à se documenter et le soir, il recherchait ceux qui pourraient lui fournir des renseignements sur la rébellion. Ses recherches, toutefois, ne dominaient pas ses pensées. Le 5 janvier, il écrivit un hommage poétique à Sonia :

> Le bonheur familial m'absorbe entièrement et il n'est pas possible de travailler... Je l'aime la nuit ou le matin quand je me lève et que je la vois — elle me regarde et elle m'aime. Et personne, et moi moins que tous, ainsi

qu'elle le sait, ne l'empêche de m'aimer à sa façon à elle... Je l'aime quand elle s'assied près de moi et dit : « Levochka », et elle hésite — « pourquoi est-ce que les tuyaux de cheminée ne sont pas droits ? » ou « pourquoi faut-il que les chevaux aient une vie si longue et si dure ? » et ainsi de suite. Je l'aime quand nous sommes seuls et que je dis : « Qu'est-ce que nous allons faire, Sonia, qu'est-ce que nous allons faire ? » Elle rit. Je l'aime quand elle se met en colère contre moi et que soudain, en un éclair, elle a en même temps un regard dur et un mot dur pour moi. « Arrête, c'est ennuyeux », et une minute plus tard elle me sourit déjà timidement. Je l'aime quand elle ne me voit pas ou ne le sait pas et je l'aime à ma façon. Je l'aime quand elle est une petite fille en robe jaune et tire la mâchoire inférieure et la langue. Je l'aime quand je vois sa tête rejetée en arrière et que son visage est sérieux, étonné, enfantin et passionné. Je l'aime quand...

Il s'arrête ici. Peut-être Sonia était-elle encore une fois en train de lire par-dessus l'épaule de son mari et l'a-t-elle interrompu.

Les deux Tolstoï connurent le bonheur extatique, les doutes et la jalousie communs aux premières années de tous les mariages. Lev, comme Sonia, avait des réactions exagérées. Après une dispute à propos d'une robe sur laquelle il refusa de lui faire des compliments, il décida :

Elle ne m'aime plus. [C'est lui qui souligne.]

Sonia lut ceci et fut prise de remords.

Hier, je me suis terriblement mal conduite, plus que jamais auparavant. Est-il possible que j'aie un caractère si détestable ou est-ce une nervosité normale pour une femme enceinte ?

Quelle que fût la raison, elle était nerveuse et prompte à conclure à la légère. Lev sortit seul un soir et Sonia resta avec sa famille. Pendant un moment elle bavarda joyeusement avec Tania. « Mais tu sais, Tania, lui confia-t-elle, parfois ça m'embête d'être adulte, le silence à la maison [Iasnaïa] m'ennuie, je suis remplie d'un besoin irrépressible de gaieté et de mouvement, je cours et saute et je me souviens de toi, et comment toi et moi nous devenions folles toutes les deux, et que tu appelais ça se laisser emporter. Mais tante Tatiana me regarde, rit de bon cœur et dit « Faites attention, soyez plus calme, *ma chère Sophie**. Pensez à votre enfant. »

Comme la soirée avançait et que Lev ne revenait pas à l'heure promise, Sonia commença à s'inquiéter et dit à sa mère et à sa sœur qu'il était retenu par une autre femme. Mme Bers répliqua immédiatement : « Assez de ça, Sonechka, tu dis n'importe quoi. » Quand Lev arriva enfin à une heure du matin, Sonia se mit à sangloter. Lev lui embrassa la main et la tranquillisa : « Ma douce, ma chérie, calme-toi. » Il expliqua qu'il avait rencontré Zavalichine, un des Décabristes, et avait tout à fait oublié l'heure [7]. Sonia se calma et confia plus tard à son journal qu'elle « craignait des horreurs parce que [elle était] enceinte. » Sa plus grande horreur restait la pensée d'Askinya :

14 janvier... Aujourd'hui j'ai fait un terrible cauchemar. Les paysannes jeunes et vieilles de notre village [Iasnaïa] vinrent nous voir dans un immense jardin et elles étaient toutes habillées comme des grandes dames. Elles allèrent quelque part, l'une après l'autre et la dernière à partir fut A. [Aksinya] habillée d'une robe de soie noire. Je parlai avec elle et je fus prise d'un tel accès de méchanceté que je m'emparai de son enfant et commençai à le mettre en pièces. J'arrachais tout, les pieds et la tête, tant j'étais en furie. Levochka entra et je lui dis que j'allais être déportée en Sibérie, mais il rassembla les pieds, les bras, tous les morceaux et dit : « Ça ne fait rien, c'est une poupée. » Je regardai et, de fait, ce n'était pas un corps mais du coton et de la peau de chevreau.

Sonia se rendait compte qu'elle se torturait à plaisir en pensant à Aksinya et le même jour, dans son journal, elle s'émerveille de son bonheur :

Je n'arrête pas de penser qu'il est accidentel, passager ou

* En français dans le texte.

encore trop merveilleux. Il est terriblement étrange qu'une personne, sans autre raison que sa personnalité et son visage, soit capable de me prendre soudain en main et de m'emplir de bonheur jusqu'à ras-bord.

Au même moment Lev écrivait dans son journal qu'il avait les « meilleures » relations avec sa femme et que les « hauts et les bas ne [l]'étonnent pas ».

La moindre petite coupure subsiste toujours dans l'amour, l'amour qui est la meilleure chose qui existe au monde. Je sais cela et je chérirai notre bonheur et tu sais cela.

Après avoir écrit ces lignes, Lev alla dîner avec Sonia chez les Bers. Il observa avec fierté Sonia qui décrivait leur vie à Iasnaïa Poliana. Ce soir-là il nota au sujet de Tania :

Tania — le charme de sa *naïveté* *, de son égoïsme et de sa perspicacité. Comme elle prend son thé des mains de L. A. [Mme Bers] ou le renverse. J'aime et je n'ai pas peur.

Lev pouvait aimer sa belle-sœur sans avoir peur. Sa réaction troublante et involontaire devant le flirt enfantin de la jeune fille était sublimée et quasi prête à se réaliser dans la création de l'héroïne d'une œuvre épique. Entre-temps, Sonia notait que son seul problème était que Lev aimait tout et tout le monde et qu'elle voulait être l'unique objet de son amour. Au fond, Sonia était trop intelligente pour exiger une telle chose et elle ajoute qu'elle ne pouvait pas attendre de Lev :

[qu'il] suivît le cours de notre relation dans ses plus infimes détails ainsi que je le fais, du fait que je n'ai rien d'autre pour m'occuper.

Lev en venait aux mêmes conclusions à propos des dangers de l'oisiveté :

J'ai toujours pensé, et maintenant que je suis marié, j'en suis encore plus convaincu, que dans la vie et dans

* En français dans le texte.

toutes les relations de l'homme, la base de tout est le travail.

Sonia lut ceci et résolut qu'elle ne vivrait plus la vie oisive et frivole qu'elle avait connue jeune fille :

> Levochka m'a fait sentir qu'on ne peut pas se satisfaire d'une vie occupée seulement par la famille et l'époux ou l'épouse, mais qu'il est nécessaire d'avoir quelque chose d'autre.

Et Lev ajouta dans le journal de Sonia :

> Rien n'est nécessaire à part toi. Levochka dit beaucoup de bêtises.

Quelques jours plus tard la famille se rassembla sur la véranda de leur appartement pour assister au départ des Tolstoï. Comme le traîneau tiré par des chevaux de poste s'éloignait, Tania éclata en larmes et leur cria : « Je ne vous verrai pas avant le printemps. » Lev répondit : « Vous viendrez chez nous avec les hirondelles. »

III

Les deux Tolstoï étaient contents d'être de retour. Lev s'étonnait de ne plus s'intéresser à l'école de Iasnaïa Poliana qu'il considérait maintenant comme une passion de jeunesse. Il écrit dans son journal :

> 8 février... Elle est tout. Elle ne sait et ne saisit pas qu'elle me transforme, incomparablement plus que je ne la transforme. Seulement, ce n'est pas consciemment. Consciemment nous sommes tous deux impuissants.

Sonia, elle aussi, était au comble du bonheur :

> La vie est si facile pour moi, c'est si bon de vivre sur terre. J'étais en train de lire son journal et je me suis

sentie heureuse. Moi et son travail, rien d'autre ne l'occupe... je suis contente qu'il écrive.

En mars Lev écrivit à Tania une lettre étrange et fantasque qui ne reçut jamais de réponse. Dans *Ma vie à la maison et à Iasnaïa Poliana*, Tania place la lettre une année plus tard et en donne une version abrégée.

Au centre de la terre se trouve la pierre alatyr et au centre de l'homme se trouve le nombril. Comme les voies de la providence sont impénétrables ! Oh ! jeune sœur de la femme de son mari ! Dans *son* centre parfois on trouve aussi des objets... J'ai fait un rêve : deux colombes arrivèrent par la malle-poste, une colombe chantait, l'autre portait un costume polonais, et une troisième, moins une colombe qu'un officier, fumait des cigarettes. [Les trois colombes étaient Tania, son cousin Sacha Kouzminski et son frère Sacha. Les trois étaient venus récemment à Iasnaïa Poliana]. Des cigarettes, sortait, non de la fumée, mais de l'huile et l'huile était l'amour.

... Tania ma chère jeune amie, vous êtes jeune, belle, douée et douce. Gardez en sûreté vous-même et votre cœur. Rappelez-vous les mots de Katerina Yegoroven : il est nécessaire d'ajouter de la crème aigre au *schmantucken* [gâteau allemand à la crème]

... Pardonnez-moi, douce Tania, de vous donner des conseils et d'essayer de développer votre esprit et vos facultés supérieures. Si je me permets ceci, c'est seulement parce que je vous aime.

Votre frère,
Lev

Comme nulle réponse ne parvenait à cette lettre, Sonia en commença une à Tania :

Qu'y a-t-il, Tania, es-tu déprimée — tu ne m'écris pas du tout, mais j'aime tant recevoir tes lettres et Levochka n'a pas reçu de réponse à son épître folle. Je n'y ai absolument rien compris.

L'absurdité de la lettre n'avait pas amusé Sonia. Elle ne continua pas la lettre à Tania, mais Lev prit la plume où elle l'avait laissée et écrivit une histoire, à propos de Sonia, dans laquelle elle dormait à côté de lui et se transformait en poupée chinoise. Cette lettre, merveilleusement écrite dans le style des contes de fées, charma non seulement Tania mais toute la famille Bers. Prises ensemble, les deux lettres donnent peut-être une explication de la raison pour laquelle elles furent écrites. Dès le début de son mariage, Sonia avait aimé la sexualité. Mise à part la peur du tout premier jour, elle ne se plaint nulle part dans son journal de cet aspect de la vie conjugale et le commentaire de Lev dans son journal : « Je l'aime quand je vois sa tête rejetée en arrière et que son visage est sérieux, étonné, enfantin et passionné », ne laisse pas supposer qu'elle fût froide. Mais maintenant, elle était enceinte de six mois et son corps emprunté se concentrait sur la naissance à venir. Elle, des deux la plus démonstrative et la plus sensible, l'était moins maintenant mais Lev semble avoir compris pourquoi. Bien que la poupée tombe d'une table et se casse une jambe, une servante assure à Lev que la jambe peut être réparée avec du blanc d'œuf. La lettre est empreinte de sympathie et de tendresse pour la poupée (Sonia). La première lettre à Tania, cependant, suggère un fantasme de désir inconscient. Six mois plus tard ce fantasme se fixait fermement sur Natacha dans *Guerre et Paix*. Peut-être Pierre, le prince André et elle-même occupaient-ils déjà l'imagination de leur créateur. Mais Tania/Natacha ne menaça jamais la constance de l'amour de Lev pour Sonia. Peu après avoir écrit ces deux lettres, Lev écrit dans son journal :

> 24 mars. Je l'aime de plus en plus. Aujourd'hui, cela fait sept mois et je sens à nouveau ce que je n'ai pas senti depuis longtemps, une impression d'anéantissement devant elle. Elle est si impossiblement bonne et pure et entière à côté de moi ! Dans ces moments, je sens que je ne peux pas la posséder en dépit du fait qu'elle m'a tout donné. Je ne la possède pas parce que je n'ose pas, je ne me sens pas digne d'elle.

Sonia copia ces lignes et les garda sur elle. En retour elle écrivit :

> Levochka me donne trop de bonheur. J'aime son enjouement, sa mauvaise humeur, sa bonté, son bon visage, sa gentillesse, ses contrariétés, tout cela qu'il exprime si bien qu'il ne blesse *presque* jamais les sentiments.

Ils étaient mariés depuis un peu plus d'une demi-année mais leur engouement passionné était en train de se muer en amour.

IV

Lev a comparé un jour son écriture à un accouchement ; chaque période de créativité occasionnait une souffrance comparable à celle de la femme en travail. Durant le printemps et l'été 1863, il s'occupa de ses terres mais les douleurs de l'enfantement de *Guerre et Paix* avaient déjà commencé. Il était agité, préoccupé, déprimé par moments et dans ses périodes de dépression il s'inquiétait exagérément de sa santé. Sonia, qui était à trois mois d'accoucher, était également agitée par l'attente. Les deux Tolstoï prirent de bonnes résolutions. Lev fit dans son journal la liste des qualités qu'il devrait posséder :

> 1. L'ordre 2. L'assiduité 3. La détermination 4. La constance 5. Le désir de faire bien et de faire le bien pour les autres. Je vais cultiver ces attitudes en moi.

Sonia résolut d'essayer d'aider son mari autant que possible à exploiter ses terres. Elle craignait qu'il ne fût pas en bonne santé :

> Je crains de lui faire part de mes sentiments, mais sa tension artérielle me fait très peur.

Le docteur Bers qui avait enfin accepté que Lev eût préféré Sonia à Liza, vint à Iasnaïa en avril. Tandis que Lev était allé accueillir son beau-père à Tula, Sonia se livra au dangereux passe-temps qui consistait à lire les lettres d'amour qu'il avait écrites à Valeria Arsenev, la jeune femme que Lev avait mollement courtisée quand il avait vingt-huit ans. Heureusement, les lettres n'étaient pas passionnées ; en fait, elles étaient parfois autoritaires, et le journal de Lev ne troubla pas Sonia. Elle put lire sans anxiété le portrait sommaire qu'il faisait de Valéria :

> Le problème est qu'elle est comme les nouilles, sans os et sans feu.

Sonia fit, dans son journal, la remarque que l'amour de Lev pour Valéria avait été simplement l'amour de la vie de famille et le désir d'avoir une femme :

> Comme si ce n'était en aucune façon V. mais la femme qu'il devait aimer, moi plutôt que V.

Sonia ne dit pas si son père la rassura ou non à propos de la tension de Lev. Après la visite du docteur Bers, Lev s'absorba avec plus d'acharnement encore dans l'exploitation de son domaine, mais Sonia découvrit que sa grossesse rendrait sa participation impossible, la plupart du temps. Laissée à ses pensées solitaires, elle décida que Lev était agacé par sa grossesse si avancée que le médecin avait interdit les relations sexuelles :

> 24 avril... Pour lui, le côté physique de l'amour joue un grand rôle. C'est dommage — pour moi aucun, le contraire. Mais moralement il est en bonne santé — c'est le principal.

Cet état d'esprit devait être passager. Un mois plus tard elle fait cette confession à son journal :

> Avec le retour des beaux jours et de la santé, viendra la joie de mettre de l'ordre dans la maison, le bébé et le retour des plaisirs physiques — c'est dégoûtant.

Sonia se reproche la pensée « dégoûtante » mais elle écrit « plaisirs physiques » et non « relations physiques ». En l'absence de relations sexuelles, Sonia avait besoin de plus de démonstrations d'affection et elle souffrait quand son mari paraissait la négliger. Elle écrit avec emphase : « C'est une honte de repousser un chien quand il demande des caresses. » Sonia compara son sort à celui qu'avait connu sa mère et décida que le sien était probablement moins dur, car le docteur Bers avait été tenu plus souvent éloigné de chez lui par son activité que ne l'était Lev par la direction de son domaine. L'humeur maussade de Lev était plus déprimante que ses absences et lui-même reconnaissait qu'il était un piètre compagnon :

> Soit à cause de l'inertie, soit à cause de quelque chose de moralement effroyable et désespéré en moi, toute cette période a été une période déprimante pour moi... Il me semble maintenant que je me suis réveillé. Je l'aime et l'avenir et moi-même et ma vie.

Une des raisons de l'amélioration de l'état de Lev était l'arrivée de Tania, Sacha et de quelques-uns de leurs amis. Cette compagnie divertissait Lev mais Sonia se sentait isolée d'eux et elle eut un léger retour de jalousie envers Tania. Lev chassait, montait à cheval et marchait avec les jeunes gens, et Sonia, qui restait à la maison en attendant la naissance de l'enfant, se sentait délaissée. Mais comme le moment de la délivrance approchait, elle sentit revenir son énergie et son entrain. Jouissant à nouveau de sa vitalité habituelle, elle passa toute une soirée en conversation animée avec A. S. Erlenwein, un jeune professeur de l'école de Iasnaïa Poliana, et Lev éprouva de la jalousie. Il utilisa sa jalousie pour concentrer toutes ses frustrations sur son mariage. Il se plaint dans son journal :

> Où est-il, l'autre moi que je connais et que j'aime, qui parfois s'anime et m'effraye et me réjouit ? Je suis insignifiant et néant. Et je suis ainsi depuis que j'ai épousé la femme que j'aime... Je me suis détruit dans le délire frénétique qui m'a pris de diriger le domaine pendant neuf mois irréparables.

Lev omit de rappeler que, même avant son mariage, il avait dû lutter pour vivre en accord avec ses idéaux. Un événement domestique l'empêcha toutefois de continuer dans la voie du remords. Le 27 juin, Sonia ressentit les premières douleurs. Lev la supplia : « Chérie, attends jusqu'à minuit. » Il pensait que le vingt-huit était son chiffre ; il était né le 28 août 1828 et il voulait que son premier-né naquît le vingt-huit du mois [8]. Sonia se rendit à ses supplications et il était deux heures du matin le 28 juin quand elle donna naissance à un garçon, Sergueï, sur le divan de cuir où son mari était né. Tania, réveillée par le remue-ménage, trouva tante Tatiana sur le pas de sa porte, qui lui dit : « *Le Bon Dieu a donné un fils à Sophie et Léon* *. » Tania s'habilla et se rendit dans la salle à manger où sa mère était en train de parler avec le médecin. Lev les rejoignit, hors de lui, les yeux rouges d'avoir pleuré. On servit le champagne et tous se rendirent, les uns à la suite des autres, dans la chambre de Sonia.

Ce n'est qu'un mois plus tard que Lev se résolut à faire le récit de la naissance :

> La nuit du 26 juin elle se sentit particulièrement agitée. Elle souffrait de l'estomac, elle se tournait et se retournait dans le lit ; nous pensâmes que c'était seulement parce qu'elle avait mangé des mûres. Le matin, son état empira et à cinq heures nous nous levâmes, ayant déjà décidé d'aller chercher les autres. Elle était congestionnée, elle portait sa robe de chambre, elle poussa un hurlement et puis il passa, elle sourit et dit : « Ce n'est rien. »

Lev appela une servante pour qu'elle restât avec Sonia et alla à Tula chercher la sage-femme et prévenir le médecin. Il se décrit :

> ... occupé à des choses insignifiantes, comme avant une bataille ou au moment d'approcher la mort. Je m'en voulais de ressentir si peu de chose.

Il rentra et tante Tatiana l'accueillit avec la nouvelle que le travail avait commencé pour de bon.

* En français dans le texte.

Ma chérie, comme elle était sérieusement, sincèrement, pathétiquement, violemment belle. Elle portait une robe de chambre ouverte, une petite veste avec des incrustations de dentelle, ses cheveux noirs en désordre, son visage congestionné de taches rouges, de grands yeux enfiévrés. Elle allait et venait en me fixant.

Sonia avoua à Lev que les douleurs étaient très fortes :

Elle m'embrassa simplement, calmement. Tandis que tout le monde s'agitait autour d'elle, il [le travail] reprit. Elle s'accrocha à moi. Comme le matin, je l'embrassai mais elle ne pensait pas à moi et il y avait quelque chose de sévère et de sérieux dans son air. Maria Ivanovna [la sage-femme] l'emmena dans sa chambre... « La naissance a commencé », [Sonia] dit-elle doucement et solennellement, en cachant la joie qu'elle avait d'être la vedette au moment où le rideau se lèverait. Elle avait l'œil à tout, pressait les habilleuses, faisait ses préparatifs, s'installait et, toujours, ses yeux brillaient solennellement et calmement. Il y eut plusieurs accès de douleurs et chaque fois je la tins et sentis comment son corps tremblait, se dilatait et se contractait et l'impression que son corps produisait sur le mien était complètement différente de celle d'avant et d'après le mariage. Entre-temps, je courais en tous sens, m'affairais à installer dans sa chambre le divan de cuir sur lequel j'étais né, mais tout le temps, je ne cessai d'éprouver un sentiment de détachement, de rancune à son égard et d'irritation. Je voulais que tout fût envisagé et fait un peu plus vite et avec un peu plus d'efficacité. On la fit s'allonger, elle-même avait pensé... (Je ne finis pas ceci et ne suis pas capable d'écrire plus longtemps sur ce qui fut véritablement une torture.)

La souffrance que Lev éprouva pour Sonia fut si intense qu'il ne reprit jamais ce passage de son journal ; une douzaine d'années plus tard, cependant, il évoqua l'expérience de Sonia en écrivant la naissance du premier enfant de Kitty dans *Anna Karénine.*

Sonia passa bientôt de l'exaltation à la dépression :

> 14 juillet. Tout est fait, j'ai souffert, j'ai mis au monde, je suis debout et prête à entrer de nouveau dans la vie un petit peu... Je ne me sens pas naturelle parce que j'ai peur de mon amour vulgaire de mère pour son enfant et je crains que mon amour pour mon mari ne soit anormalement fort.

En plus de tout cela, Sonia était lente à se remettre et elle avait du mal à nourrir l'enfant. Lev désapprouvait les mères qui n'allaitaient pas et Sonia était d'accord avec lui en théorie. Encore faible, elle se leva tant bien que mal et fit de son mieux pour allaiter. Mme Bers était furieuse. « Il faut toujours que Levochka soit excentrique. Il veut faire vivre à Sonia la vie des paysannes mais nous ne nous occupons pas de nos enfants de la même façon que les villageoises ; d'ailleurs nous n'avons pas leur force[9]. » Il régnait une atmosphère lugubre dans la maison. Mme Bers, Tania et tante Tatiana essayèrent toutes de persuader les Tolstoï d'engager une nourrice, mais Lev refusa de les écouter et Sonia prit une pose de martyr. Elle admettait qu'il est anormal de ne pas vouloir nourrir son enfant, elle désirait sans doute le faire, mais que pouvait-elle faire contre une incapacité physique ? L'allaitement était une torture pour elle et elle était blessée par le manque de sympathie de Lev et sa déception. Le 3 août elle écrit dans son journal :

> Il me semble que je ne l'aime même pas. On ne peut pas aimer une mouche qui pique à chaque minute.

Mais après avoir donné libre cours à son ressentiment, elle ajoute :

> Je voulais écrire cela parce que j'étais en colère. Il pleut. J'ai peur qu'il n'attrape froid. Je ne souffre plus — je l'aime. Dieu le bénisse.

Quand Lev lut ce passage il écrivit à la suite :

> Sonia, pardonne-moi. Je sais seulement maintenant que je suis coupable et combien je le suis. Il y a des

moments où l'on vit comme privé de sa volonté et poussé par une loi extérieure irrésistible. C'est ainsi que j'étais à ton égard — et c'était réellement moi ! Moi, j'ai toujours su que j'ai beaucoup de défauts. Pourtant, je pensais que j'avais le dizième d'une fraction de sensibilité et de générosité. J'ai été grossier et cruel et envers qui ? La personne qui m'a donné le plus de bonheur dans ma vie et qui seule m'aime. Sonia, je sais que ce que j'ai fait ne peut être oublié ni pardonné, mais je te connais bien et je comprends ma méchanceté, Sonia, mon petit pigeon. J'ai eu tort, j'ai été mauvais, seulement il y a en moi un homme différent qui dort parfois. Aime-le et ne lui fais pas de reproches, Sonia.

Hélas ! Sonia ne lut pas cette note dans son journal à temps pour empêcher une nouvelle querelle. Dans un mouvement d'humeur enfantin, Lev barra tout ce qu'il avait écrit. Sonia écrivit à côté :

Il s'est mis en colère. Je ne sais pourquoi, et il a tout barré. C'était quand j'avais cette terrible mastite, cette douleur aux seins et que je ne pouvais pas nourrir Sergueï, et cela l'a mis en colère... Je méritais ces quelques lignes de mots gentils et de repentir mais dans un accès de colère contre moi, il m'en a privé avant que j'aie pu les lire.

Le docteur Bers fut furieux quand il apprit que Sonia essayait d'allaiter son enfant, en dépit de sa mastite, et que son gendre faisait un drame terrible de son incapacité. Il leur écrivit pour les morigéner en des termes qui eussent ramené à la raison la plus endurcie des sensibilités :

Pour ce qui est de la question de prendre ou non une nourrice, vous êtes comme Hamlet en train de beugler : « Etre ou ne pas être » et voilà six semaines que vous jouez cette tragédie... Je vois que vous avez tous deux perdu l'esprit et qu'il faut que je vienne vous ramener à la raison.

A la fin de sa lettre il a quelques mots pour Tania :

Tania, ne quitte pas ta sœur d'un pouce, gronde-la sans arrêt pour se laisser aller à ses caprices et provoquer la colère de Dieu ; mais Levochka, frappe-le tout de suite avec ce qui te tombera sous la main afin qu'il devienne plus sage. C'est un grand maître de la langue et de l'écriture, mais il se révèle tout à fait différent dans ses actions. Qu'il écrive une histoire dans laquelle un mari tourmente sa femme malade et veut qu'elle continue à allaiter son enfant : toutes les femmes lui jetteront des pierres.

Cette lettre tragique et affectueuse ne fit pas retrouver leur sens de l'humour aux Tolstoï. Tous deux étaient irascibles et accablés ; Lev, parce qu'il ne pouvait pas écrire et Sonia, parce qu'elle ne pouvait pas nourrir son enfant. Sonia se mit à se plaindre de tout le monde — des domestiques, de sa femme de chambre Douchka (qui ne la peignait pas comme il fallait), de tante Tatiana, Tania et Lev. Son mari comparait ses « colères grommelantes carillonnantes » à celles de sa sœur Maria. Au milieu de la nuit, il écrivit qu'il avait peur d'entrer dans la chambre de Sonia :

En ce moment, elle ronfle paisiblement mais elle se mettra à gémir si elle m'entend.

En fin de compte, Mme Bers persuada son gendre d'envoyer chercher un médecin qui examina Sonia, déclara qu'elle souffrait d'une grave mastite et lui interdit de continuer à allaiter. La femme d'un cocher du domaine fut engagée comme nourrice pour Sergueï, qui plus tard devint l'ami intime de son fils Micha, son « frère de lait ». L'équilibre revint dans la maison, jusqu'à ce qu'apparaisse un nouveau problème. A cause d'une rébellion en Pologne, la Russie massa des troupes à la frontière. Lev, frustré par son incapacité à commencer son roman, menaça de s'engager si la guerre était déclarée. Sonia, qui pensait à tort être à nouveau enceinte, était horrifiée. Dans son journal, elle s'interroge :

Qu'y a-t-il derrière cette folie ? Est-il déséquilibré ?... Je ne crois pas à son amour pour son pays, à cet *enthou-*

siasme* à trente-cinq ans. Est-ce que les enfants ne sont pas la même chose que la patrie ? Ne sont-ils pas tout aussi russes ?

Lev ne pensait pas sérieusement partir à la guerre et il abandonna cette idée comme il avait abandonné les soucis que lui avait causés l'incapacité de Sonia à nourrir l'enfant. Une grande œuvre était enfin au bout de sa plume et il n'avait besoin que de l'impulsion qui le pousserait à commencer. En octobre il relut les mots qu'il avait écrits sur Sonia en août et il en eut honte :

> Tout cela appartient au passé et tout cela est faux. Je suis heureux avec elle mais terriblement mécontent de moi... Hésitation, timidité, paresse, faiblesse. Voilà mes ennemis.

Ses ennemis ne lui feraient plus obstacle très longtemps.

* En français dans le texte.

Chapitre III

UNE ÉPOUSE IDÉALE POUR UN ÉCRIVAIN
1863-1869

I

Les années qui vont de 1864 à 1867 furent une période radieuse pour le ménage Tolstoï. Une année de vie commune les avait accoutumés l'un à l'autre et leur amour était fermement établi. Il y avait un enfant dans la nursery, Sonia était à l'aise dans son rôle de maîtresse de maison et le flot constant des invités pendant l'été inaugurait la longue tradition d'hospitalité de Iasnaïa Poliana. Plus important que tout pour le bien-être de la maisonnée, Lev écrivait.

Il mit six ans à écrire *Guerre et Paix*. Quand son inspiration tarissait et qu'il s'arrêtait d'écrire, Lev voyait tout en noir et remplissait ses journaux d'interrogations sur sa santé. Quand l'écriture allait grand train, il oubliait ses étourdissements et sa langue chargée et il était le plus heureux des hommes.

Une partie des informations qu'il rassemblait pour son livre était prise sur le vif. Durant l'automne 1863, les Tolstoï furent invités à un bal à Tula auquel le tsarevitch devait assister. Sonia déclina l'invitation par timidité, prétextant sa santé et la chose en fût restée là si Tania, à la suggestion de l'hôtesse, n'avait persuadé Lev de l'emmener à la place de Sonia. Quelle excitation pour l'exubérante Tania ! Elle courut par toute la maison en criant que Lev Nicolaïevitch l'emmenait au bal. Bientôt Sonia regretta de ne pas venir. Elle regarda bravement son mari et sa sœur prendre la route dans leurs plus beaux atours, puis elle éclata en larmes, s'apitoyant sur elle-même.

Le lendemain Sonia était revenue à la sagesse. Sa santé était réellement fragile à l'époque et, de plus, il y avait une autre raison. Elle avoua à sa sœur : « Mais tu sais, Tania, je n'aurais pas pu y aller, même si je m'étais sentie bien. Tu connais les idées de Levochka. Est-ce que j'aurais pu mettre une robe de bal avec un décolleté ? C'est vraiment inconcevable. Combien de fois a-t-il blâmé les femmes mariées qui se dénudent, comme il dit. » L'occasion ratée de Sonia, toutefois, profita au romancier. Bien que Lev ait changé les circonstances et les gens, le premier bal de Tania lui inspira celui de Natacha dans *Guerre et Paix*.

Lev disparaissait chaque jour dans son bureau et ne parlait à personne de son travail. Sonia savait qu'il était bien disposé, qu'il avait commencé d'écrire réellement et que, selon ses propres mots, il « renaissait à la vie ».

Sonia voulait être associée à son travail et se demandait si, eût-elle été aussi mûre qu'Alexandra Tolstoï (grand-mère), il n'eût pas parlé avec elle de son écriture sur-le-champ :

> J'aimerais embrasser tout ce qui le concerne, le comprendre afin qu'il soit avec moi comme il est avec Alexandra, mais je sais que ceci est impossible et je ne m'en offense pas.

Sonia faisait allusion à la correspondance que son mari et « Grand-mère », échangeaient sur un grand nombre d'idées. Toutefois, jamais Lev n'associerait « Grand-mère » à son travail autant qu'il associa Sonia à *Guerre et Paix* et *Anna Karenine*. Non seulement, il finit par discuter de l'écriture de ces romans avec elle, mais ces deux chefs-d'œuvre s'enrichirent par l'expérience de son mariage et par la lecture du journal de Sonia. En avril 1863, alors que l'imagination créatrice de Lev est absorbée par la préparation d'un grand roman, il note qu'il a lu plusieurs des journaux de Sonia et ajoute : « Ils sont excellents[1]. » Ils décrivent en effet les efforts plus ou moins heureux que

Sonia dut accomplir pour s'adapter au mariage ; et durent constituer, à l'évidence, une lecture excellente pour un écrivain sensible à la psychologie féminine.

Mais quand lev écrivit les premières pages de *Guerre et Paix*, il hésita à montrer son travail, même à Sonia. Quand il disparaissait dans son bureau, elle se sentait rejetée et amère. Elle écrit que Lev est « froid, presque calme, très occupé » et elle, « déprimée et en colère ». Le 28 octobre elle écrit dans son journal :

> Ma faiblesse mentale est terrible, je me dégoûte. Si je suis dégoûtée, ce doit être que mon amour s'affaiblit. Non, je l'aime beaucoup. Il ne peut y avoir de doutes là-dessus. Si seulement je pouvais me reprendre. Mon mari m'est si cher, si terriblement cher ! A quoi travaille-t-il ? Une histoire de 1812 ? Il me disait tout — maintenant je n'en suis plus digne.

En réalité Lev avait très peu à montrer, mais quelques semaines plus tard il ravit Sonia en lui donnant les premières pages de son roman et en lui demandant de lui en faire une copie lisible. « Le fondement de tout est le travail », écrit-il dans son journal durant les premiers mois de son mariage et maintenant, Sonia et lui travailleraient dans le même but. Pendant vingt ans, jusqu'à ce que sa fille Tatiana partage la tâche avec elle, Sonia copia le travail de son mari. Elle déclara un jour qu'elle avait copié *Guerre et Paix* sept fois. Cela concernait non seulement le texte final mais également des pages et des pages remplies d'événements et de personnages qui vivaient un temps dans l'imagination de leur auteur avant d'être rejetés. Tatiana Tolstoï décrit sa mère s'attelant à sa tâche de copiste :

> A peine lui avions-nous souhaité bonne nuit que déjà sa jolie tête, aux cheveux si noirs et soyeux, était de nouveau penchée sur la table, ses yeux de myope plissés, pour déchiffrer le manuscrit de mon père, ces pages surchargées d'écriture, barbouillées d'effaçures, dont les lignes s'entrecroisaient parfois en tous sens. Au matin, mon père retrouverait les feuilles sur son

bureau, plus une copie nette et lisible qu'il se mettait alors à travailler de nouveau, ajoutant des pages entières couvertes de son gribouillage illisible, biffant parfois les précédentes d'un seul trait de plume[2].

Plus important encore, Sonia protégeait son mari. Quand il était en veine d'écriture, elle ne permettait à personne d'entrer dans son bureau. Quand son inspiration faiblissait, Lev était libre de se changer les idées comme il voulait ; il pouvait monter à cheval, chasser ou aller se promener puisque la maison fonctionnait sans lui. S'il désirait la compagnie de Sonia, elle abandonnait son travail et le rejoignait dans son bureau.

La contribution la plus importante de Sonia aux chefs-d'œuvre de Lev fut peut-être elle-même. Parlant de sa création de Natacha, Lev a déclaré : « J'ai pris Tania, l'ai mélangée avec Sonia et en est sortie Natacha[3]. » Natacha ressemble superficiellement beaucoup plus à Tania qu'à Sonia (Kitty dans *Anna Karénine* ressemblerait plus à Sonia) mais Sonia apporta sa contribution à tous les grands personnages féminins de Lev. A travers Tania il observa Natacha et à travers Sonia « il devint » Natacha.

Tandis que Lev écrivait, Sonia se contentait de faire passer les besoins de son mari avant tout. A peine la moitié de *Guerre et Paix* était-elle écrite qu'elle commença à pressentir que ce serait une œuvre extraordinaire et elle jugea que son propre rôle était d'une grande importance. Grâce à son énergie juvénile — elle avait juste dix-neuf ans en août 1863 — elle pouvait satisfaire aux exigences de Lev, sans négliger pour autant ses devoirs domestiques. Seul, son journal était négligé, sûr indice qu'elle était heureuse. Mais il restait là comme recours, pour les moments où son courage l'abandonnait ou lorsqu'elle se sentait agitée comme tel fut le cas peu avant le Noël 1863 :

> J'ai allumé deux chandelles, me suis assise à la table et je commence à me sentir le cœur léger... je veux flirter, même avec Aliocha Gorski [un paysan simple d'esprit du village] et je veux m'énerver, même si c'est contre une chaise ou rien du tout... Quand je

pense à Tania, ça me rend malade, quelque chose me cuit.

Tania était un souci très réel. Le frère de Lev, Sergueï, et elle étaient tombés amoureux pendant l'été. Ils étaient fiancés, mais secrètement, car les Bers les avaient persuadés d'attendre au moins un an avant d'annoncer leurs fiançailles. Outre une grande différence d'âge (Sergueï était le frère aîné de Lev et Tania la sœur cadette de Sonia), il existait un obstacle plus sérieux. Sergueï vivait avec une bohémienne, Macha, qui avait eu de lui plusieurs enfants. C'était une relation confortable, peut-être même satisfaisante, et la conscience de Sergueï était troublée à l'idée d'abandonner la femme qui avait été comme son épouse pendant quinze ans. Bien que Tania eût connaissance de l'existence de Macha, Sergueï lui avait caché la nature de leurs relations. Mais Sonia, ce soir de décembre où elle écrit dans son journal, n'est pas d'humeur à affronter les problèmes de Tania. La pensée de sa sœur est obsédante, mais :

> Même cela, je ne veux pas y penser. Je suis dans un état d'esprit tellement frivole... Je me sens si jeune aujourd'hui que j'ai besoin de faire quelque chose de fou. Au lieu d'aller au lit j'aimerais faire des galipettes. Mais avec qui ?

En retour, Sonia était un souci pour Tania. Elle pensait que sa sœur était trop soumise à son mari et à ses exigences. « Toi aussi tu as ton propre moi, tout comme il a le sien. Sois ton moi naturel, juste comme tu es, et tout ira bien. » Pour Sonia, il existait des satisfactions plus grandes que l'accomplissement de soi suggéré par Tania. Sonia sourit et montra à sa sœur les phrases tirées du journal de Lev qu'elle gardait toujours sur elle, les phrases où il la décrit comme impossiblement bonne et pure[4].

L'humeur frivole et rebelle de Sonia n'était jamais de longue durée. Durant tout l'hiver, la vie à Iasnaïa Poliana tourna autour du roman. Lev écrivait, Sonia copiait et recopiait, et les vieilles dames erraient respectueusement. Tante Tatiana était contente que Lev, quand il n'arrivait pas à prendre une

71

décision concernant son travail, vînt dans sa chambre faire un jeu de patience. Il disait alors : « Si cette patience réussit c'est que je dois changer le début » ou : « Si cette patience réussit, c'est qu'il faut que je lui donne un titre. »

Le printemps lui apporta une autre stimulation : Tania venait faire sa visite annuelle. « Tania sera ici avec les hirondelles » était maintenant un dicton familial, bien que tante Tatiana dît parfois : « Notre Tania sera ici avec les sauterelles. » Cette fois-ci, Tania craignait de causer de l'embarras (Sonia attendait son second enfant pour octobre) et elle demanda dans sa lettre qu'on lui donnât une petite chambre au rez-de-chaussée. En l'accueillant, Lev lui dit : « Quelles bêtises tu dis ! Ici tu ne gênes jamais personne. De toute façon, crois-tu que tu vis avec nous gratuitement ? Je suis en train d'écrire tout ce qui te concerne [5]. » Deux mois après son mariage, Sonia avait écrit à ses sœurs : « Les filles, je vous le dis en secret et je ne veux pas que cela soit répété : il se peut que Levochka nous décrive toutes quand il aura cinquante ans [6]. » Il semble que dès 1862, Lev ait pensé à mettre la famille de sa femme dans un roman et qu'il en ait parlé avec Sonia. Maintenant qu'il écrivait *Guerre et Paix*, Sonia ne parlait plus des similitudes des personnages du roman avec des membres de sa famille. Peut-être comprit-elle que la littérature ne copie pas la vie mais la transforme.

Lev abandonna son travail à la venue du beau temps et Sonia ne s'en préoccupa pas. La détente était bénéfique à la créativité et les interruptions n'étaient pas comparables à ces périodes où l'inspiration manquait et où la dépression s'instaurait. Après un long hiver d'isolement, Iasnaïa retrouvait ses invités et sa joyeuse animation. En plus de Tania, il y avait Liza Bers, la sœur de Lev, Maria Nicolaïevna, et ses filles, et la famille Diakov. Les Diakov, des nobles, étaient voisins et bons amis des Tolstoï. Le jour, on chassait, on pique-niquait, on allait se promener à pied ou à cheval et le soir on jouait aux charades, on chantait, on faisait de la musique et on parlait. Lev participait à toutes les activités et après une soirée de charades particulièrement réussie, il proposa de monter une pièce. Comme il ne s'en trouvait pas qui convînt dans la bibliothèque de Iasnaïa, Tania suggéra que Lev en écrivît une.

En trois jours, Lev écrivit une comédie : *les Nihilistes*. On manquait d'hommes et Liza et Sonia prirent des rôles masculins. Comme beaucoup de timides, Sonia était à l'aise sur scène et, d'après ses sœurs, une actrice de talent. Les répétitions furent très gaies et personne ne s'y amusa plus que Lev. Quand la représentation eut été saluée d'applaudissements enthousiastes, le texte fut jeté. Pas même Sonia, qui garda chaque page de *Guerre et Paix* que Lev avait jetée, ne prit la peine de conserver la première pièce de Tolstoï[7].

Sonia supporta facilement sa seconde grossesse. Elle marchait, jouait au croquet et parvint à diriger une maison où l'on comptait souvent une vingtaine de convives à dîner, sans se plaindre. Parfois elle participait même à la chasse où elle amusait tout le monde. Elle ne cherchait pas, comme les autres, à faire mouche — en fait, elle était ravie quand le gibier s'échappait — mais elle jouissait de la beauté de la campagne en été et elle se mettait à rêver, tandis que le lapin détalait devant elle et que les autres lui criaient de lâcher les chiens.

A la fin de l'été, Lev ouvrit son journal :

16 septembre 1864. Cela fera bientôt une année que je n'ai pas écrit dans ce cahier. Et une année heureuse. Les relations avec Sonia se sont consolidées, sont devenues plus fortes. Nous nous aimons, c.a.d. nous sommes l'un pour l'autre les êtres les plus chers au monde et nous nous voyons l'un l'autre clairement. Pas de mystères et rien de quoi avoir honte. Durant ce temps, j'ai commencé un roman, j'ai dix pages imprimées [Lev signifiait qu'il avait l'équivalent de dix galées d'imprimeur] mais en ce moment je fais des corrections et des révisions. C'est insupportable.

Les dix galées d'imprimeur équivalaient au premier livre du roman, environ cent pages sur les plus de mille trois cents que comprendrait l'ouvrage achevé. Un jour qu'entre deux « insupportables » séances de correction, Lev se promenait dans la campagne, son cheval trébucha et le jeta à terre. A moitié évanoui sous l'effet de la douleur que lui causait une épaule déboîtée, Lev resta allongé sans secours jusqu'à ce qu'un paysan le trouve et le porte dans une hutte. Quand

Sonia arriva, une rebouteuse était en train de masser l'articulation démise. Sonia envoya immédiatement chercher un médecin à Tula, qui fit huit tentatives fort douloureuses pour remettre l'épaule avant d'abandonner. Bien qu'elle fût près d'accoucher, Sonia passa la nuit dans la hutte avec Lev. Le matin elle fit chercher un autre médecin qui remit l'articulation en place.

Le second enfant des Tolstoï naquit le 4 octobre. L'accouchement fut beaucoup plus facile que le premier ; Sonia ne souffrit pas de dépression par la suite et elle fut capable de nourrir l'enfant. C'était une fille qui fut nommée Tatiana, et appelée Tania, d'après la tante Tatiana bien-aimée de Lev et la sœur favorite de Sonia. Lev souffrait d'une douleur persistante à l'épaule mais il était capable d'écrire et Iasnaïa bourdonnait d'activité productive. La satisfaction qu'éprouvait Sonia, quand le travail de son mari allait bien, imprégnait toute sa vie. Sa vitalité ne faiblissait jamais. Lev attribuait cela au sang des Islenev et remarqua un jour : « Grands dieux ! quelle énergie vitale charrie ce sang des Islenev et il coule dans les veines de toutes les Bers noires[8]. » Les Bers noires étaient celles qui avaient les yeux et les cheveux sombres : Sonia, Tatiana et leur mère.

L'épaule de Lev continuait à le faire souffrir et, en novembre 1864, Sonia l'envoya dans sa famille. Le docteur Bers lui conseilla vivement d'essayer de faire de la rééducation avant d'en venir à une opération, mais Lev était impatient de voir le problème réglé. Le docteur Bers fit venir trois chirurgiens qui opérèrent dans la chambre de Mme Bers. Elle et Tania restèrent pour regarder l'opération : Lev leur avait dit que Sonia voudrait connaître chaque détail. Il ne fut pas facile d'endormir Lev au chlorophorme. Il bondit soudain du fauteuil où on l'avait installé et cria dans son délire : « Mes amis, vivre ainsi est impossible. Je pense, j'ai décidé... » Il ne termina pas sa phrase et finit par sombrer dans un profond sommeil. Tandis que Mme Bers tenait calmement la tête du patient, deux serviteurs, suivant les instructions des médecins, tirèrent sur le bras jusqu'à ce que l'articulation de l'épaule se remette en place. Tania était horrifiée, craignait que son beau-frère ne reprît conscience.

Lev fut bientôt suffisamment rétabli pour donner aux Bers et à leurs amis une lecture de son roman. Tania la décrit dans une lettre à Polivanov :

> Une fois que tout le monde fut assis, Levochka commença à lire. Au début, sa voix était un peu faible, comme s'il était gêné. Je défaillis. Je pensai : tout est perdu. Et puis ce fut comme s'il s'était repris et il lut d'une voix si ferme et d'un air si absorbé que j'eus l'impression qu'il avait commencé à emporter tout le monde avec lui... Tout le monde dit que la famille Rostov existe réellement. Et comme ces gens me sont proches ! Boris me rappelle vous pour l'apparence et la manière de se conduire. Véra — vous savez que c'est absolument Liza, son maintien calme et ses relations avec nous... C'est Pierre qu'ils ont aimé le moins. Mais pour moi c'est le meilleur, j'aime ce personnage.

Lev dictait à Tania ses lettres à Sonia, et parfois des parties de son roman. Des années plus tard, Tania se rappelle les séances de dictée de *Guerre et Paix* :

> Je le vois comme s'il était ici : Son visage marqué par la concentration, soutenant d'une main son bras blessé, il allait et venait dans la pièce tout en dictant. Sans faire jamais atention à moi, il parlait : « Non, banalité, ce n'est pas ça ! » ou il disait simplement : « Barre ». Son ton était impérieux, sa voix nettement impatiente et souvent, en dictant, il changeait la même chose trois ou quatre fois.

Lev écrivit le 7 décembre à Sonia :

> Ma Sonia chérie,
> Quelle fille intelligente tu es en tout ce sur quoi tu veux appliquer ta pensée ! C'est pour cela que je dis que tu es indifférente aux questions intellectuelles mais que tu es non seulement pas étroite d'esprit, mais intelligente, très intelligente. Et il en est de même avec vous toutes, les Bers noires, qui me sont spécialement sympathiques. Les Bers noires sont L. A. [Mme Bers], toi, Tania... Je me rappelle que tu m'as dit que tout ce qui est

militaire est historique [dans son roman] et sur quoi je m'échine tant, sera pauvre et le reste excellent — la vie de famille, les personnages, la psychologie. C'est si vrai, ça ne pourrait pas l'être plus. Et je me rappelle comment tu m'as dit cela et je me rappelle tout ce qui te concerne de cette façon. Et, comme Tania, je veux m'écrier : « Maman, je veux être à Iasnaïa, je veux Sonia. » J'ai commencé à t'écrire le moral bas, mais je finis en homme complètement différent. Mon cher cœur. Aime-moi seulement comme je t'aime et rien d'autre ne compte et tout est merveilleux. Au revoir, il est temps de reprendre le travail.

Lev manqua terriblement à Sonia durant les trois semaines de leur séparation et elle lui écrit avec franchise :

Je t'écris dans le bureau, j'écris et je pleure. Je pleure à cause de mon bonheur et parce que tu n'es pas là... Est-ce que ton épaule te rend malheureux ? J'imagine que tu es plus mince.

Elle lui conte chaque détail de la vie domestique : ce que les enfants ont fait et ce que la nurse a dit. Enfin elle peut lui écrire :

Ami bien-aimé, Levochka,
Enfin, je suis réconfortée et rendue au bonheur par la lettre qui m'apprend ta venue. Comme je l'ai attendue longtemps, craignant de t'envoyer chercher.

Lev était chez lui avant Noël. En février 1865, la première partie du premier livre de *Guerre et Paix* parut dans *le Messager Russe* et attira immédiatement l'attention générale [9].

Lev continua de travailler régulièrement tout l'hiver ; Sonia était occupée à copier et, parfois, elle faisait à son mari des commentaires critiques : le personnage du prince André n'était pas assez défini mais celui de la princesse Marie parfaitement réussi [10]. Le vieil ami de Lev, le poète Fet, était d'accord avec Sonia sur le prince André :

Je ne pense pas que le prince André ait été quelqu'un d'agréable à vivre, un homme de conversation, etc., mais moins que tout un héros capable de constituer le fil par lequel retenir l'attention du lecteur.

Lev répondit :

Je suis heureux que vous m'ayez donné votre opinion sur l'un de mes héros, le prince André, et j'ai bénéficié de vos critiques. Il est monotone, ennuyeux, et seulement *un homme comme il faut** pendant toute la première partie. Cela est vrai, mais il n'en est pas responsable, c'est moi. En plus de mon plan pour les personnages et leurs actions, en plus de mon plan pour les affrontements entre les personnages, j'ai un autre plan historique qui complique mon travail extraordinairement et qui, à ce qu'il semble, dépasse mes capacités [11].

Toutefois, à mesure que le roman progressait, l'entrain de Lev augmentait et en février 1865, il dit à Sonia qu'il se sentait jeune :

Et il dit que cette impression de jeunesse signifiait : « Je peux tout faire. » Et je veux et peux tout faire. Mais... Je vois que je ne peux ni ne veux rien faire d'autre que de m'occuper de ma famille, manger, boire, dormir, aimer mon mari et mes enfants.

L'enthousiasme de Lev disparut au printemps. Il avait perdu son élan. Sonia remarquait son humeur sombre, son irritabilité, et elle craignait une de ses dépressions. Quand il parla de la possibilité de vivre à Moscou l'hiver suivant, elle avoua à son journal qu'elle redoutait de vivre en ville sans un bel appartement, une voiture, une jolie garde-robe et toutes les illusions de la vie moscovite. Elle admit avec tristesse et admiration que de telles choses ne comptaient pas pour Lev :

Levochka est étonnant. Pour lui cela ne fait pas de différence ; voilà la vraie sagesse, la vertu, même.

Sonia relevait de maladie quand elle écrivit ceci et elle était à la maison tandis que Lev faisait sa promenade du soir. La

---

* En français dans le texte.

maison était silencieuse, les enfants dormaient et elle se sentait sans valeur et insignifiante. Puis Lev revint et elle se détendit, redevint heureuse :

> L'air frais l'environnait et lui-même me donna une impression d'air frais.

Lev était déterminé à ne pas abandonner son travail avant l'été. En mars, il note :

> Pendant trois jours je m'y suis accroché, sans paresser, mais sans trop me forcer. J'écris, je refais. Tout est clair pour moi, mais la somme de travail qui m'attend est terrifiante.

Il devint si préoccupé par son travail que Sonia se plaignit dans son journal :

> Il est froid à mon égard et indifférent. J'ai peur de dire : *il ne m'aime pas.* Cela me torture continuellement et c'est pourquoi je suis timide et indécise dans mes relations avec lui.

Lev était conscient de la froideur qui s'était installée entre eux mais il écrivait :

> J'attends calmement que cela passe.

Sonia attendait moins calmement :

> Levochka me détruit complètement avec sa totale indifférence.

Le lendemain la vérité se fait jour :

> Levochka s'est mis à être affectueux. Il m'a embrassée ; cela n'était pas arrivé depuis longtemps. Mais tout cela est empoisonné par la pensée qu'il n'a pas dormi avec moi depuis très longtemps [12].

Peut-être Lev lut-il ce paragraphe et répara-t-il ses torts, car le jour suivant il note :

> Sonia et moi allons de nouveau très bien.

Il ne disait pas la même chose de son roman. Pendant un temps, il jouit du printemps et laissa son esprit errer sur d'autres sujets. Il caressa le projet d'une histoire de Napoléon et du Tsar Alexandre Ier et nota que ce thème lui inspirait de grandes pensées dont certaines trouvèrent finalement place dans *Guerre et Paix*. L'élan créateur étant au point mort, Lev se tourna vers la direction de son domaine. Sonia note dans son journal en mars 1865 :

> Levochka est très occupé avec les hommes qui travaillent à l'enclos à bestiaux tandis que son roman avance sans beaucoup d'enthousiasme. Il a toutes les idées, mais quand seront-elles mises sur le papier ? Parfois il discute de ses idées et de ses projets littéraires avec moi et je suis toujours terriblement ravie.

Des commentaires découragés apparaissent dans le journal de Lev :

> Pas écrit... Ecrit un peu... Pas d'humeur, mais je dois m'accrocher... L'écriture va mal. Il faut que ça sorte.

Il commença à consigner les inquiétudes sur sa santé qui accompagnaient ses périodes de frustration. Il avait des coups de sang, des bourdonnements d'oreilles et des troubles de digestion. Il n'était pas irritable avec Sonia, toutefois, et avoue :

> J'aime beaucoup Sonia et nous sommes *si* heureux !

Tania arriva pour prendre ses quartiers d'été, apportant avec elle un supplément de matériau brut pour l'histoire de Natacha. Ses fiançailles secrètes avec Sergueï continuaient, mais la relation de Sergueï avec Macha également, ce qui affligeait les deux Tolstoï. Lev passait beaucoup de temps avec Tania, à monter à cheval et à chasser et il l'observait attentivement. Le plaisir constant qu'ils éprouvaient en compagnie l'un de l'autre ulcérait Sonia :

> Je suis en colère contre Tania. Elle s'insinue trop dans la vie de Levochka... Ils sont allés seuls dans les bois. Dieu sait quelles pensées me viennent à l'esprit.

En juin, Tania et Sergueï annoncèrent enfin leurs fiançailles et Sonia se réjouit du bonheur de sa sœur. Hélas ! si Sergueï avait trouvé le courage de se fiancer officiellement avec Tania, le courage lui manquait encore (et peut-être même le désir) de mettre fin à sa relation avec Macha. Quand Tania découvrit la vérité, elle fut horrifiée et profondément blessée. Elle rompit les fiançailles. Sonia, partageant la douleur de Tania, enrageait contre Sergueï :

Il est détestable. « Attendez un peu, attendez un peu » disait-il sans cesse, et avec la seule intention de mener Tania par le bout du nez et de s'amuser aux dépens de ses sentiments. [Sonia ne crut pas longtemps que Sergueï avait été à ce point dénué de cœur.]... Cela faisait déjà douze jours qu'ils étaient fiancés. Ils s'étaient embrassés, il l'avait rassurée et lui avait dit tout ce qu'on dit d'habitude, il faisait des projets. Un véritable scélérat.

La solidarité de Sonia avec Tania la conduisait à s'émerveiller de son propre bonheur :

Pourquoi m'est-il donné tant de bonheur ?... Nous nous aimons tant, l'été est chaud et tous et tout autour de nous sont merveilleux.

L'été prit fin, les invités s'en allèrent, Lev retourna à son roman mais sans satisfaction. Il se plaint :

14 septembre... Je ne sais pas si c'est parce que je suis malade que je ne peux pas penser correctement et que je ne peux pas travailler, ou si je suis tellement indiscipliné que je ne peux pas travailler. Si je pouvais travailler comme je le devrais, comme je serais heureux !

Quelques jours plus tard il se sentit mieux. Il relut tout ce qu'il avait écrit et décida que ce n'était « pas mal ».

Ça n'a pas besoin d'être remanié. Il faut que j'ajoute à Nicolas un amour de la vie et la peur de la mort, sur le pont. Et à André — des souvenirs de la bataille de Brünn.

Avec Sonia tout allait bien :

> Nous sommes si heureux, un tel bonheur n'arrive qu'à
> un couple sur un million... Hier soir, je voulais écrire
> mais je n'ai fait qu'esquisser un premier jet. Aujour-
> d'hui j'ai commencé mais j'ai abandonné.

Le 12 novembre 1865, il écrit dans son journal pour la
dernière fois avant huit ans :

> J'écris, ma santé est bonne, et je ne me préoccupe plus
> exagérément de moi-même. J'ai terminé la troisième
> partie. Beaucoup de difficultés se résolvent très bien.
> Tué deux lièvres en une demi-heure.

Il arrêta d'examiner sa langue chaque matin, il se passion-
nait pour son roman et Sonia était heureuse d'avoir de
nouveau de la copie à faire. Lev et Sonia étaient toujours
préoccupés par Tania — son désespoir après sa rupture avec
Sergueï, sa santé déclinante et même une tentative manquée
de suicide. Ces soucis n'entravaient pas l'élan créateur de Lev.
En fait il était en train d'intégrer l'aventure douce-amère de
Tania à *Guerre et Paix*.

II

Sonia éprouvait une satisfaction profonde à entourer son
mari de confort et de bonheur. Qu'elle en fût ou non consciente, elle était en train de résoudre ses conflits intérieurs et
de lui rendre la liberté qui lui permettait de créer. Le travail
de Lev alla bien tout au long de l'hiver 1865 et Sonia copiait
Guerre et Paix avec une admiration croissante. Lev venait
parfois la voir, juste après avoir terminé un chapitre, en
rayonnant de satisfaction. Tel fut le cas quand il termina la
description de la chasse chez les Rostov. Quand il lut à Sonia
les pages qui décrivaient le prince André gisant sur le champ
de bataille, il avait des larmes dans la voix. Exalté par la

confiance retrouvée, Lev écrivit une lettre humoristique à Fet, le 23 janvier :

> Je suis très content que tu aimes ma femme. Bien que je l'aime moins que mon roman, c'est quand même ma femme, tu sais. Quelqu'un arrive. Qui est-ce ? Ma femme.

Lev pouvait écrire ainsi à Fet parce qu'il savait que son ami admirait beaucoup Sonia (il lui dédia certains de ses poèmes) et qu'il comprenait la force de son amour pour sa femme. En vérité, l'union des Tolstoï semblait parfaite à leur famille et à leurs amis. La sœur de Lev, Maria Nicolaïevna, déclarait à ses filles qu'il ne fallait pas se presser pour se marier, que cela prenait du temps pour faire un mariage comme celui des Tolstoï qui formaient un couple idéal[13]. Le frère de Sonia, Stefan Bers, écrivit quelques années plus tard, alors qu'il était adulte :

> L'amour et l'intimité de ce couple ont toujours été pour moi l'idéal et le modèle de la vie conjugale.

On passa Noël 1865 au Kremlin. La nouvelle ligne de chemin de fer, qui devait relier Koursk à Moscou, n'allait que jusqu'à Serpoukhov et les Tolstoï se rendirent en traîneau jusqu'à Tula où ils prirent le train pour faire les cent kilomètres qui les séparaient de Serpoukhov. Ils firent le reste du trajet en coche, expérience tout à fait désagréable. Les chevaux allaient si vite que toute la famille était sans cesse jetée d'une paroi à l'autre et le petit Sergueï fut malade. Cette fois-ci, ils vécurent chez les Bers jusqu'en février où ils louèrent un appartement. Après les fêtes, Lev passa son temps à rassembler des informations pour son roman, prendre des cours de sculpture et donner des lectures de *Guerre et Paix* pour la famille et les amis. Tout le monde prit plaisir à l'écouter sauf Sonia, qui connaissait le roman par cœur et s'endormait parfois. L'ancien soupirant de Sonia, Polivanov, rendit visite aux Bers et elle ne put résister à la tentation d'un léger flirt. Lev fut jaloux. Sonia reconnut qu'elle semblait incapable de se conduire correctement en présence de Polivanov mais elle déclara que dans son cœur :

Il n'y a pas une tache et il n'y en eut jamais, pas même pour un instant, depuis que je suis mariée, et Lev m'a jugée trop sévèrement et trop rapidement.

Ce ne fut qu'une minuscule tempête. De retour à Iasnaïa, Sonia résume son séjour ainsi :

12 mars... C'était bien à Moscou. J'ai aimé ma famille et ils ont aimé mes enfants... Tout s'est bien passé, j'ai tout aimé à Moscou, même notre appartement de la rue Dmitrovka et notre salon-chambre mal aéré et le bureau où Lev faisait du modelage... et où nous parlions tous les deux le soir.

En avril elle exulte :

Tout le monde envie notre bonheur. Tout ceci me fait m'interroger : pourquoi sommes-nous si heureux et qu'est-ce que cela signifie réellement ?

Après la naissance de leur second fils, Ilya, le 22 mai 1866, Sonia se sentit aussi bien qu'après la naissance de Tania. En fait, alors qu'elle écrivait à sa sœur Tania, elle était trop occupée pour être déprimée : elle sevrait son fils, faisait la lessive, s'occupait des enfants, faisait des confitures, des bonbons et copiait pour Lev. Elle fut relevée de cette dernière tâche pendant l'été où Lev prit ses vacances avec ses invités.

La maison était pleine d'invités : outre la famille Bers, la princesse Gorchakov, que Sonia avait connue à Moscou, le prince Lvov et V. A. Sologoub, un écrivain qui était venu avec ses deux fils, des adolescents. Sologoub dit à Sonia qu'elle était l'épouse idéale pour un écrivain, « la nourrice du talent[14] ». Il déclara à Lev : « Quel homme heureux vous faites ! La vie vous a donné tout ce que vous désiriez. » A quoi Lev répliqua qu'il n'avait pas tout ce qu'il désirait mais « je désire tout ce que j'ai ».

Le jour de la fête de Sonia, en septembre, Lev lui fit la surprise d'organiser une réception sur la terrasse avec un orchestre et des danses. Quand les invités furent partis et que Lev se fut remis au travail, Sonia trouva le temps de décrire sa fête :

Musique au dîner qui m'a causé une telle surprise et un tel plaisir, l'expression douce et aimante de Lev, la soirée sur la terrasse éclairée aux bougies et aux lanternes, les silhouettes sveltes des jeunes filles enjouées dans leurs sages robes blanches... Par-dessus tout, le visage plein de vie, le visage bien-aimé de Levochka qui tout le temps et partout faisait tous ses efforts pour que tout le monde soit heureux... Il me semble qu'il est impossible d'être aussi proche par la pensée que je le suis de lui. Nous sommes si terriblement heureux en tout... Ces jours-ci je passe beaucoup de temps à copier (sans lire au préalable) le roman de Lev. C'est un grand bonheur pour moi. Je traverse mentalement tout ce monde d'impressions et d'idées tandis que je copie. Rien ne m'émeut plus que sa pensée, son talent. Et ceci est arrivé récemment. Ou c'est moi qui ai changé ou c'est le roman qui est vraiment excellent — je ne sais pas. J'écris très rapidement et c'est pourquoi je suis le roman suffisamment vite pour remarquer tout ce qui est intéressant, et suffisamment lentement pour méditer, ressentir profondément et repenser toutes ses idées. Nous parlons souvent du roman et, pour une raison que j'ignore et qui me rend très fière, il a grande confiance en mon avis.

En novembre arriva la première d'une série de gouvernantes anglaises. Hannah était la fille d'un jardinier du château de Windsor, que Lev avait engagée par lettre. Il était à Moscou au moment de l'arrivée d'Hannah, et Sonia lui écrivit :

Elle est très jeune [en réalité elle avait à peu près l'âge de Sonia], plutôt douce, jolie et avenante, mais notre ignorance mutuelle des langues est terrible.

Sonia garda un dictionnaire russe-anglais sous la main et elle considéra bientôt Hannah presque comme une sœur. Quand vinrent les longs mois d'hiver que Lev passait à écrire dans son bureau, Sonia fut contente d'avoir la compagnie d'Hannah. Mais elle ne mesurait pas à Lev le temps qu'il passait sur son roman ; tout en copiant, elle suivait avec passion le déroulement de *Guerre et Paix*. A la mi-janvier 1867, elle note :

> Levochka a passé tout l'hiver à écrire, avec irritation, larmes et émotion. Je pense que ce roman doit être magnifique. Presque chaque passage qu'il me lit m'émeut aux larmes et, je ne sais pas si c'est parce que je suis sa femme que je pense m'en sentir si proche ou si c'est parce qu'il est réellement excellent ? Je pencherais plutôt pour la seconde hypothèse.

Cet hiver-là Lev eût partagé l'opinion de Sonia sur son roman s'il n'y avait eu une légère faille dans sa confiance en lui-même. Ce n'était pas une chose qui retardait la progression de son travail, ni une chose dont il parlait avec Sonia, quelque intelligente « Bers noire » qu'elle fût ; cependant, en janvier il écrivit à Y. F. Samarin une lettre qu'il n'envoya jamais mais qu'il conserva parmi ses papiers et qui contenait la confession suivante [15] :

> Je vais bientôt avoir quarante ans, j'ai aimé la vérité plus que tout et je ne désespère pas de la trouver et je la cherche, je la cherche. Parfois, et jamais mieux que cette année, je parviens à soulever un coin du voile et je regarde : Mais je suis seul et c'est douloureux et effrayant et, il me semble que je m'égare.

Lev fit de nombreuses patiences en se promettant chaque fois que s'il réussissait il donnerait un titre à son roman, mais jusqu'en mars 1867 l'œuvre resta sans titre. Il choisit alors le titre de *Guerre et Paix*, probablement influencé par le livre, fameux alors, du socialiste français Pierre-Joseph Proudhon, qui s'appelait *La Guerre et la Paix* [16]. Maintenant que le roman portait un titre, il commença à prendre sa forme définitive, bien que Lev continuât à corriger et revoir son manuscrit, ce qu'il ferait même après que le roman eut été imprimé en son entier.

A la fin de l'été, Lev partit visiter le site de la bataille de Borodino avant d'écrire les chapitres la concernant. Sonia était de nouveau enceinte et son moral était au plus bas. Sa sœur qui s'était mariée pendant l'été avec son amoureux d'enfance Sacha Kouzminski, lui manquait, les invités et l'animation de l'été lui manquaient, son mari lui manquait. Elle avait été blessée par l'enthousiasme avec lequel Lev avait envisagé son voyage. Elle se plaignit dans son journal de ce que l'amour qu'elle lui portait ne le satisfît pas entièrement.

> Je ne suis qu'un malheureux ver de terre écrasé dont personne ne veut, que personne n'aime, une créature inutile avec des vomissements matinaux, un gros ventre, deux dents pourries, un mauvais caractère, une dignité blessée et un amour dont personne ne veut et qui me rend presque folle [17].

Une lettre de Lev dissipa sa mélancolie :

> Moscou, le 27 septembre 1867
>
> Je reviens de Borodino. Je suis très satisfait, très, de mon voyage et cela en dépit du fait qu'il m'a fallu survivre sans sommeil et sans nourriture convenable. Si seulement Dieu m'accorde la santé et la tranquillité, je décrirai une bataille de Borodino comme jamais elle ne le fut auparavant. Vantard comme toujours !

Après le retour de Lev, la vie à Iasnaïa fut si féconde et heureuse que Sonia ignora son journal. Pendant l'été 1868, elle en relut quelques passages :

> Cela me fait rire de lire mon journal, comme il est contradictoire, comme si j'étais une femme malheureuse. Mais y en a-t-il une qui soit plus heureuse que moi ? Peut-on trouver mariage plus agréable et heureux ? Parfois je reste seule dans ma chambre et je me mets à rire de joie et à me signer. Dieu veuille m'accorder cela pendant longtemps, très longtemps... Cela fera bientôt six ans que nous sommes mariés. Et je l'aime simplement de plus en plus. Il dit souvent que ce n'est sûrement pas de l'amour mais que nous sommes tellement habitués l'un à l'autre que nous ne pourrions exister l'un sans l'autre.

A mesure que paraissaient les volumes, *Guerre et Paix* suscitait l'enthousiasme des lecteurs. Il y eut également quelques commentaires négatifs, provenant en général de lecteurs que choquait le réalisme de l'œuvre. Tourguéniev, qui ne fut pas toujours élogieux à l'égard de Tolstoï, écrit au critique littéraire P. V. Annenkov [18] :

> Je viens de finir le quatrième volume de *Guerre et Paix*. Il y a des choses insupportables dedans et des choses merveilleuses et ces choses merveilleuses qui, en substance, prédominent, sont si magnifiques que rien de mieux n'a jamais été écrit dans notre pays et il est douteux que rien d'aussi bon ait jamais été écrit.

Un des lecteurs les plus enthousiastes de *Guerre et Paix* ne vécut pas assez longtemps pour le voir terminé. Le docteur Bers mourut en 1868. Les Tolstoï lui firent leurs adieux dans son bureau du Kremlin où on avait installé le vieillard paralysé à la barbe blanche et aux yeux bleu clair. Sonia ne semble pas avoir beaucoup souffert de la perte de son père ; un autre homme dominait sa vie. En mai 1869, elle eut son quatrième enfant, Lev, et à la fin de l'année s'acheva la parution de *Guerre et Paix*. A l'exception des critiques qui le trouvèrent trop réaliste, trop conservateur, trop radical ou trop peu respectueux des dirigeants russes, le livre déchaîna les acclamations du pays tout entier.

Alors que le roman, achevé, n'était pas encore publié en un seul volume, l'anxiété de Tolstoï réapparut :

4 septembre 1869

> Je t'écris de Saransk, amie bien-aimée... Comment vas-tu et les enfants ? Que s'est-il passé ? Depuis deux jours, l'anxiété me torture. Avant-hier, j'ai passé la nuit à Arzamas et il m'est arrivé quelque chose d'extraordinaire. Il était deux heures du matin, j'étais très fatigué, j'avais envie de dormir et je n'avais mal nulle part. Tout soudain, je fus assailli par une terreur mélancolique terrible, telle que je n'en avais jamais éprouvée. Je te raconterai plus tard les détails de ce sentiment ; mais c'était une sensation atroce telle que je n'en ai jamais éprouvée et, Dieu le veuille, que je n'en éprouverai

plus jamais. Je sautai du lit, demandai qu'on attelât. Tandis qu'on attelait, je m'endormis, et je me réveillai dans mon état normal. Hier, cette sensation est revenue à un degré moindre mais j'y étais préparé et je ne m'y suis pas abandonné, surtout parce qu'elle était plus faible. Aujourd'hui je me sens bien et heureux, autant que je le puis loin de ma famille.

Lev appelait toujours cet incident le « supplice d'Arzamas » et douze ans plus tard, il en fit une nouvelle autobiographique : *les Mémoires d'un fou*. Lev prête ses sentiments à un personnage qui est paralysé par la terreur sans comprendre ce qu'il cherche à fuir. Quand il se précipite dans le couloir en se demandant ce qu'il craint, la voix de la Mort répond : « Moi. Je suis ici. » Ce que Lev vécut à Arzamas n'est pas un symptôme inhabituel de fatigue prolongée, une fatigue bien compréhensible après six années passées à concevoir une œuvre telle que *Guerre et Paix*. La terreur qui avait disparu après une bonne nuit de sommeil, ne disparut pas, cependant, pour toujours. Le « supplice d'Arzamas » reviendrait tourmenter Lev et lui rappeler les craintes et l'anxiété avec lesquelles il avait affronté la question : quel est le but de la vie ?

Chapitre IV

UNE VIE INTÉRIEURE COMPLIQUÉE
1870-1878

I

Sonia était fière d'être la « nourrice du talent » de son mari, comme l'avait appelée l'écrivain Sologoub. Elle savait qu'elle possédait une sorte de baromètre intérieur qui enregistrait les différents degrés des besoins de Lev. Maintenant que *Guerre et Paix* était achevé, elle se tenait prête pour la prochaine grande œuvre, consciente de l'importance du rôle qu'elle jouait sans en éprouver de l'orgueil, satisfaite de son titre de nourrice.

Lev concevait le rôle que jouait Sonia dans sa vie et dans son œuvre de manière plus profonde et reconnaissait être dépendant d'elle sur le plan des sentiments. En 1870 il ne tint pas son journal mais il n'abandonna jamais ses carnets, où étaient fourrés pêle-mêle informations immobilières, notes concernant son travail, rêveries philosophiques.

> 14 février. Les liens entre mari et femme ne sont pas fondés sur un contrat ni sur l'union charnelle. Dans l'union charnelle, il y a quelque chose d'effrayant et de blasphématoire. Le blasphème disparaît seulement au moment où elle produit son fruit. Mais elle est néanmoins terrifiante, aussi terrifiante qu'un cadavre. C'est un mystère. Le lien du sein de la mère à l'enfant est toujours évident. Quand l'enfant a faim, la mère a du lait. Le même lien existe entre mari et femme. On n'a

89

jamais vu père, mère, leurs enfants bien-aimés, amis, frères et sœurs tous mourir en même temps. Mais on a vu un millier de fois le mari et la femme (qui ont vécu heureux ensemble) mourir presque au même instant.

A cette date, Lev réfléchissait à une nouvelle œuvre, et bien souvent il en parlait à Sonia. Il semble dire, de manière différente, ce qu'il disait six ans après leur mariage — qu'ils ne pouvaient exister l'un sans l'autre. Le jour même, Sonia començait un nouveau projet. Dans un carnet à part, elle commença à écrire ce qui devint par la suite ses notes destinées à un futur biographe de son mari :

> L'autre jour, je lisais une biographie de Pouchkine quand l'idée me vint que la postérité serait intéressée par une biographie de Levochka et qu'il serait utile que je mette par écrit, non pas sa vie de tous les jours, mais sa vie intellectuelle pour autant que je sois capable de l'observer.

Le projet peut paraître ambitieux, mais Sonia ne commettait pas l'erreur de s'atteler à une tâche au-dessus de ses possibilités. A l'âge de vingt-cinq ans, elle écrivait toujours de façon directe, simple, presque enfantine, sans fioritures. Ses notes montrent les nombreuses directions prises par l'imagination toujours en mouvement de Lev et la façon dont il approchait son travail. Elles montrent aussi combien il en discutait avec Sonia. Elle ajoute :

> Maintenant est un bon moment pour commencer. *Guerre et Paix* est terminé et il n'y a pas encore d'entreprise sérieuse.

Pourtant, avant même de terminer *Guerre et Paix,* Lev avait commencé à projeter un roman dont l'action se situait à l'époque de Pierre le Grand. Sonia pensait intuitivement qu'il était trop tôt pour prendre ce projet au sérieux. En fait, elle ne parle pas de l'intérêt que Lev porte à Pierre le Grand au début de ses notes, elle décrit plutôt ses lectures philosophiques. Il se délecte à la lecture de Schopenhauer mais la philosophie de Hegel n'est pour lui qu'un « pur verbiage ». Elle se rend compte de l'énorme effort intellectuel que représente pour Lev le fait de se remettre au travail :

> Il dit souvent que son cerveau lui fait mal, qu'il sent un terrible fardeau ; que tout est fini pour lui et qu'il est temps de mourir.

Ce terrible fardeau était peut-être le sentiment d'obligation allant de pair avec le génie de Lev. Même avant d'avoir commencé *Guerre et Paix*, il écrivait dans son journal qu'il devait « redonner aux autres, à *tout le monde*, par le biais de mon travail ce qu'ils m'ont donné. » Un chef-d'œuvre n'avait pas suffi à le délivrer de son sentiment d'obligation.

Un autre problème le tourmentait : son imagination fertile lui fournissait trop d'idées. Alors qu'il lisait des contes populaires russes, une histoire lui donna l'idée de faire des livres pour enfants à quatre niveaux, en commençant par celui de l'abécédaire. Un autre conte lui donna l'idée d'une pièce et il se mit à lire Molière, Shakespeare et Pouchkine. Il pensait aussi à une comédie mais selon Sonia, c'était un sujet trop frivole pour le retenir longtemps. Elle avait raison. Lev lui dit : « Non, après s'être essayé au genre épique, il est difficile de se mettre au théâtre. » Au début de février 1870 Sonia note que Lev l'a appelée dans son bureau dans le seul but de parler d'histoire et de personnages historiques. Elle remarque qu'il est en train de lire une histoire de Pierre le Grand par Oustrilov. Si Sonia était impatiente de le voir choisir un sujet et se mettre au travail, elle n'en souffla mot. Souvent Lev s'exclamait : « Combien de travail j'ai devant moi ! » Soudain l'espoir vint à Sonia :

> Hier soir, il a dit qu'il avait eu l'idée d'une femme, mariée, de haute condition mais perdue. Il a dit que le problème pour lui serait de rendre cette femme non pas coupable mais seulement pitoyable. Dès qu'il eut conçu ce personnage, tous les visages des personnages masculins qu'il avait imaginés avant vinrent prendre leur place autour de cette femme mariée. Il a dit : « Maintenant tout est clair. »

Sonia tira un trait sur la largeur de la page après ce paragraphe et ajouta :

Il a dit : « On me reproche mon fatalisme, mais peut-être n'y a-t-il pas plus croyant que moi. Le fatalisme est une excuse pour faire le mal, mais je crois en Dieu, en les paroles de l'Evangile qui disent que pas un cheveu ne tombe de ta tête sans la volonté de Dieu et c'est pour cela que je dis que tout est prédestiné. »

Parfois Sonia oublie son intention de limiter ses notes à la vie intellectuelle de son mari :

Nous revenons de patiner. Il essaie de tout faire sur un pied, deux pieds, en arrière, en cercles et ainsi de suite.

Elle fait là, sans le savoir, un parallèle avec les pensées vagabondes de Lev. Toute l'année, son carnet reflète deux recherches : celle d'un thème pour sa nouvelle œuvre et celle d'un sens au problème de la vie. Y a-t-il un but à l'existence ? Il écrit dans un carnet le 26 mars :

Tout ce qui est rationnel est sans force. Tout ce qui est dénué de sens est productif... En d'autres termes, l'essentiel de la vie est incompréhensible à la raison, mais rien n'est compréhensible à la raison si ce n'est la raison elle-même.

En novembre, Lev retourne à Pierre le Grand et il écrit à Fet :

17 novembre 1870
Tu ne peux pas imaginer combien est difficile pour moi ce travail préliminaire qui consiste à labourer en profondeur le champ que je suis *obligé* de semer. Il est terriblement difficile de penser et de repenser à tout ce qui peut arriver à tous les personnages futurs d'une œuvre en chantier, et une œuvre de très grande taille, et de penser aux millions de combinaisons possibles parmi lesquelles il faut choisir un millionième. Et c'est ce à quoi je suis occupé.

Sonia fut soulagée de pouvoir écrire en décembre :

> Aujourd'hui il me semble que pour la première fois il commence à écrire sérieusement... Toute cette période d'inactivité, que j'appellerais de relaxation intellectuelle, a été très éprouvante pour lui. Il a dit qu'il avait honte de son oisiveté et non seulement devant moi, mais devant tout le monde. Parfois, il lui semblait que l'inspiration lui revenait et il se réjouissait. Parfois, il lui semblait — et ceci arrivait toujours quand il était loin de son foyer et de sa famille — qu'il devenait fou et la peur de la folie était si forte en lui qu'ensuite, quand il m'en parlait, j'étais pétrifiée d'horreur.

L'anxiété de Lev allait croissant, mais il n'en parlait apparemment qu'à Sonia. Extérieurement, la vie était la même. Lev écrivit à Fet que le mauvais temps était déprimant mais que tout allait bien à la maison et que tous étaient en bonne santé.

Le travail sérieux qui avait redonné courage à Sonia en décembre se révéla être une des vingt-cinq versions du début d'un roman dont l'action se situait au temps de Pierre le Grand. Cette version fut bientôt rejetée et Lev, pris d'une impulsion subite, se mit à l'étude du grec. Sonia se remettait de la naissance prématurée de sa seconde fille, Maria (Macha) en février 1871. L'enfant était maladive et Sonia souffrait d'une fièvre puerpérale, bien que six semaines plus tard elle eût retrouvé assez de force pour se voir confier d'autorité le rôle de préceptrice de Lev. Elle corrigeait ses traductions orales de grec. Sonia était impressionnée par la vitesse à laquelle Lev maîtrisait la langue ce qu'elle expliquait ainsi :

> Il veut écrire et le dit souvent. Il rêve principalement d'une œuvre si claire et élégante qu'il n'y aurait rien de superflu, une œuvre comme toute la littérature classique grecque, comme l'art grec.

Ceci se passait en mars 1871. Un an plus tard, en mars 1872, Lev écrit dans son carnet une phrase isolée : « Les animaux sauvages et les oiseaux n'ont pas peur. » Peut-être Lev leur enviait-il leur absence de peurs *psychologiques*, le genre de peurs qui l'assaillaient. Sonia n'avait pas besoin de lire ses carnets pour savoir que son mari n'était pas en bonne santé, mentale ni physique. Au cours de l'été 1871 elle le persuada, après beaucoup de résistance de sa part, d'aller faire une cure de lait de jument fermenté, le koumys, dans les steppes de Samara[1]. Lev emmena avec lui son jeune beau-frère, Stefan Bers. De la steppe, il écrit à Sonia :

> Nous vivons sous la tente. Nous buvons du koumys... Ton cœur de moscovite serait horrifié par l'inconfort. Il n'y a pas de lits, pas de vaisselle, pas de pain blanc, pas de cuillères... Chaque jour nous dînons d'agneau, servi dans un bol en bois, que nous mangeons avec les doigts.

Dans ses premières lettres Lev était toujours déprimé. Bientôt, la vie au grand air le revigora et, mis à part le fait que sa famille lui manquait, il semble avoir goûté l'expérience. Dans une lettre à Sonia, il décrit l'hospitalité des indigènes :

> A l'arrivée des invités l'hôte tue un mouton dodu à la queue grasse, dispose un énorme baquet de koumys, étend des tapis et des coussins sur le sol, assied ses invités dessus et ne les laisse pas partir avant qu'ils aient mangé le mouton et bu le koumys. Il donne à boire à ses invités dans ses mains et avec ses doigts (sans fourchettes) il met agneau et gras dans leur bouche, et il ne faut pas l'offenser[2].

Lev s'éprit de Samara au point d'acheter plus de trois cents hectares dans la province. Il passa là tout le mois de juillet, à boire du koumys et à étudier le grec. Sonia le pressait de se reposer et d'abandonner ses études. « As-tu abandonné ces horribles Grecs ? » demande-t-elle, et il lui répond que les lettres d'elle qui lui ont manqué lui ont fait plus de mal que ne le pourraient tous les Grecs réunis. Il termine sa lettre par ces mots : « Soudain, j'ai envie de pleurer, je t'aime tant. »

Quand Lev revint à Iasnaïa, Sonia ne fut pas rassurée pour autant :

> 18 août... Son mal persiste. Je ne le vois pas, mais je sens son indifférence à la vie qui a commencé l'hiver dernier et son manque d'intérêt pour tout. Quelque

chose s'est mis entre nous comme une ombre qui nous sépare... Il dit que c'est la vieillesse. [Lev avait quarante-trois ans]. Je dis que c'est la maladie.

Les deux Tolstoï regrettèrent le départ des Kouzminski pour le Caucase. Sacha, qui était maintenant procureur, avait été nommé à Koutaïs. Il n'y avait personne, ainsi que le disait souvent Sonia, pour leur redonner le moral comme le faisait Tania. D'autres hôtes s'y essayèrent. La sœur de Lev vint pour Noël avec ses trois enfants et les Diakov passèrent les fêtes de fin d'année avec eux. Sonia organisa pièces de théâtre, concerts et soirées déguisées comme à l'accoutumée, mais Lev sembla heureux que les vacances se terminent et il rouvrit l'école de Iasnaïa Poliana. Cette fois-ci il embaucha sa famille pour enseigner, y compris Serguëi et Tania, qui avaient respectivement neuf et sept ans. Sonia écrivit à sa sœur Tania :

> Tania et Seriosha enseignent assez bien. En une semaine, tout le monde était capable de reconnaître les lettres et les syllabes à l'oreille. Nous faisons la classe en bas, dans le salon de devant qui est immense, et dans le nouveau bureau. Ce qui nous encourage le plus à leur apprendre à lire et à écrire, c'est qu'il existe un réel besoin et qu'ils ont tous le désir d'apprendre et apprendre avec tant de plaisir.

Trente-cinq enfants venaient à la maison chaque jour. Les petits paysans apportaient des cadeaux aux enfants Tolstoï et jouaient avec eux après les cours. Sonia les trouvait plutôt « chahuteurs », mais elle était impressionnée par la vitesse à laquelle ils apprenaient. Elle aidait également son mari dans la rédaction des livres de lecture et elle note :

> Nous avons veillé jusqu'à quatre heures du matin pour corriger les abécédaires.

Nous étions alors en avril 1872 et Sonia, enceinte de sept mois, perdait de son enthousiasme pour l'école. Elle écrivit à sa sœur qu'il était difficile de devoir superviser les leçons de ses propres enfants tous les matins et de faire la classe l'après-midi. Mais Sonia ne voulait pas abandonner et elle était contente que tous les élèves pussent lire et écrire. Au même moment elle note dans son journal :

> Cet hiver a été heureux ; de nouveau nous vivons en harmonie et la santé de Levochka n'a pas été mauvaise.

L'école leur avait donné un sentiment d'accomplissement qui les distrayait de la préoccupation que leur causait l'inactivité littéraire de Lev. Le journal de Sonia est plein des joies simples de la famille : cueillette des fleurs avec les enfants, promenades au clair de lune avec Lev, Lev rapportant des branches en fleurs, veillant toute la nuit pour étudier les étoiles en vue de préparer une leçon. En juin 1872, naquit un sixième enfant, Piotr (Petia) et cet été-là, Lev engagea un précepteur pour les enfants. Jusqu'alors les Tolstoï avaient éduqué leurs enfants eux-mêmes, la majeure partie de la tâche échéant à Sonia — bien que de temps à autre Lev leur donnât une leçon de mathématiques ou de rédaction. Le premier précepteur fut suivi par d'autres, que tous vivaient à Iasnaïa et prenaient leurs repas avec la famille. La gouvernante préférée, Hannah, souffrait d'une toux qui se révéla être un symptôme de tuberculose. Sonia l'envoya à regret chez les Kouzminski, jouir du climat plus tempéré du Caucase. Là-bas, Hannah recouvra la santé et deux ans plus tard elle épousa un prince géorgien.

Durant l'automne et l'hiver, Lev s'assit à son bureau presque tous les jours mais le résultat de ses efforts était bien mince. Sonia écrit dans ses notes :

> Il a écrit environ dix commencements, mais il est toujours mécontent. Hier, il a dit : « La machine est prête à se mettre en marche. »

Sonia désirait ardemment que Lev écrivît. Quand la vie de son mari était productive, artistiquement parlant, sa propre vie la satisfaisait pleinement. Ses longues périodes d'inactivité la privaient du but le plus élevé qu'elle avait fixé à son existence. Elle avait vingt-neuf ans ; ses cheveux noirs et brillants et son teint parfait la faisaient paraître plus jeune, mais elle était parfois sujette au découragement :

13 février 1873. Levochka est parti pour Moscou et sans lui je passe mes journées en proie à la mélancolie, le regard fixe, avec dans la tête des pensées qui m'agitent et me tourmentent et ne me laissent pas en paix. Et toujours dans cet état d'anxiété je me tourne vers mon journal. J'y déverse mon humeur sombre et je me reprends. Et mon humeur est indigne, stupide, malhonnête, terrible. Où serais-je sans son soutien constant, son amour immense, sans la sagesse et la clarté de sa vision sur tout ? Et parfois, pendant un moment d'anxiété, je regarde soudain dans mon cœur et je m'interroge : qu'est-ce que je veux ? Et je réponds, consternée — je veux être gaie, je veux des bavardages frivoles, je veux des vêtements, je veux être séduisante, je veux que les gens disent que je suis belle et je veux que Levochka voie et entende tout ceci. Je veux aussi que de temps à autre il abandonne sa vie de préoccupations, qui parfois me déprime, et passe sa vie avec moi, ainsi que vivent beaucoup de gens, tout le temps. Et avec un cri du cœur je renonce à tout ce par quoi je suis tentée, comme Eve, par le démon... Et que pourrait m'apporter la beauté dont j'aie besoin ? Mon petit Pétia chéri aime sa vieille nurse comme si elle était belle. Levochka pourrait s'habituer à la femme la plus laide du monde si elle était calme, soumise et vivait la vie qu'il a choisie pour elle.

Sonia résout de se débarrasser de toute sa mesquinerie mais elle ajoute :

Les petits rubans me ravissent, je veux une nouvelle ceinture en cuir et maintenant, après avoir écrit tout ceci, je veux pleurer. Les enfants attendent en haut que je leur donne leur leçon de musique et je suis en train d'écrire ces bêtises dans le bureau en bas.

Dans le mois qui suivit, survint l'antidote à son mécontentement. Dans ses notes du 19 mars 1873, elle écrit :

Hier soir, L. m'a dit soudain : « Oh ! j'ai écrit une page et demie et ça me paraît bon. » Je pensai que c'était une nouvelle tentative pour écrire sur l'époque de Pierre le Grand et je n'y prêtai pas beaucoup d'attention. Mais j'appris ensuite qu'il avait commencé un roman épique avec des personnages contemporains.

C'était le début d'*Anna Karénine.*

II

Anna Karénine était un roman plus conventionnel que *Guerre et Paix.* Ses deux histoires en contrepoint se mêlent si naturellement et aisément que ni celle d'Anna et de Vronski ni celle de Kitty et de Lévine ne peuvent être qualifiées de thème mineur. Roman contemporain concernant la vie privée de personnages fictifs, *Anna Karénine* n'exigeait pas les recherches et les études nécessaires à la rédaction de *Guerre et Paix.* Ce second grand roman constituait un autre genre de défi. Lev essaya de répondre à toutes les questions qui le tourmentaient sur le but de la vie, à travers l'évolution du personnage de Lévine. A cet égard, *Anna Karénine* était plus ambitieux sur le plan de l'émotion que tout ce que Lev avait fait auparavant. Il désespéra parfois de trouver les réponses à ces questions qui troublaient Lev/Lévine. Il succombait alors à de profondes dépressions et Sonia devait lutter pour ne pas perdre espoir elle-même.

L'intrigue d'*Anna Karénine* fut établie au printemps 1873. Dans un paragraphe non daté de ses notes, elle décrit l'événement qui suggéra à Lev le nom de son héroïne et les circonstances de son suicide. Un voisin des Tolstoï, qui était veuf, avait pris pour gouvernante une parente de sa défunte femme. Elle se prénommait Anna et elle devint la maîtresse de son employeur aussi bien que sa gouvernante. Quand Anna découvrit que son amant était tombé amoureux d'une belle Allemande qu'il avait l'intention d'épouser, elle se rendit à la gare et se jeta sous un train de marchandises. Sonia écrit :

> On fit une autopsie de son corps et Lev Nicolaïevitch la vit dans un baraquement à Iassenki, nue, le crâne

98

écrasé. Cela fit sur lui une impression terrible et profonde. Anna Stepanovna était une femme grande, plantureuse, de type et de traits russes, brune avec des yeux gris, pas belle bien que très séduisante.

Cette expérience détourna Lev du roman sur l'époque de Pierre le Grand et il revint à son idée d'une femme mariée coupable mais pitoyable, qu'il avait envisagée pour la première fois trois ans avant de commencer *Anna Karénine*.

Il écrivit régulièrement durant tout le printemps. Pour l'été 1873, les Tolstoï décidèrent que toute la famille accompagnerait Lev dans ce qui était maintenant son voyage annuel à Samara pour sa cure de koumys. On voyagerait par voiture, train et bateau. Pour faire la dernière étape, où il n'y avait aucun moyen de transport, on enverrait à l'avance une énorme *dormeuse* qui les attendrait. De tristes nouvelles interrompirent les préparatifs de cet ambitieux voyage. Tania écrivit du Caucase que sa fille de six ans, Dacha, était morte. Le 18 mai 1873, Lev écrit à sa belle-sœur une lettre où il tente de la consoler.

> Tania, mon amie bien-aimée !
> Je ne suis pas capable de t'écrire les sentiments qu'a éveillés en moi la nouvelle de la mort de la charmante, ma chérie, ma préférée (ainsi que je me plais aujourd'hui à me rappeler) Dacha ! Je n'aurais jamais pensé que cette mort pût m'affecter à ce point. Je sens combien toi et tes enfants m'êtes proches. Chaque jour, je ne peux pas penser à toi et à elle sans larmes. J'éprouve ce qui, très probablement, te torture à l'heure actuelle ; j'oublie et puis je me souviens et me demande alors avec horreur — est-il possible que ceci soit vrai ?

Lev l'exhorte à la prière, à trouver consolation dans la religion :

> Pourquoi un enfant vit-il et meurt-il ? C'est une énigme effrayante. Et pour moi il n'y a qu'une seule explication. Cela est mieux pour elle. Quelque banals que soient ces mots, ils sont toujours neufs et profonds

quand on les comprend. Et cela est mieux pour nous et nous devons devenir meilleurs après ces épreuves.

La réaction de Sonia était moins résignée, mais la vie avec six enfants ne permettait pas aux Tolstoï de s'abandonner à leur douleur. Lev avait été à Moscou faire des achats pour le voyage ; il avait acheté des manteaux et des chapeaux, des chaussures, des valises, des malles et des paniers à pique-nique. Il écrivit à Fet :

> J'ai été à Moscou, j'ai fait quarante-trois achats qui m'ont coûté 450 r[oubles] et après cela, il est réelle-ment impossible de ne pas aller à Samara.

Pour divertir les enfants durant le long voyage, Sonia peignit une série d'images dans plusieurs carnets. Sonia continua à faire ces livres d'images non seulement pour ses enfants mais également pour ses petits-enfants. Elle n'avait pas de talent pour le dessin, ses perspectives et ses propor-tions étaient fausses, mais les scènes dramatiques représen-tant des loups emportant des enfants dans une forêt sombre, des enfants se passant des seaux d'eau à la chaîne pour combattre un feu, des lièvres en train de voler des légumes dans le jardin, remportaient un énorme succès auprès de son jeune public.

Le voyage fut une aventure éprouvante. Le plus âgé des enfants, Sergueï, avait dix ans et le plus jeune, Pétia, qui était encore nourri au sein, un an. De Tula, ils parcoururent en train les plus de cinq cents kilomètres qui les séparaient de Nijni-Novgorod (aujourd'hui Gorki) ; de là, ils embarquèrent sur un vapeur pour faire sur la Volga un trajet d'égale longueur jusqu'à Samara, où ils passèrent la nuit à l'hôtel. La grande *dormeuse* attendait dans la cour pour leur faire franchir les cent vingt kilomètres de steppe, dernière étape de leur voyage. Leur destination, une simple maison de bois, étant trop petite pour toute la famille, Lev et Stefan Bers dormaient dans une tente prêtée par les Bashkir, tribu mahométane établie à Samara, et les trois plus âgés des garçons dans une remise. La chaleur et le changement de nourriture causèrent immédiatement de nombreux troubles digestifs mais Sonia n'avait pas oublié les médicaments. Il n'y aurait pas de médecin à leur portée durant tout l'été.

La vie n'était pas facile mais même une citadine telle que Sonia sut s'adapter à ces conditions difficiles, y compris le harcèlement des insectes. De retour à Iasnaïa à la fin août, Lev écrivit à Fet :

> Malgré... la sécheresse, le manque de confort, nous sommes tous, même ma femme, contents de notre voyage et encore plus contents de retrouver nos habitudes de vie et de travail.

Septembre était habituellement le mois où Lev se remettait au travail mais cette fois-ci il éprouvait des difficultés. Il posa pour son portrait, exécuté par Kramskoë, siégea dans un jury, mais ces activités n'étaient que des excuses pour retarder le moment de se mettre à écrire[3]. Puis, le 9 novembre 1873, pour la première fois la mort frappa la famille. Pétia, l'enfant que Lev décrivait dans une lettre à « Grand-mère » comme un « colosse, un bébé gros et gras, adorable sous son bonnet », mourut du croup à l'âge de dix-huit mois. Le petit corps, étendu dans un minuscule cercueil garni de drap d'argent, fut placé sur une table dans le grand salon ensoleillé où les enfants vinrent dire adieu à leur petit frère. La petite Tania remarqua que les ongles des minuscules mains croisées sur la poitrine de l'enfant étaient noirs. Lev écrivit à sa belle-sœur Tania :

> Je ne m'étais pas attendu à ce que, en plus de la tristesse de le perdre, notre bruyant petit Pétia laisse un tel vide dans la maison pour son père.

Sonia écrit dans son journal :

> 11 novembre. Le neuf novembre à neuf heures du matin, mon petit Petouchka est mort d'une maladie de la gorge. Il n'a été malade que deux jours, il est mort tranquillement... Mon chéri, je l'aimais tant, et maintenant le vide. On l'a enterré hier. Je suis incapable de faire la relation entre lui vivant et lui mort, tous deux chers à mon cœur ; mais combien différente

était la créature vivante, pleine d'animation et d'amour, de la créature morte, immobile, solennelle et froide. Il m'était très attaché. A-t-il regretté de devoir me quitter ?

Lev ne mentionne pas la mort de l'enfant, mais après un paragraphe daté du 17 novembre, il tire une ligne sur toute la longueur de la page et écrit en dessous :

Après la mort peut-être y a-t-il une vie chimique qui fait suite à la vie physique sur terre. Le père a beaucoup de maisons.

Un mois plus tard il écrit dans son journal :

Si un homme croit que sa vie n'est qu'un phénomène passager — le son de la lyre de Platon — alors il en découle que la vie de tous les hommes n'est pour lui que le son d'une lyre ; mais s'il aime ou s'il est aimé, le sens de sa vie devient profond à ses yeux[4].

Tout comme Lévine dans *Anna Karénine*, le créateur de Lévine espérait trouver le sens de la vie dans l'amour.

Sonia ne cachait pas la douleur que lui causait la mort de Pétia tandis que Lev essayait de la consoler en prêchant la résignation, mais cette perte les rapprocha et à la fin, Lev put écrire à « Grand-mère » que Sonia, mise à part la douleur qu'elle éprouvait en tant que mère, partageait sa croyance en la nécessité de se soumettre à la mort et d'en comprendre la signification et la beauté. Les parents oublièrent leur peine au printemps, quand Lev retrouva une partie de son enthousiasme pour *Anna Karénine*. En mars 1874, il livra la première partie du roman à l'imprimeur. Jusqu'à son achèvement, toutefois, l'attitude de Lev à l'égard de cette œuvre fut hésitante. Parfois il semble avoir pensé qu'en suivant les progrès de Lévine dans la compréhension de la vie, il en faisait lui-même. A d'autres moments il perdait tout intérêt pour le livre (dans une lettre à l'écrivain et historien P. D. Golokhvastov il le qualifie de « repoussant et nauséabond ») et se tournait vers l'éducation et la direction des soixante-dix écoles établies maintenant dans la région de Iasnaïa. Les besoins des enfants étaient plus importants que la vie de ses personnages imaginaires[5]. Même Sonia n'eut jamais pour *Anna Karénine* l'admiration qu'elle portait à *Guerre et Paix*. Elle reconnaissait que Lévine était l'autoportrait de l'auteur, mais elle n'éprouvait pas de sympathie pour le personnage. « Levochka, disait-elle plaisamment, tu es Lévine mais avec le talent en plus. Lévine est un homme insupportable. »

Un nouvel enfant, Nicolaï, vit le jour en mai, mais le mois suivant, les ailes de la mort effleurèrent encore une fois Iasnaïa. L'année précédente, tante Tatiana avait brutalement vieilli et, sachant qu'elle n'avait plus longtemps à vivre, elle quitta sa chambre spacieuse et ensoleillée du premier étage pour une petite au rez-de-chaussée. Elle insista pour déménager, expliquant à Lev « je veux déménager afin que ma mort n'empoisonne pas à tes yeux cette belle chambre. » Elle mourut en juin 1874. Ainsi disparaissait la dernière personne qui le rattachait à son enfance :

> Pendant cinquante ans, elle a vécu ici et non seulement elle ne fut jamais mauvaise, mais elle ne fit jamais quoi que ce soit de désagréable à quiconque. Mais elle avait peur de la mort. Elle ne le disait pas mais je le voyais. Qu'est-ce que cela signifie ?

Après la mort de tante Tatiana, Natalia Petrovna alla vivre dans un hospice de vieillards que Tourguéniev avait fondé sur son domaine près de Tula. Les vieilles dames avaient parfois été ennuyeuses mais même les enfants sentirent qu'avec leur disparition quelque chose était définitivement perdu à Iasnaïa. Leurs manières douces, guindées et vieillottes étaient une survivance d'une époque révolue.

Dans sa lettre à « Grand-mère » lui annonçant la mort de tante Tatiana, Lev déclare qu'il aimerait abandonner *Anna Karénine* qui lui déplaît beaucoup. Sans cette habitude du XIXe siècle de faire paraître les romans à mesure qu'ils s'écrivaient, ce qui obligeait évidemment leurs auteurs à les finir, Lev ne l'eût peut-être jamais terminé. Il se peut que ce roman lui ait déplu parce que les deux histoires qu'il contient symbolisaient la lutte intérieure qui le déchirait. Comme il décrivait la recherche de la vérité et de la certitude menée par

Lévine, il se mit à regarder d'un œil malveillant le monde brillant d'Anna et de Vronski, un monde auquel lui-même avait autrefois appartenu. Cependant, 1875 fut une année productive qui vit paraître trois nouvelles livraison d'*Anna Karénine* dans *le Messager russe*.

En février 1875 Nicolaï, le dernier né, contracta une méningite :

> La famille est tout à la douleur que nous cause la maladie cérébrale de notre nourrisson de neuf mois. Voilà maintenant quatre semaines qu'il passe par toutes les phases de cette maladie incurable. Ma femme l'allaite elle-même et passe du désespoir à l'idée qu'il meure, au désespoir à l'idée qu'il vive idiot.

La terrible menace de l'idiotie allégea la douleur causée à Sonia par la perte de l'enfant[6]. Après un nouvel été passé en famille dans les steppes de Samara, Lev écrivit à Strakhov :

> 25 août. ... Je m'occupe maintenant de l'ennuyeuse et banale A. Karen. [*Anna Karénine*] et je prie Dieu qu'il me donne la force de m'en débarrasser aussi vite que possible afin d'avoir du temps libre — loisir très nécessaire pour moi — non pour un travail pédagogique mais pour un autre travail qui m'occupe de plus en plus.

L'autre travail à quoi Lev fait allusion est sa première tentative de mettre par écrit les questions qui le tourmentent sur le sens de la vie et de les considérer en termes de morale et de religion. Ces questions l'occupaient « de plus en plus » et l'angoisse persistait (le supplice d'Arzamas en était un symptôme). Un jour de l'automne 1875, la famille fut réveillée au milieu de la nuit par les hurlements de Lev appelant : « Sonia ! Sonia ! » Se saisissant d'une bougie, Sonia se précipita au rez-de-chaussée où elle trouva son mari qui marchait à tâtons dans l'entrée privée de lumière.

— Que t'est-il arrivé, Levochka ?
— Rien. J'ai perdu mon chemin.

Sergueï, rappelant cet épisode dans un livre qu'il écrivit sur son père, ne trouve pas d'autre explication à ses cris de terreur qu'une « crise anormale ». Sonia était bien consciente que Lev était une fois de plus déprimé. Souffrant elle-même d'une grossesse difficile, elle trouvait la dépression de son mari contagieuse :

> 12 octobre 1875. Cette vie isolée à la campagne finit par me devenir intolérable. Apathie lugubre, indifférence à tout et aujourd'hui, demain, pendant des mois et des années — toujours et toujours la même chose. Je me réveille le matin et je ne me lève pas. Pourquoi sortirais-je du lit, qu'est-ce qui m'attend ?... Et je ne suis pas seule ; à mesure que les années passent, je suis liée de plus en plus étroitement à Levochka et je sens alors que c'est lui principalement qui m'attire dans cet état de morne apathie. Je souffre de le voir tel qu'il est maintenant ; découragé, abattu, il reste assis sans travailler, sans faire d'efforts, sans énergie, sans aucun but pour lui apporter la moindre joie, pendant des jours et des semaines comme s'il trouvait des excuses à cette condition. D'une certaine manière, c'est une mort morale et je ne veux pas cela pour lui et lui-même ne peut vivre longtemps ainsi. ... Peut-être ma vision est-elle superficielle et incorrecte... Si les gens ne pouvaient pas espérer, la vie serait impossible et j'espère que Dieu redonnera à Levochka le feu qui l'a fait vivre et le fera vivre.

Il était difficile d'espérer, quand Lev lui avouait qu'il n'osait pas regarder les poutres au plafond de son bureau parce qu'elles lui donnaient l'idée de se pendre. C'est elle qu'il appelait quand il cherchait avec terreur son chemin dans le noir. Le lien entre mari et femme était encore solide, bien qu'avec une prescience inquiétante Sonia eût noté l'année précédente : « Quelque chose est venu entre nous comme une ombre. » La recherche de la vérité entreprise par Lev ne les lierait pas toujours l'un à l'autre.

III

La dépression dont souffrit Sonia cette année-là peut avoir été due en partie à sa condition physique. Finalement, sa grossesse la rendit suffisamment malade pour qu'elle se couchât; Lev demanda à Zakharine, fameux médecin moscovite, de lui envoyer son assistant qui diagnostiqua une péritonite[7]. La maladie causa la naissance prématurée d'une fille, Varia, qui ne vécut pas plus d'une heure. Sonia demeurant faible, Lev l'envoya à Moscou se faire examiner par le docteur Zakharine lui-même. Un examen approfondi révéla que Sonia était en bonne santé et qu'elle ne souffrait d'aucune suite de sa maladie. Sa grossesse difficile, sa maladie, la perte de son enfant et la dépression de son mari l'avaient épuisée, mais le voyage à Moscou et le changement d'air la remirent d'aplomb et elle retourna à Iasnaïa avec sa vitalité habituelle. Elle trouva Lev plus intéressé par la correspondance philosophique qu'il entretenait avec Strakhov que par l'achèvement de son roman :

> J'ai traversé l'enfance, la jeunesse et l'adolescence, périodes durant lesquelles je me suis élevé de plus en plus haut sur cette mystérieuse montagne de la vie, espérant trouver à son sommet une fin digne de mes efforts; j'ai ensuite traversé la période de la maturité, durant laquelle j'arrivai au sommet, satisfait et apaisé... J'ai traversé la confusion et l'ignorance, progressant pas à pas quant à la possibilité de m'être trompé en accordant un sens particulier à ce que j'ai accompli.

Lev se demandait si la différence qui existait entre ses réalisations et sa satisfaction, ou son manque de satisfaction, était le lot de tous les hommes. Il ne ressentait rien de ce qu'il s'était attendu à ressentir au sommet de la vie; il ne restait plus qu'à descendre l'autre versant :

> Et j'ai commencé cette descente. Non seulement je n'ai plus ces désirs qui m'ont involontairement porté vers le

haut, mais j'ai le désir opposé et indigne de m'arrêter et de m'accrocher à quelque chose. J'ai des moments de terreur (encore plus indignes) devant ce qui m'attend ; et je descends avec lenteur et circonspection, me rappelant le chemin de l'aller, examinant le présent et essayant, à partir du présent chemin et à partir de mes observations de tout ce qui m'environne, de pénétrer le mystère de la vie que j'ai vécue et le mystère encore plus grand qui m'attend en ce lieu vers quoi je me hâte involontairement.

Des méditations telles que celle-ci détournaient Lev d'*Anna Karénine*. L'été vint et avec lui les Kouzminski, revenus maintenant du Caucase, qui reprirent à partir de 1876 leurs habitudes estivales à Iasnaïa Poliana. Sacha Kouzminski avait fait son temps à Koutaïs et avait été nommé juge à Saint-Pétersbourg. Même après la fin de l'été, Lev ne reprit pas son travail. Il dit à Sonia : « Mon cerveau est en sommeil. » Le 21 novembre, Sonia retrouva ses notes pour consigner une conversation avec Lev :

— Comme cela est ennuyeux à écrire ! s'exclama-t-il.

— Quoi ?

— Eh bien ! j'ai écrit ici que Vronski et Anna prennent une seule chambre à l'hôtel et c'est impossible. Il faut à tout le moins qu'ils habitent des étages différents à Pétersbourg. Je vois donc que ce changement implique que les scènes, les conversations et les diverses visites qu'ils recevront devront être séparées et il faut que je les refasse.

Tâche ennuyeuse peut-être, mais Lev écrivait et Sonia copiait toutes les nuits. Non seulement elle recopia *Anna Karenine*, mais elle dut également recopier les épreuves : les ajouts et les altérations de Lev rendaient les épreuves incompréhensibles à l'imprimeur. Ilya se rappelle sa mère allant voir son père quand elle-même était incapable de déchiffrer un gribouillage. Lev lisait le passage impatiemment jusqu'à ce qu'il parvienne à l'endroit en question et souvent lui aussi tâtonnait et hésitait. Outre son travail, Sonia rassemblait des informations pour écrire une courte biographie de son mari. Elle étudia tous ses papiers et ses journaux et réussit à se tourmenter.

> Je fouille avidement chaque page des journaux où il y a quelque chose sur l'amour et je me torture de jalousie et ceci obscurcit et embrouille tout pour moi. Mais j'essaie.

Quatorze années de mariage n'avaient pas émoussé la jalousie de Sonia ni diminué le besoin qu'elle avait de la compagnie de son mari. Quand il alla acheter des chevaux à Samara elle souffrit tant de son absence qu'elle perdit patience avec les enfants. Elle avoue à son journal :

> Mon Dieu, comme je suis impatiente, comme je m'emporte contre les enfants et aujourd'hui j'ai hurlé. J'étais excédée par la dernière rédaction de Sergueï sur la Volga, qui est mauvaise, ses fautes d'orthographe et la paresse d'Ilya, et à la fin de la leçon j'ai éclaté en larmes. Les enfants étaient étonnés mais Sergueï s'est mis à me plaindre.

Un télégramme de Lev disant qu'il serait de retour deux jours plus tard changea la face du monde à ses yeux :

> Et soudain aujourd'hui tout se met à être joyeux, j'enseigne aux enfants avec facilité et tout à la maison est si lumineux et bon et les enfants sont gentils.

Toutefois le projet d'écrire la biographie de son mari se révéla trop difficile et après cinq mois d'efforts, elle l'abandonna :

> Sa vie intérieure est si compliquée et la lecture de ses journaux m'agite tant que j'emmêle mes pensées et mes sentiments et que je suis incapable de regarder les choses raisonnablement.

Elle continua à prendre des notes pour un biographe futur. Le 3 mars 1877, elle y ajoute :

> Hier L. N. est allé à son bureau, il a désigné le cahier dans lequel il était en train d'écrire et il a dit : « Ah, si je

pouvais finir vite, vite ce roman (*Anna Karénine*) et recommencer à nouveau. Maintenant mes idées me sont devenues claires. Pour qu'une œuvre soit bonne il est nécessaire d'aimer son idée principale, fondamentale. Ainsi dans *Anna Karénine*, j'aime l'idée de la famille, dans *Guerre et Paix*, à cause de la guerre de 1812, j'aimais l'idée de la nation russe et maintenant je vois que dans ma nouvelle œuvre, j'aimerai l'idée du peuple russe envisagé du point de vue de l'histoire puissante de ses migrations et de son établissement.

Pendant un moment la chose lui parut claire et simple. Peut-être Sonia était-elle la seule à comprendre combien sa vie intérieure était compliquée. Plus tard, le même jour, elle note :

En rentrant de sa promenade matinale L. N. a dit : « Comme je suis heureux ! » Je lui ai demandé pourquoi et il a répondu : « Premièrement à cause de toi et deuxièmement à cause de ma religion. »

Sonia fut probablement déçue de l'entendre placer la religion au-dessus de son travail. Ni lui ni elle n'avaient jamais pratiqué et maintenant elle était déconcertée de voir son mari s'agenouiller chaque jour comme un enfant pour dire ses prières. Mais Lev s'était mis à se demander si certaines de ses dépressions ne provenaient pas de son manque de foi et il décida de trouver la foi en commençant par les manifestations extérieures, c'est-à-dire en observant strictement les pratiques de l'Eglise russe orthodoxe. Sonia écrit dans ses notes :

Il va à la messe... le mercredi et le vendredi il jeûne et il parle constamment de l'esprit d'humilité... Le 26 juillet [1877] il est allé au monastère d'Optina et il a été très satisfait par la culture, la vie et la sagesse des anciens [8].

Au XIXe siècle il était courant chez les intellectuels russes de séjourner dans les monastères afin de bénéficier de la « sagesse des anciens ». Ces hommes d'église n'avaient rien à voir avec le curé de village moyen, sale et ignorant. Gogol et Dostoïevski avaient séjourné à Optina, dont l'abbé, Ambroise, était célèbre pour son intelligence, sa sainteté et la puissance de sa foi. Lev fut soulagé de sentir sa croyance fragile étayée d'une certaine manière par ses conversations avec Ambroise.

Anna Karénine fut fini « vite, vite » et parut en volume en 1877. La critique fut encore plus enthousiaste que pour *Guerre et Paix*. Les deux Tolstoï pensaient que Lev commencerait aussitôt une nouvelle œuvre, un nouveau grand roman. Toutefois Lev s'intéressait plus à l'éclosion de sa vie spirituelle. Sonia comprenait les efforts de son mari pour trouver la paix dans la religion mais elle n'était pas optimiste. La santé physique de Lev, qui restait le baromètre de sa santé mentale, la préoccupait plus que sa quête spirituelle. Elle écrivit à sa sœur Tania :

> Il a des migraines constantes et beaucoup de tension. Il est allé voir Zakharine qui lui a mis des sangsues mais il n'est pas mieux... Il tremble horriblement dans son sommeil et j'ai peur d'une attaque. L'opinion de Zakharine est que ce n'est pas impossible.

Selon elle, la santé de Lev s'améliorerait quand il commencerait à écrire un nouveau roman. Elle reprit courage quand il lui annonça : « Ma valve mentale est ouverte. » Il ajouta, cependant, que cela avait pour résultat de lui donner une migraine terrible. Une autre fois, il dit que l'exécution de l'idée centrale de sa nouvelle œuvre avait « la même consistance ». La même consistance que quoi, se demandait Sonia dans ses notes, et comment ? Lev lui confia les idées qu'il avait pour plusieurs commencements. Il voulait fonder une intrigue sur un vieux proverbe : « Un fils n'est rien, deux fils sont un demi-fils et seulement trois fils font un fils. » Sonia consigna ce qu'il lui en dit :

> « J'aurai un vieillard qui aura trois fils. L'un est soldat, le second vit à la maison et est juste médiocre et le troisième, que le vieillard chérit, a appris à lire et à écrire et s'est détourné de la vie de paysan, ce qui affecte le vieux père. Voilà donc un début : un drame domestique dans l'âme d'un paysan prospère. »

Elle ajouta :

> Ensuite, je pense, le paysan cultivé va rencontrer des gens d'un milieu cultivé et va provoquer ainsi une série d'événements.

Lev déclara que dans la seconde partie du roman il introduirait un émigrant, une sorte de Robinson Crusoë russe, qui s'établit dans les steppes de Samara. Sonia, qui avait été témoin de vingt-cinq débuts pour le roman sur l'époque de Pierre le Grand, n'était pas convaincue que sa valve mentale fût ouverte. Puis un autre fils, Andreï (Androuchka), naquit le 6 décembre et au même moment Lev s'installa dans son bureau. Dans un grand cahier relié il commença à consigner certaines de ses pensées religieuses et philosophiques. Ce n'était pas le genre de travail que Sonia avait espéré, mais elle fit de son mieux pour avoir une attitude positive :

> Le caractère de L. N. change de plus en plus, tout le temps. Bien qu'il ait toujours été modeste et peu exigeant dans toutes ses habitudes, maintenant il est devenu encore plus modeste, humble et patient.

Si on lit entre les lignes, Sonia semble plus regretter qu'admirer. Nul doute qu'elle-même aurait dû changer pour être en accord avec un mari humble et pieux. Elle éprouva un grand soulagement quand Lev lui apprit que quelque chose était en train de lui arriver qui ressemblait à ce qui s'était passé au temps où il écrivait *Guerre et Paix*. A l'époque il avait rassemblé des informations pour écrire un roman sur les Décabristes, au lieu de quoi il avait écrit sur la guerre de 1812. Aujourd'hui, il rassemblait des informations sur l'époque de Nicolas Ier et escomptait en fait écrire un roman sur les Décabristes. Toujours intéressé par son idée du paysan émigrant, il pensait à une intrigue dans laquelle un Décabriste se joindrait à une migration paysanne et « ainsi la vie simple rencontrerait celle de la meilleure société ». Le plan d'un roman devait avoir une toile de fond qui serait son nouvel esprit religieux. Le cœur de Sonia dut se serrer. Elle n'avait pas remarqué que son esprit religieux inspirât son génie créateur mais elle lui demanda calmement de lui expliquer ce qu'il voulait dire. Lev répondit impatiemment : « Si je pouvais savoir ce qu'il en sera, je n'y penserais plus. » Sonia ne le poussa pas plus avant, mais elle note qu'il revint sur le sujet, disant qu'il voulait considérer la révolte des Décabristes sous tous ses aspects sans condamner Nicolas Ier ni les conspirateurs. Sonia fut satisfaite quand il revint de Moscou avec des livres sur l'histoire des Décabristes. Parfois, la lecture de ces histoires l'émouvait aux larmes. Sa sensibilité habituelle était exacerbée par les tensions qui accompagnaient la recherche d'un thème pour un grand roman et la recherche de la foi. C'étaient les douleurs de l'enfantement, peut-être plus grandes qu'à l'accoutumée, qui précédaient la naissance de chacun des chefs-d'œuvre de Lev.

Chapitre V

ANGOISSE, FUTILITÉ
ET HONTE INSUPPORTABLES
1878-1884

I

Le jour qui suivit Pâques, Lev ouvrit son journal pour la première fois depuis treize ans. Il reprit son habitude de célibataire qui consistait à faire la liste quotidienne de ses péchés :

Me suis vanté de mes idées et me suis emporté contre Sonia... Me suis fâché contre Alexeï et le contremaître parce qu'ils avaient mal bêché au pied des pommiers.

Une conversation avec le précepteur de Sergueï raviva les sentiments de culpabilité du temps de son enfance. Sergueï avait alors quinze ans. Lev note :

J'ai été en proie à des pensées graves et troublantes à la suite d'une conversation avec Vassili Ivanovitch [le précepteur] à propos de Sergueï. [Ici Sergueï a raturé trois mots.] Tout ce que ma jeunesse eut de répugnant m'étreignit le cœur d'horreur, de dégoût et de remords. J'ai été tourmenté pendant longtemps.

Le lendemain, Lev, rasséréné par une conversation avec Sergueï, se leva plus tôt que de coutume, déterminé à écrire. Il note qu'il se sentait « plein à ras bord de choses excellentes » mais rien ne déborda sur le papier. Tout ce qu'il note dans son journal et son carnet concerne la religion et ses efforts pour accepter la foi orthodoxe. Devoir prier pour la défaite des ennemis du tsar le dérangeait. L'Ecriture enseigne qu'on doit prier pour ses ennemis. Les questions se pressaient dans sa tête et ses nerfs étaient tendus. Il n'en laissait rien paraître extérieurement. Il note dans son journal :

> Ilia et Tania m'ont dit leurs secrets, leurs amours. Comme ils sont terribles, mauvais [il avait d'abord écrit « méchants » mais il barra le mot qu'il remplaça par « mauvais »] et gentils. J'ai commencé à écrire *Ma vie*.

Lev abandonna bientôt l'idée d'une biographie mais il continua de délibérer sur la religion et l'Eglise, particulièrement dans son petit carnet :

> 3 juin 1878. Hier, j'ai longuement écrit dans mon petit carnet — pourquoi, je ne sais pas. A propos de la croyance.

L'été apporta les excuses habituelles pour ne pas écrire : arrivée des Kouzminski, distractions, promenades, voyage annuel à Samara. Sonia et les enfants accompagnaient Lev, bien que Sonia se résignât difficilement à quitter sa sœur. Tania et elle s'étaient encore rapprochées depuis que Tania était revenue du Caucase ; durant l'été elles se partageaient la direction de la maison, se confiaient l'une à l'autre et s'occupaient des enfants. Si l'une devait s'absenter alors que toutes deux allaitaient, l'autre allaitait son enfant[1]. Sonia, qui éprouvait maintenant plus de difficultés à supporter les conditions rudimentaires de la vie à Samara, fut soulagée de retrouver Iasnaïa. L'automne fut serein, il faisait beau et chaud et le nouveau bébé, Androucha, était d'un naturel heureux. La vie quotidienne reprenait ses droits :

> Levochka et Seriocha sont allés chasser... Je suis restée à la maison pour faire des vestes aux garçons... Il est minuit, Levochka est en train de souper et nous irons bientôt nous coucher... Après le dîner nous avons dansé un quadrille et pour compléter le nombre je me suis jointe à la danse avec le petit Lev... Levochka a

persuadé les enfants d'aller faire une promenade à travers champs avec les barzoïs... Tous les enfants ont envahi le salon de Lev, bavardant, riant et se bagarrant.

« Tous les enfants » étaient, en 1878, Sergueï et Tania, qui avaient alors quinze et quatorze ans, Ilya et le petit Lev, qui avaient douze et neuf ans, et Macha, qui avait sept ans. Androucha eut dix mois en octobre.

Mais ni les exigences de tous ses enfants ni les plaisirs de la vie familiale n'empêchaient Sonia de se préoccuper des états d'âme de son mari : « Il est toujours incapable de travailler, écrit-elle dans son journal le 27 septembre, et son dos lui fait mal. » Comme toujours, elle pensait que les ennuis de santé de Lev étaient l'indice d'une tension intérieure et le carnet de Lev, en date du même jour, montre qu'il avait des raisons d'être tendu : plusieurs pages de notes au sujet des Décabristes indiquent qu'il projetait un roman dont la dimension historique et le nombre des personnages dépassaient ceux de *Guerre et Paix*[2]. Il n'était pas préoccupé seulement par son roman. C'est sur une série d'affirmations et de questions, datées du 30 septembre, qu'il ferme son carnet pour l'année 1878 :

Si l'âme existe, alors les commandements de Dieu existent.
Que dois-je faire ?
Les commandements.

Voilà la question de l'âme, la seule.
Comment pourrait-il y en avoir d'autres. Comment ?

En octobre Sonia se remit à espérer en la naissance d'un grand roman :

Ce matin je suis allée voir Levochka qui était en bas, en train d'écrire à son bureau. Il m'a dit qu'il commençait son nouveau livre pour la dixième fois. Cette fois-ci, il commence par un procès qui oppose des paysans à un propriétaire terrien. Il avait lu qu'un cas de ce genre était arrivé et il a même l'intention de garder la même date. Du procès comme d'une fontaine, l'action découlera pour aller animer la vie des paysans et de leur propriétaire terrien et de personnages à Saint-Péters-bourg et ailleurs. Cette *entrée en matière** me plaît.

De nouveau, Lev entreprit de réunir les informations néces-saires à la rédaction de son livre, mais il se plaignait d'être épuisé et de sentir un poids sur sa tête. Puis, à la mi-octobre, il dit à Sonia : « Tout d'un coup, je pense que ce sera excellent. » Hélas ! deux jours plus tard il était sombre et silencieux, son optimisme avait disparu. Sonia reprit courage en le voyant lire *Martin Chuzzlewit* de Dickens. Son journal exprime son espoir :

> Je sais, quand Levochka se met à lire des romans anglais, qu'il se mettra bientôt à travailler.

Le 1er novembre, Lev alla trouver Sonia avec plusieurs pages qu'il lui lut. Il dit que c'était le début d'une œuvre importante et sérieuse. Les deux Tolstoï s'efforcèrent de le croire.

Durant les sombres soirées d'automne et d'hiver, Sonia tenait compagnie à Lev tandis qu'il jouait du piano. Elle note avec tendresse, dans son journal, la joie qu'elle éprouva quand, revenant de Tula, elle vit la silhouette de Lev venant à sa rencontre dans son manteau gris. Elle enregistra tous les signes de bon augure :

> Il était en train de lire *Dombey et Fils* et soudain il me dit : « Ah ! quelle idée m'est venue »... Levochka a dit aujourd'hui que tout commençait à être clair dans sa tête, ses personnages prennent vie. Il a travaillé aujourd'hui et il était content, attelé à sa tâche... J'ai pris le thé avec Levochka. Cela arrive si rarement. Nous nous sommes embarqués dans une longue discussion philo-sophique sur la vie, la mort et la religion et ainsi de suite. Des conversations de ce genre avec Levochka ont toujours sur moi un effet apaisant... Levochka a dit : « Toutes les idées, les personnages, les événements — tout est déjà dans ma tête. » Mais il ne se sent pas bien et ne peut pas travailler.

* En français dans le texte.

116

Les fêtes traditionnelles de Noël interrompirent les efforts de Lev. Après ces festivités Lev se mit à écrire, mais non de la littérature. Il avait abandonné l'Eglise orthodoxe et il écrivait sa propre interprétation des Evangiles. Il avait sincèrement essayé d'accepter les enseignements de l'Eglise mais il avait fini par mépriser sa superstition, son chauvinisme et son rituel compliqué. Il décida d'étudier les enseignements de Jésus et de trouver en eux le véritable sens de l'Evangile. En même temps, il commença à travailler à *Ma Confession*, long essai retraçant l'évolution de sa foi. Avec dérision et quelque licence poétique, il dépréciait son œuvre et décrivait sa vie comme un voyage en direction de son actuelle conversion spirituelle. Depuis son enfance, Lev ne croyait pas au surnaturel. Lev croyait à un Dieu, vérité pure à l'intérieur de lui et de toute l'humanité ; il pensait que les croyants de toutes confessions pouvaient découvrir Dieu à l'intérieur d'eux-mêmes. Lev rejetait la foi institutionnalisée, les églises et les temples et les rites auxquels on accordait tant d'importance [3].

Lev évitait ses amis mondains, rêvait de donner son bien aux pauvres et il dit à sa famille qu'il « commençait à connaître la lumière ». On ne parlait plus de roman. Sonia écrivit à sa sœur Tania :

> Levochka n'arrête pas de travailler, c'est ainsi qu'il appelle ça, mais hélas !, il écrit des sortes de dissertations religieuses, il lit et pense jusqu'à ce que sa tête lui fasse mal, et tout ceci afin de prouver que l'Eglise est incompatible avec les enseignements de l'Evangile. On pourrait difficilement trouver douze personnes en Russie qui s'intéresseraient à cela. Mais on ne peut rien faire ; j'espère seulement qu'il finira cela le plus vite possible et que cela passera, comme une maladie. Le contrôler ou diriger son travail intellectuel, quel qu'il soit, personne au monde n'est capable de faire cela, même lui n'en a pas le pouvoir.

Sonia aurait été moins agacée et plus soucieuse si elle avait lu ce cri du cœur que son mari écrivit, probablement en mars 1879, mais sans date et sur une feuille libre :

Qu'est-ce que je fais ici, abandonné en plein milieu de ce monde ? A qui puis-je faire appel ? Vers qui puis-je me tourner pour trouver une réponse ? Vers les gens ? Ils ne savent pas. Ils rient, ils ne veulent pas savoir — ils disent : c'est sans importance. Ne pensez pas à ces choses, disent-ils.

Lev était privé des secours dont il avait besoin. Dans sa recherche désespérée de la certitude, il adoptait des positions tellement extrêmes qu'il passait pour déraisonnable, fanatique même. « Ils », Sonia et ses enfants, ne faisaient qu'éprouver de l'impatience devant ce qu'ils jugeaient comme des exigences irréalistes. Lev essayait de ne pas les condamner :

Tout comme moi, ils sont tourmentés et souffrent terriblement de devoir être confrontés à la pensée de la mort, à eux-mêmes et à toi, Seigneur, qu'ils ne veulent pas nommer. Et je n'ai pas appelé ton nom pendant longtemps et pendant longtemps j'ai été pareil à eux.

Sonia comprenait mieux en réalité les difficultés spirituelles de Lev que sa lettre à sa sœur ne le laisse paraître. Trois ans plus tard, elle résume la quête spirituelle de son mari, explique comment il avait été impressionné par la foi des simples paysans et avait essayé d'accepter l'Église ainsi qu'ils le faisaient :

L. N. vit bientôt que la source de bonté, de patience et d'amour des paysans ne venait pas des enseignements de l'Église... Petit à petit, L. N. s'aperçut avec horreur de la différence qui existait entre l'Église et le christianisme... L'Église prie Dieu et lui rend grâces pour la destruction des hommes, des victoires inutiles alors qu'il est dit dans l'Ancien Testament : « Tu ne tueras point »... Le véritable enseignement du royaume de Dieu sur terre a été caché aux gens qui sont fortement convaincus que le salut est dans le baptême, l'eucharistie, le jeûne et ainsi de suite [4].

Sonia partageait l'opinion de son mari sur l'Église, elle savait que son propre attachement aux conventions religieuses était sentimental et sans importance pour elle. Elle ne comprenait pas, toutefois, le besoin qu'avait Lev d'un christianisme pur et strict. Sonia resta toujours quelqu'un de très simple. Cependant, elle ressentit en partie la douleur et la vulnérabilité de Lev. Elle écrit à sa sœur Tania en mars 1879 :

> Bien que tu m'aies reproché, Tanechka, de faire trop d'efforts pour procurer la paix à Levochka, je pense que les hommes surmènent constamment leur esprit, c'est pourquoi la préservation du calme pour leurs nerfs et leur cerveau est, plus que tout, nécessaire.

Cinq mois plus tard elle écrivit à Lev le mot suivant que leur fils Sergueï découvrit et conserva précieusement :

> Tu penses probablement que je suis butée et importune mais je sens que beaucoup de ce qui est bon en toi se transmet à moi silencieusement et m'aide à vivre sur cette terre.

En décembre 1879 naquit un nouvel enfant, Mikhaïl (appelé Micha) et, pour la première fois, Sonia ne se réjouit pas de cette naissance. Des dix enfants qu'elle avait eus, Micha était le septième qui vécut. Juste avant la naissance, elle écrivit dans son journal que la conversation de Lev était emplie des enseignements du Christ. Cela devait être une épreuve pour la famille qui pendant tant d'années avait trouvé dans leur père une source de gaieté et d'amusement. Sonia écrit avec tristesse :

> Il a mis de côté son roman sur les Décabristes et tout son travail littéraire, bien qu'il dise parfois : « Si jamais j'écris de nouveau, j'écrirai quelque chose d'entièrement différent. Tout ce que j'ai écrit jusqu'ici n'a été qu'un exercice. »

La dernière note laissée par Sonia à l'intention d'un biographe futur de Lev date du début de 1881 :

> Janvier 1881... Cet hiver, sa santé [celle de Lev] s'est beaucoup affaiblie, sa tête lui fait mal, ses cheveux grisonnent et il maigrit... Il est plus doux, plus soucieux

et plus calme. Il n'est presque plus jamais pris par ces accès de gaieté et de joie de vivre qui nous emportaient tous à sa suite. J'attribue ceci à la fatigue due à ses efforts terribles. Il n'en était pas du tout ainsi quand il était en train de décrire la chasse ou le bal dans *Guerre et Paix*. Il semblait alors qu'il fût aussi gai et excité que s'il prenait part lui-même à ces activités.

Sonia était consciente de l'étrange capacité qu'avait Lev de vivre ce qu'il écrivait. Elle appréciait l'identification spontanée de Lev avec ses personnages et leur assurance d'agir toujours en conformité avec eux-mêmes ; mais elle pensait que Lev, sincère comme il était, n'éprouvait pas la même identification joyeuse avec ses croyances religieuses. Sa dernière note prend ainsi fin :

> Sans doute son âme est calme et il vit dans la paix mais les souffrances des paysans, de ceux qui sont pauvres, de ceux qui sont en prison et l'existence de l'injustice, de la méchanceté, de l'oppression, tout ceci marque sa sensibilité et consume sa vie.

Le premier acte du mariage Tolstoï avait pris fin avec ces années où Lev et Sonia avaient partagé les peines et les satisfactions qui avaient accompagné la réalisation de ses œuvres les plus importantes.

II

En février 1881, l'inquiétude de Sonia se précisa :

> Levochka s'épuise au travail, sa tête le fait constamment souffrir, mais il est incapable de s'arrêter. La mort de Dostoïevski nous atteint tous. Elle a fait penser Levochka à sa propre mort et il est soucieux et silencieux.

Et, quelque temps plus tard :

> Sacha [le frère de Sonia] m'a troublée en disant qu'il trouvait Levochka changé en pire, c'est-à-dire qu'il a

peur pour son esprit. Tu sais comment c'est quand Levochka est occupé à quelque chose, il y voue toutes ses pensées. Il en est ainsi en ce moment. Mais cette humeur religieuse et philosophique est la plus dangereuse.

Sacha Bers n'était pas le premier à suggérer que Lev Tolstoï avait l'esprit dérangé. L'année précédente Lev n'avait pas assisté au dévoilement d'une statue de Pouchkine parce qu'il était trop occupé à traduire les Évangiles. Le monde littéraire avait été abasourdi. Dostoïevski, peu avant sa mort, avait été dissuadé de se rendre en visite à Iasnaïa Poliana par Tourguéniev : Tolstoï était bien trop absorbé par les questions religieuses pour s'intéresser à qui ou à quoi que ce fût d'autre. Dostoïevski avait écrit à sa femme en mai 1880 :

A propos de Lev Tolstoï, Katkov [éditeur du *Messager russe* dans lequel *Guerre et Paix* et *Anna Karénine* avaient d'abord paru], lui aussi, m'a confirmé la rumeur qu'il est devenu complètement fou. Yuriev [président des Amis de la littérature russe] m'a poussé à lui rendre visite à Iasnaïa Poliana... Mais je n'irai pas, bien que cela puisse être une expérience très curieuse.

Lev n'avait pas du tout perdu l'esprit. *Ma confession*, seule, prouvait que sa pensée était aussi vive et originale que jamais. Ses journaux et ses carnets de 1881 à 1884 contiennent toutefois les indices d'une grave dépression. Parmi ces symptômes, traduits en termes de médecine actuelle, on trouve les angoisses, les peurs et les pensées irrationnelles.

Il est impossible de dire avec certitude quelles furent les causes de l'état de Lev. Chaque dépression a ses propres racines, et il se peut que des changements hormonaux y aient également contribué — Lev avait cinquante ans passés. La tension prolongée qu'avait exigée de lui l'écriture de deux chefs-d'œuvre en moins de douze ans et le sentiment d'échec devant son incapacité à produire une troisième œuvre d'importance égale ou supérieure seraient une cause suffisante d'épuisement physique et mental. L'attachement instinctif de Lev à la vie, toutefois, et son amour pour Sonia et ses enfants

121

l'empêchèrent de toucher le fond du désespoir. Jusqu'en 1884, ses jours de dépression étaient souvent suivis de périodes de vie normale et de travail intensif[5].

Il n'était pas dans la nature de Lev de limiter ses préoccupations religieuses à l'écriture. Quand il quittait son bureau, il essayait de mettre les vérités de l'Évangile en pratique. Afin d'atteindre à l'humilité extérieure et intérieure, il portait une simple chemise de paysan et demandait aux visiteurs d'omettre son titre de comte et de l'appeler Lev Nicolaïevitch. Réprouvant les privilégiés qui vivaient du travail des autres, il faisait lui-même son lit, le ménage de sa chambre et vidait son pot. Afin de connaître ses frères défavorisés et de s'identifier à eux, il visitait les hôpitaux et les prisons. Il considérait sa foi non seulement comme un modèle propre à guider ses décisions spirituelles ou philosophiques, mais également comme une règle de vie. Tuer étant un péché, il abandonna la chasse et fit des tentatives sporadiques jusqu'à la fin de ses jours pour cesser de manger de la viande. Il apprit le métier de cordonnier afin d'avoir une occupation saine et utile en contrepartie de sa vie d'écrivain célèbre. Lev essayait sincèrement de renoncer à sa vie passée. Sa position dans sa propre maison provoquait en lui culpabilité et anxiété. Plus précisément, il ne pouvait pas vivre dans ce qu'il croyait être « la vraie humilité et pauvreté chrétiennes » sans quitter femme et enfants. Mais il prêchait des idées impossibles et vivait dans le confort. Cela ne lui échappait pas, de même que le double lien qui le retenait. Il écrit dans son journal :

> 5 mai [1881]. La famille est chair. Renoncer à la famille — ceci est la seconde tentation — est se tuer soi-même. La famille est un seul corps. Mais ne succombe pas à la troisième tentation — sers non la famille mais Dieu seul.

L'ironie de la situation voulait qu'il n'eût jamais eu autant besoin de Sonia. S'ils avaient pu discuter réellement, le sens pratique de Sonia eût sans doute redressé sa vision des choses. Mais Sonia, qui assumait presque toutes les responsabilités de la maison et du domaine, était trop occupée. Elle avait sept enfants et elle était enceinte. Lev restait seul dans son bureau durant de longues heures, lisant, écrivant et méditant.

Parfois il trouvait un autre genre de compagnie. Après la fonte des neiges, il prit l'habitude d'aller à pied de Iasnaïa jusqu'à la grand-route qui menait à Kiev. Là, il liait conversation avec les pèlerins qui allaient d'un sanctuaire à l'autre. Il disait à Sonia qu'il était content de ces conversations qui l'aidaient à retrouver son russe. En famille et entre amis on parlait beaucoup français. Lev était également heureux de parler à des gens qui recherchaient aussi le bonheur spirituel, bien que leur quête fût beaucoup plus simple que la sienne. Il rencontra un joueur d'orgue qui avait un oiseau parleur. Lev lui demanda : « D'où viens-tu ? — De Tula, répondit l'homme. Les choses vont mal. J'ai faim, mon oiseau a faim et le tsar a été assassiné. » C'est ainsi que la nouvelle de l'assassinat d'Alexandre II, le 13 mars 1881, parvint à Iasnaïa. Pour Sonia et les enfants, il n'existait pas de châtiment assez sévère pour les assassins, mais Lev songeait tristement à ce qui les attendait. A la consternation de Sonia il écrivit au tsar, le suppliant de pardonner aux ennemis de son père et de se contenter de les exiler. La supplique de Lev fut rejetée et l'exécution des assassins accrut son désespoir. Il décida d'aller de nouveau au monastère d'Optina.

Cette fois-ci il s'y rendit à pied comme un paysan, accompagné d'un seul serviteur et d'un professeur des écoles de Iasnaïa Poliana. Dès qu'il eut quitté la maison, Sonia lui manqua et il se mit à s'inquiéter de l'avoir laissée seule pour s'occuper des nombreux invités que l'été avait ramenés. Il lui écrivit une lettre tendre : il priait Dieu qu'ils se retrouvent en bonne santé et dans la joie. Sonia répondit qu'elle était seule sans lui et qu'elle s'inquiétait pour lui, qui marchait sous le soleil.

Séparés, ils avaient l'un pour l'autre des pensées tendres, mais quand Lev rentra revigoré par son voyage, il trouva sa femme épuisée et à bout de patience. Il note dans son journal que « Sonia est en colère mais je le supporte aisément. » La lecture de cette remarque suffisante ne peut qu'avoir exacerbé la colère de Sonia. Le journal de Lev, toutefois, montre qu'il était plus désespéré que suffisant :

123

26, 27 juin. Il y a tant de gens pauvres. J'ai été malade. N'ai pas dormi ni rien avalé de solide depuis six jours.

28 juin. Conversation avec Seriocha continuant celle que nous avons eue hier à propos de Dieu. Lui et eux [sa femme et sa famille] pensent que dire : « Je ne sais pas, c'est impossible à prouver, ce n'est pas nécessaire » est un signe d'intelligence et d'éducation. Alors que c'est un signe d'ignorance... Seriocha admet qu'il aime la vie charnelle et qu'il y croit. Je suis heureux qu'il ait soulevé la question clairement.

Le 30 juin avait lieu Petrovki, la fête russe qui marque le passage du printemps à l'été. Les Tolstoï la fêtèrent par un grand déjeuner et un pique-nique le soir. Lev prit part aux deux, mais sa conscience le lui reprocha. Cette nuit-là, il écrit dans son journal :

A la maison nous avons fait un énorme déjeuner au champagne. Les Tanias [la fille des Tolstoï et la sœur de Sonia] dans leurs plus beaux atours. Tous les enfants portaient des ceintures qui avaient coûté cinq roubles. Nous mangeâmes et partîmes ensuite en carriole pour un pique-nique, croisant des carrioles de paysans qui transportaient des gens qui étaient épuisés par le travail.

Sonia recevait avec gratitude le moindre signe de l'ancienne bonne humeur de son mari. Quand il sermonnait la famille, elle lui disait qu'il était simplement de mauvaise humeur. Quand elle devenait irritable, Lev disait qu'elle avait « une attaque ».

11 juillet 1881. Sonia a une attaque. Je la supporte, mais mal. Je dois comprendre qu'elle est malade et la plaindre mais il est impossible de ne pas se détourner du mal. Ce matin a été occupé par une conversation avec Tania [sa belle-sœur] sur l'éducation. Ce ne sont pas des êtres humains.

Des profondeurs de son désespoir, Lev voyait la maladie chez les autres, pas en lui-même. Tania et Sonia, les femmes

124

qui avaient inspiré la création de la délicieuse Natacha et de la belle, de l'innocente Kitty, n'étaient pas des êtres humains.

III

A l'automne 1881, Sergueï devait entrer à l'université : il fallait donc aller vivre à Moscou pendant l'année universitaire. Ni Lev ni Sonia ne pensaient qu'il fût possible que leur fils vécût seul en ville. Quand les autres garçons eurent l'âge d'entrer à l'université, leurs parents avaient une conception moins stricte de la chose. Il était également temps pour Tania de faire ses débuts dans la société pour pouvoir rencontrer un mari convenable ; même Lev ne voulait pas l'en priver. Mais du coup, l'humeur de Lev s'assombrit :

> 27 août. 24, 25, 26, 27 août. Je ne me rappelle rien. Sonia est à Moscou. Elle fait des courses.

Les courses de Sonia consistaient à chercher un endroit où vivre à Moscou. Bien qu'elle fût enceinte de sept mois — son fils Alexeï (Aliocha) devait naître le 31 octobre — la mission de trouver une maison lui était échue tout naturellement. Sergueï écrit dans ses souvenirs :

> Me rappelant aujourd'hui les années qui précédèrent notre installation à Moscou, je comprends mieux que je ne le faisais alors l'importance de ma mère dans la vie de notre famille et la grande valeur du soin qu'elle prenait de nous et de mon père. A l'époque, il me semblait que tout dans notre vie allait de soi. Nous considérions les efforts que mère faisait pour nous comme une chose naturelle. Je ne remarquais pas que, depuis notre nourriture et nos vêtements jusqu'à nos études en passant par la copie des œuvres de père, tout dépendait d'elle.

Maintenant, Sonia organisait le déménagement. Pressée par le temps, elle loua une maison qui appartenait à un lointain parent de Volkonski et la famille s'y installa en septembre. Mais le choix de la maison ne fut pas très heureux :

> Dès que nous arrivâmes, tout le monde se sentit déprimé et dans les trois jours qui suivirent, cette dépression et cette mélancolie s'aggravèrent. Il se révèle que la maison semble être en carton, si bruyante que nous n'avons aucune paix, ni dans notre chambre ni Levochka dans son bureau. J'en suis réduite au désespoir et je passe mes journées à craindre qu'il n'y ait trop de bruit. Finalement, nous [elle et Lev] avons eu une discussion. L. a dit que si je l'aimais et me souciais de son état d'esprit, je n'aurais pas choisi ces pièces énormes où il n'y a pas une minute de silence et où n'importe quel fauteuil ferait le bonheur d'un paysan ; c'est-à-dire qu'avec les vingt-deux roubles qu'il coûte, il pourrait s'acheter un cheval ou une vache, qu'il en pleure et ainsi de suite. Mais il n'y a plus rien à faire. Bien sûr, il m'a réduite aux larmes et au désespoir. Pendant quatre jours j'ai tourné en rond comme une folle.

Sonia, pensant que sa famille la rendait responsable de la situation, se mit à avoir des crises de sanglots. Tout le monde avait les nerfs tendus mais le plus malheureux était Lev. Il note dans son journal :

> 5 octobre 1881, Moscou. Un mois a passé — le plus affreux de toute ma vie. Nous avons déménagé à Moscou. Ils n'arrêtent pas de s'installer. Quand commenceront-ils à vivre ? Il n'y a rien pour la vie mais parce que c'est ainsi que les choses ont été faites. Les malheureux ! Et pas de vie. Puanteur, pierres, luxe et misère.

S'étant porté volontaire pour aider au recensement de la population, Lev se rendit compte à quel point les conditions de vie en ville étaient misérables pour le peuple. Mais Iasnaïa lui manquait trop :

> 28 février 1882. Nous sommes à Moscou depuis le 15 septembre 1881... Seriocha va à l'université, Tania à

l'école de dessin Myachitskaïa... Notre vie à Moscou serait très agréable si Levochka n'était pas si malheureux ici. Il est trop sensible pour supporter la vie de la ville et, de plus, ses dispositions d'esprit chrétiennes sont incompatibles avec le luxe, l'oisiveté et la dureté de la vie en ville. Il est parti pour Iasnaïa hier avec Ilya pour travailler et se reposer.

Lev écrivait des lettres affectueuses à Sonia. Il reconnaissait que Iasnaïa n'avait pas guéri son apathie et sa dépression mais que son malheur était peut-être comparable à la douleur qu'un homme gelé ressent en reprenant connaissance[6]. Sonia répondit qu'il la déroutait. Toute la famille allait bien et tout autour de lui était bonheur. La première chose triste qu'elle avait trouvée en se levant ce jour-là avait été sa lettre. Elle lui écrivit le 3 mars 1882 :

> Je commence à penser que si un homme heureux voit soudain dans la vie seulement ce qui est horrible et ferme les yeux à ce qu'il y a de bon, c'est qu'il est malade. Tu devrais te faire soigner. Ceci me semble évident et je le dis sans arrière-pensée ; je te plains terriblement... Tu es dans cet horrible état depuis déjà longtemps. Tu disais : « C'est le manque de foi » et tu voulais te pendre. Mais maintenant ? Tu sais que tu ne vis pas sans la foi, pourquoi es-tu toujours si malheureux ? Et, sincèrement, ne savais-tu pas avant qu'il existait des gens qui mouraient de faim, qui souffraient, qui étaient malheureux, qui étaient mauvais ? Regarde plus attentivement : il y a aussi des gens gais, en bonne santé, heureux et bons. Que Dieu te vienne en aide, moi, que puis-je faire ?

Lev n'était pas d'accord pour se faire soigner, mais Sonia lui manquait et il retourna à Moscou. Là, il essaya de faire publier *Ma confession*. Même après les changements que Lev avait acceptés de faire à contrecœur, la censure refusait de laisser passer des idées en désaccord si radical avec l'Eglise. Le contrôle de la censure n'était cependant pas absolu et des copies faites à la main de *Ma confession* circulèrent largement. Ce réquisitoire contre l'injustice de la société qui favorisait ainsi involontairement l'immoralité, valut à Lev, tant parmi les pauvres que les aristocrates, un nombre de disciples croissant. Savoir qu'il avait des partisans intensifia la honte que Lev éprouvait à jouir des commodités relativement simples dans lesquelles vivait sa famille. En avril, il s'enfuit à Iasnaïa où femme et enfants le rejoignirent en juin. Il n'y avait pas un Tolstoï qui ne préférât les merveilleux étés de Iasnaïa à la vie citadine.

L'entrain de la vie estivale partagée avec la famille Kouzminski masquait la dépression de Lev et Sonia reprit courage. Il n'y eut qu'une querelle pour troubler l'été. Sonia reprocha à Lev de ne pas l'aider plus à s'occuper des enfants, et prétendit que son seul désir était d'échapper à toute sa famille. Il se mit dans une telle colère qu'il refusa, pour la première fois depuis qu'ils étaient mariés, de partager le lit de Sonia. Sonia resta éveillée toute la nuit à soigner Ilya (qui avait le typhus) et à pleurer ce qu'elle pensait être la fin de son amour :

> 26 août... Je n'irai pas dormir cette nuit dans le lit déserté par mon mari. Mon Dieu, aide-moi. J'ai envie de me donner la mort, mes pensées sont si confuses. Il est quatre heures du matin. J'ai décidé que s'il ne revient pas c'est qu'il en aime une autre.

Il revint, ils se réconcilièrent, ils pleurèrent dans les bras l'un de l'autre et Sonia, en se rendant à la salle de bain par un matin froid et clair, s'émerveillait du beau temps et se réjouissait.

L'expérience de la location avait été un tel désastre que les Tolstoï décidèrent d'acheter une maison à Moscou. Cette fois-ci Lev se chargea de la trouver et de la préparer pour l'arrivée de la famille. Il choisit une maison située aux limites de la ville dont le parc, planté de nombreux arbres, donnait l'illusion d'être à la campagne. C'était une ancienne demeure seigneuriale ; la maison principale était un agréable bâtiment à deux étages et il y avait d'autres bâtiments sur la propriété, qui était entourée d'une palissade pleine de couleur gaie. La maison comprenait une grande pièce de réception, un salon pour Sonia et un bureau pour Lev. De nombreux travaux étaient nécessaires et Lev, par amour pour Sonia, s'acquitta de ces tâches matérielles ; il choisit le papier des murs, fit refaire la cuisine, reconstruire l'escalier et réparer le plancher. Bien qu'il désapprouvât les dépenses inutiles, il acheta des meubles de bonne qualité pour faire plaisir à sa femme. Le 5 octobre, quand la famille fit son entrée, les caves regorgeaient de provisions, pommes, légumes, baquets de choucroute, confitures et concombres, le repas était prêt et il y avait des fruits sur la table. Mais Sonia était tellement épuisée par la semaine passée à faire les bagages qu'elle était irritable et que rien ne trouva grâce à ses yeux. Elle ne fut pas longue, toutefois, à approuver le choix de la maison.

Au printemps 1882 Lev fit la connaissance de Nicolaï Nicolaïevitch Gay, célèbre peintre russe qui avait été profondément ému par la lecture de *Ma confession*. Il rendit visite à Tolstoï pour lui offrir de faire le portrait de sa fille Tania mais Lev suggéra : « Je préférerais un portrait de ma femme. » Lev et Gay se lièrent d'amitié sur-le-champ, amitié qui dura jusqu'à la mort de Gay en 1904 et qui fut partagée par toute la famille. Sonia adorait gorger son ami de sucreries, pour lesquelles il avait un penchant particulier, et les enfants l'avaient surnommé affectueusement « Grand-papa Gay ». Au moment où Gay fit son portrait, Sonia écrivit à sa sœur Tania qu'il la peignait « la bouche ouverte, dans un corsage de velours noir avec de la dentelle d'Alençon, coiffée simplement ». Elle ajoutait qu'à son avis le portrait était de style sévère mais beau. Tout le monde fut satisfait de l'œuvre achevée, sauf l'artiste qui ne pensait pas avoir rendu du tout la personnalité de Sonia. « C'est impossible, déclara-t-il. Il suffit de regarder une dame de l'aristocratie vêtue d'une robe de velours noir pour voir qu'elle a quarante-mille roubles dans la poche. Je veux peindre une femme et une mère. » De fait, Gay était si déçu par son œuvre qu'il détruisit le tableau et fit, en 1886, un autre portrait de Sonia vêtue d'une robe simple et tenant dans ses bras Alexandra, alors âgée de deux ans [7]. Lev aimait tant ce portrait qu'il ne s'en sépara jamais.

Le cœur de Lev, ou son âme, ainsi qu'il l'eût appelé, était toujours troublé. La seule note qu'il ait écrite dans son journal en 1882 fait état d'une terrible souffrance psychique. Il y est question du besoin d'aimer Dieu et de se soumettre à ses exigences, de la place de l'homme dans l'univers et du devoir qu'a l'homme de vivre bien, de faire le bien, de semer et de laisser les autres récolter. Quand sa tension croissait, ou sa honte de ce qu'il appelait sa « vie charnelle », il avait recours au travail manuel. Dans les bois de Moscou, il se joignait aux paysans pour couper du bois de chauffage et il rentrait de ces excursions en sueur, sale, fatigué et apaisé. Au dîner il divertissait sa famille en rapportant les conversations des paysans et la provoquait gentiment par des remarques sur le contraste qui existait entre la vie des Tolstoï et celle des gens du peuple. Sonia lui était reconnaissante d'éviter les sermons.

En 1882 Lev commença une longue nouvelle, *la Mort d'Ivan Ilitch*, qu'il se proposait de dédicacer à Sonia. En même temps il travaillait à *En quoi consiste ma foi*, long exposé de ses nouvelles convictions religieuses. Sonia avouait le peu d'intérêt qu'elle y portait mais elle admettait : « C'est peut-être la volonté de Dieu, et en même temps nécessaire à de grands desseins. » Elle écrit en janvier 1883 à sa sœur Tania que Lev est :

> Un homme d'avant-garde, qui marche au-devant de la foule et montre aux hommes le chemin qu'ils doivent prendre. Mais je suis dans la foule et je vis dans le courant de la foule.

Un mois plus tard elle ajoute :

> Levochka est calme et gentil, il éclate de temps à autre en reproches amers comme par le passé mais rarement et brièvement. Il devient de plus en plus gentil.

Lev et Sonia vivaient maintenant dans deux mondes tout à fait différents. Lev passait la plupart de ses journées à lire et à écrire dans son bureau. Il recevait les visiteurs qui partageaient ses convictions ou les vieilles connaissances avec qui le lien d'amitié était trop fort pour être rompu par des différences d'opinion. Il recevait aussi des gens de toutes classes sociales qui admiraient ses écrits religieux et qui étaient devenus ses disciples. Quand des voitures arrivaient à la porte,

Lev regardait discrètement par la fenêtre. S'il ne voulait pas voir le visiteur, il passait par la fenêtre d'une chambre et s'échappait dans les bois où il marchait jusqu'à ce que la voiture fût repartie. Il faisait des promenades quotidiennes ; il avait également une bicyclette dans son bureau et une partie de ses journées était consacrée à une activité physique. Cependant, Sonia dirigeait la maison, faisait les visites, cousait les vêtements de la famille, brodait le linge, faisait des couvertures au crochet et supervisait les études des plus jeunes enfants. C'était elle qui emmenait les enfants au musée et au concert et qui recevait les visiteurs que Lev fuyait.

La jeune et belle femme d'un écrivain célèbre était très recherchée en société. Afin de rendre plus dignement les invitations qu'elle recevait, elle commanda en Angleterre un grand service de Wedgwood. La Grande Catherine avait commandé la vaisselle de la cour au premier Josiah Wedgwood et l'aristocratie russe continuait de suivre son exemple. Pour les réceptions, fruits et friandises étaient servis dans le Wedgwood accompagnés de champagne et de thé qu'on tirait du samovar. Quelqu'un était toujours prêt à s'asseoir au piano pour faire danser la compagnie. Lev n'évitait pas toutes les réceptions mais il refusait de s'habiller et y assistait en blouse de paysan. Un escalier en haut duquel un grand ours empaillé tenait un plateau pour les cartes de visites, menait au grand salon. Le palier et le salon étaient séparés par une petite antichambre où on permettait aux plus jeunes des enfants de rester pour écouter la musique. C'était à Lev qu'incombait la tâche de les réprimander quand ils faisaient du bruit, mais les enfants savaient que les réprimandes de leur père n'étaient pas sévères. Les réceptions chez les Tolstoï étaient caractérisées par une agréable absence de cérémonie. Bien que Lev se plaignît des « luxes » de la famille, la maison n'était luxueuse que comparativement à celles des paysans. Les Tolstoï vivaient très simplement, simplicité qui surprenait souvent les visiteurs.

Tous les soirs, Lev et Sonia regagnaient ensemble leur chambre. Les draps étaient magnifiquement brodés par Sonia, la couverture au crochet était également de sa main et le lit lui-même était si étroit qu'il serait difficile, de nos jours, de le qualifier de lit pour deux personnes. On ne pouvait y dormir que l'un contre l'autre, et c'est toujours ainsi que les Tolstoï se voyaient en dépit de leurs divergences philosophiques et parfois de violents différents. Leur famille et leurs amis ne les considéraient pas non plus comme un couple malheureux. Si Lev avait pu changer sa vie, il eût converti Sonia à ses nouvelles croyances. « Vous ne pouvez pas imaginer à quel point je suis seul, écrivait-il à un de ses admirateurs, combien ma personnalité véritable est méprisée par ceux qui m'entourent[8]. » Si Sonia avait pu changer quoi que ce fût, elle aurait fait travailler de nouveau son mari à un grand roman. Elle n'était pas seule à le désirer. En juin 1883, Tourguéniev mourant envoyait un appel suppliant à son vieux confrère :

> Cher et très estimé Lev Nicolaïevitch,
> Cela fait longtemps que je ne vous ai pas écrit car j'étais et suis, à franchement parler, sur mon lit de mort. Il est impossible que je me remette et il est inutile d'y songer. Mais je vous écris, en réalité, pour vous dire combien j'ai été heureux d'être votre contemporain et afin de vous faire une prière finale et sincère. Mon ami, retournez à votre travail littéraire ! Vous avez, vous le savez, ce don d'où provient tout le reste. Ah ! comme je serais heureux si je pouvais penser que ma prière a eu quelque effet sur vous.

Loin de tenir compte de cet émouvant appel, Lev passa l'été à mettre sa vie en accord plus étroit avec ses convictions. Il donna à Sonia procuration sur tous ses biens, afin de se délivrer de tout souci de gain et alla seul à Samara où il vendit la plupart des chevaux et du bétail et loua la terre. Quand Sonia retourna à Moscou en automne, il lui écrivit de Iasnaïa une lettre affectueuse où il lui avouait avoir refusé, par principe, de siéger dans un jury. Lev pensait ainsi protester contre l'iniquité de nombreuses lois. On l'a qualifié d'anarchiste mais il ne prôna jamais la révolution violente. Il était opposé à toute violence, y compris la violence légale qui se manifestait par la guerre et la peine capitale. La cour accepta son refus mais lui infligea une amende de deux cents roubles.

Lev écrivit à Sonia en la suppliant de ne pas le réprimander pour n'avoir pas accompli son devoir civique[9]. Elle répondit avec douceur, déclarant qu'elle ne savait pas ce qu'elle aurait fait dans le même cas, que très probablement elle se serait efforcée de créer le moins de remous possible. Elle ajoute :

> J'écris de manière incohérente ; je n'ai pas encore digéré tout ce qu'il y a dans ta lettre... Micha a bavé sur cette lettre et il l'a froissée pendant que j'étais en train de donner une leçon de lecture à Androucha. Au revoir, à bientôt, j'espère. Puisse tout se terminer bien.
>
> Je t'embrasse,
Sonia

Lev répondit que jamais auparavant il n'avait pensé à elle avec autant de bons sentiments. « Tu m'es chère à tous points de vue. »

IV

L'ironie du sort voulut que ce fût quelques jours plus tard que Lev rencontrât un homme dont l'influence se révélerait néfaste à la fois aux sentiments qu'il avait pour Sonia et à lui-même. Vladimir Grégorévitch Tchertkov était un ancien officier des Chevaliers-Gardes, qui avait les habitudes aristocratiques de la boisson, du jeu et des femmes. Sa vie lui était devenue récemment insupportable. Il avait quitté le service et décidé de consacrer son temps à aider son prochain. Tout d'abord il s'essaya aux bonnes œuvres sur son propre domaine, fonda un hôpital et une école de commerce, mais ce n'est qu'après avoir rencontré Tolstoï et adopté les principes tolstoïens que Tchertkov put satisfaire ses deux besoins essentiels : exercer son influence et se sentir moralement supérieur aux autres.

Tchertkov était beau, enclin au pharisianisme et aux changements d'humeur. Sombre, il était souvent grossier et dur, mais quand il était de bonne humeur ses manières étaient engageantes et il pouvait être amusant. Au début de leurs

133

relations, Sonia le trouva charmant. Hélas ! Tchertkov n'avait ni le sens de l'humour ni celui de la mesure et manquait de psychologie. Enfin, qu'un tel homme fût devenu le plus proche disciple de Tolstoï se révéla désastreux. Au commencement de leur amitié, toutefois, Lev se sentit spirituellement moins seul. Tchertkov était un homme du même milieu que lui, qui, d'une certaine façon, avait pris la même décision d'améliorer sa vie. Ce réconfort était plus que contrebalancé par la honte que Tolstoï éprouvait devant son nouvel ami. Tchertkov était célibataire, libre des obligations familiales qui l'eussent empêché de pratiquer strictement les principes tolstoïens. La culpabilité que Lev éprouvait à ne pas se conformer aux idéaux qu'il prêchait se manifeste dans son journal :

> Levé paresseux et n'ai pas fait le ménage de ma chambre... J'avais honte de faire ce que j'aurais dû faire, sortir le pot de chambre... Tout le monde travaille sauf moi. J'ai dormi. Péchés : vanité, paresse.

Lev justifiait à ses propres yeux son incapacité à écrire un troisième chef-d'œuvre, par la recherche d'un but plus élevé : la perfection spirituelle. Maintenant, il avait devant les yeux l'exemple de Tchertkov pour lui rappeler qu'il n'atteignait pas non plus ce but et qu'il serait impossible de le faire sans abandonner sa femme, sa famille et tout son univers. Cela, il ne pouvait ou ne voulait le faire. Tel était son double lien et ce qu'il considérait comme la cause de son désespoir. Il était inévitable que Sonia devînt la cible de ce désespoir et de ce dépit. Elle était inextricablement liée aux sentiments de Lev à son propre sujet, d'abord parce qu'elle avait été parfaitement au courant de sa lutte en tant qu'artiste (et par conséquent de son échec) et maintenant parce qu'il pensait qu'elle était l'obstacle qui l'empêchait de vivre selon ses idéaux.

Au début de l'année 1884, Lev avait déjà montré bien des symptômes d'une grave dépression — perte d'énergie, manque de réaction à des événements qui auraient dû lui apporter satisfaction, insomnie, idées suicidaires, sensation d'affaiblissement de ses capacités mentales, culpabilité excessive, sentiments d'inutilité et besoin de rendre autrui responsable de sa condition :

Levé tard — apathique. La même tristesse. Maintenant spécialement, observe tout le monde à la maison. Les cireurs de parquet sont en train de nettoyer ; c'est nous qui nous sommes souillés nous-mêmes. Je suis en train de tomber et commence à être moins strict avec moi-même. Je ne note pas mes péchés... Mécontentement de ma vie et les reproches surgissent en moi.

Si Sonia avait lu le journal de Lev elle aurait sûrement eu confirmation de ce qu'elle soupçonnait deux ans plus tôt. Mais Sonia était trop occupée pour tenir son propre journal et regarder celui de Lev. Le dialogue entre mari et femme s'interrompit momentanément.

Après la période de Noël, Lev s'enfuit à Iasnaïa et Sonia fut prise dans le tourbillon des mondanités. Elle n'en était pas totalement enchantée. Après que les Tolstoï eurent fait connaître leur jour et commencé à recevoir des visites, Sonia écrivit à sa sœur Tania qu'elle n'y prenait pas grand plaisir, qu'ils restaient assis au salon comme des « idiots » en attendant les visiteurs, tandis que le petit Lev faisait le guet à la fenêtre. Le bal donné en janvier par le gouverneur général de Moscou, le prince Dolgoroukov, fut bien différent. Pour cette grande occasion Sonia portait ses couleurs favorites, velours lilas agrémenté de pensées jaunes. Sonia avait quarante et un ans et paraissait toujours très jeune pour son âge. Le prince lui porta une attention flatteuse et elle s'en vante un peu dans une lettre à Lev :

> Dolgoroukov a été plus aimable que jamais. Il a fait apporter une chaise pour s'asseoir à côté de moi et nous avons bavardé une heure durant... Il a dit beaucoup de choses agréables au sujet de Tania également et cependant nous n'étions pas précisément gaies hier. Nul doute que nous étions trop fatiguées.

Lev répondit à Sonia que lui aussi était fatigué. Il lisait Montaigne, faisait du ski, réparait des souliers, méditait et essayait « de ne blesser personne ». A son retour à Moscou, il vécut une vie séparée au milieu de l'agitation familiale. Il n'écrivait pas, ayant, pour l'essentiel, abandonné le travail intellectuel après avoir écrit *En quoi consiste ma foi*. La saison d'hiver accaparait Sonia sans lui donner le temps de penser à Lev. Elle était enceinte de six mois et sa seule vue rappelait à Lev ses dérogations à la chasteté totale qu'il préconisait maintenant de manière ouverte. Il continuait de tenir dans son journal la chronique de sa détresse, de sa rancœur et du dégoût de lui-même.

> Je suis descendu et j'ai sermonné ma femme et Tania quant à leur mauvaise vie... J'étais plein d'assurance parce que j'avais sorti le pot de chambre d'Orlov. J'ai commencé à faire la leçon à Tania avec rancune. Et juste alors, Micha s'arrêta dans l'encadrement de la grande porte et me fixa d'un regard interrogateur [Micha avait quatre ans.] Si seulement il était toujours là en face de moi ! Un grand péché... Faiblesse générale et déclin moral. Maladie physique et mentale. Les conditions de vie sont malsaines et je m'y complais. J'avance vers pire. Tentatives de reprendre plusieurs travaux dont rien n'était sorti.

Rien ne lui donnait de plaisir ou presque. Il trouvait du réconfort à correspondre avec Tchertkov, au moment où il faisait effectivement le ménage de sa chambre ou prenait des leçons chez le bottier. Il note :

> Après dîner j'ai été chez le bottier. Quelle lumière et quelle élégance morale dans son coin sombre et sale... Une lettre de Tchertkov. Je l'aime et crois en lui... Une belle lettre de Tchertkov.

Tchertkov passa trois jours chez les Tolstoï à Moscou et Lev nota avec admiration dans son journal que chez Tchertkov le maître prenait ses repas avec les serviteurs. En avril il écrivit dans son journal que la douleur et le doute l'avaient empêché de dormir — qu'il ne pouvait que prier Dieu, comme jamais auparavant, de le délivrer de son « horreur ». Les rencontres de Lev avec sa famille dégénéraient en disputes qui le culpabilisaient. Après s'être querellé avec sa fille Tania, il la suivit ensuite dans toute la maison, désirant implorer son pardon et cependant incapable de le faire [10]. Il se demanda si ceci était bien ou mal. Dans son journal il dit de Sonia qu'elle est pitoyable, sans valeur et folle mais il admet :

> Cela fait peur à dire mais... Je vois que je suis malveillant. La malveillance s'élève en mon cœur mais j'essaie de garder cela en tête. Comme je l'ai fait hier dans la conversation avec Sonia à propos de la richesse... Resté seul avec elle. Conversation. J'étais malheureux et cruel et commençai à la blesser. Je me tus... Elle est très sérieusement malade mentalement.

A table le bavardage familial au sujet des réceptions et des derniers achats l'exaspérait :

> Leur aveuglement est étonnant... Sergueï en colère. Lui et Sonia m'ont traité de fou et je me suis presque mis en colère. Je suis allé prendre un bain... Au thé, elle a dit qu'elle voulait discuter de quelque chose mais j'avais peur d'elle. A l'instant où elle commença à parler, c'était impossible. C'est un fait, mourir bientôt serait un bonheur pour moi... Pauvre petite, comme elle me déteste.

Les conversations désespérées de Sonia avec Lev portaient sur l'argent. Pour lui, les goûts dispendieux de sa femme et de ses enfants étaient la cause de leurs problèmes. L'existence même de sa femme devenait maintenant un fardeau pour Lev et il parle d'elle comme de sa croix. « Si je dois porter une croix que ce soit alors une croix qui m'écrase[11]. » Le péché qui le tourmentait le plus était celui dont il lui était le plus facile de rejeter la responsabilité sur Sonia : son incapacité à rester fidèle à son vœu de chasteté. Il avoue s'être querellé avec sa femme et ajoute : « et puis un péché beaucoup, beaucoup plus grave ». Ils s'étaient réconciliés au lit. Le lendemain matin, il écrit que Sonia est « douce et sans malveillance » mais deux semaines plus tard il souffrait le martyre d'avoir « déchu » à nouveau.

Pour la première fois, le retour à Iasnaïa et l'été passé en compagnie des Kouzminski n'eurent pas d'effet sur le moral de Lev. Il ruminait ses ressentiments et ses péchés. A cette époque, Lev écrivit sur une feuille libre le plan idéal de sa vie et de celle de sa famille :

> Vivre à Iasnaïa. Donner le revenu de Samara aux pauvres et aux écoles de Samara... Le revenu de Nicolskoïé [le domaine qu'il avait hérité de son frère Nicolaï] de même, après avoir vendu la terre aux paysans. Nous-mêmes, c.a.d. ma femme et mes enfants, garder pour l'instant le revenu de Iasnaïa Poliana, environ deux à trois mille. (Le garder pour un temps mais avec le seul désir de le donner aux autres, c.a.d. de vivre avec le moins possible pour nos besoins essentiels et donner plus que nous ne gardons)... Vivre tous ensemble, hommes dans une pièce et femmes et filles dans une autre. Il y aurait une bibliothèque pour les activités intellectuelles et il y aurait une pièce pour les travaux de la communauté... Un seul but, le bonheur, le vrai bonheur, et que la famille voie que le bonheur réside en ceci : que nous nous contentions de très peu et que nous donnions généreusement aux autres.

Maintenant, même les enfants devaient écouter ses sermons sur la façon dont ils devraient vivre. Vérochka, la plus jeune des Kouzminski, remarqua : « C'est bon pour une semaine mais, voyez-vous, il serait impossible de *vivre toujours ainsi.* » Lev consigna sa remarque dans son journal et ajouta qu'il était horrifié qu'un enfant ait été élevé à penser de cette façon [12]. Deux jours plus tard, il éprouva du plaisir à voir qu'une autre des filles Kouzminski semblait l'écouter sérieusement. Retrouvant un peu de sa pénétration passée, il nota dans son journal que la vérité était qu'il « était plus doux, plus près d'aimer sa femme ». Aimer Sonia conduisait à la douceur et à la modération.

Où était la Sonia qui avait toujours été si sensible aux indices de l'état mental de Lev et des changements de sa personnalité ? Maintenant, elle semblait penser qu'il devenait simplement plus extravagant. Peut-être sa grossesse, la douzième, lui faisait-elle éprouver une rancune qui la rendait moins compatissante. La vie à la campagne avait également ses obligations qui étaient aussi prenantes que celles de Moscou. Chaque été voyait arriver plus de visiteurs, mais également sa sœur Tania avec laquelle elle arrivait à dérober quelques précieux moments d'intimité. Tandis que Sonia se réfugiait dans la compagnie de Tania, s'occupait des enfants, donnait ses ordres à la cuisinière, parlait du domaine avec le régisseur, organisait le séjour et les distractions des invités, Lev était laissé à sa « lutte torturante ». Le 26 mai il écrit :

> Je ne suis pas en possession de moi-même. Je cherche les raisons. Le tabac, le défaut de chasteté, le défaut de travail créatif. Tout cela n'est que bagatelle. Une cause seule — le défaut d'une femme aimée et aimante.

Cette cruelle accusation semble avoir bousculé les pensées irrationnelles de Lev qui ajoute :

> Rien de tout cela n'est une raison. Je dois chercher ma femme à l'intérieur d'elle-même. Et il faut que je la trouve, je le dois. Seigneur, aide-moi.

Lev savait qu'il allait à la dérive sans Sonia, et au lieu de mettre leur séparation sur le compte de ses péchés à elle, il décida que la faute en incombait à sa propre dépravation. Il résolut de corriger son attitude à l'égard de Sonia. Un incident malheureux tua sa résolution. Sonia découvrit qu'il avait encore vendu des chevaux à Samara afin d'avoir plus d'argent à distribuer. C'était à ses yeux tout à fait irresponsable, ils avaient déjà du mal à garder leur maison de Moscou et elle en fit le reproche à Lev. Il contrôla sa colère mais son refus de répondre et la froideur de son silence furent plus blessants que des mots. Sonia pleura et Lev alla dans sa chambre, fit son sac à dos et annonça, sous le coup de la colère, qu'il quittait la maison pour toujours. Plus tard, Tania Tolstoï évoqua sa mère alors qu'elle regardait son père descendre lentement l'allée de hêtres :

> Je vois ma mère assise sous les arbres, son visage déformé par la douleur, ses grands yeux noirs privés de vie qui fixaient le vide devant elle.

Tania se rappelle que les douleurs de sa mère commencèrent alors, mais le récit que Lev nous a laissé dans son journal est probablement plus digne de confiance. Sonia se laissa entraîner dans une partie de croquet et à mi-chemin de Tula, Lev, honteux de quitter la maison alors que l'accouchement de sa femme était imminent, revint sur ses pas. A son retour, toutefois, sa colère n'était pas tombée. Sa belle-sœur Tania lui dit :

— Elle est en train de jouer au croquet. Tu ne l'as pas vue ?

— Non, et je ne veux pas la voir.

Lev alla dans sa chambre et s'allongea sur le canapé. Il fut bientôt envahi de compassion pour Sonia. C'est elle qui le réveilla de son somme. « Pardonne-moi, dit-elle, je suis sur le point d'avoir un enfant. Je mourrai peut-être [13]. »

L'enfant était Alexandra (Sacha) et après l'accouchement, Sonia retrouva son moral. Elle était détendue et heureuse et Lev était abasourdi qu'elle fût inconsciente de ce qu'il appelait leur « rupture définitive ». L'engagement d'une nourrice fut pour lui la preuve de la vitesse à laquelle Sonia se précipitait « en direction de la ruine et d'une souffrance morale terrible ». Mais tout au long du mois de juillet il parvint à garder un calme apparent. Il cessa de boire de l'alcool et de manger de la viande et essaya de fumer moins. Il adopta la méthode paysanne de « mordre le thé », qui consiste à l'aspirer à travers un morceau de sucre tenu entre les dents. Sonia continuait à perdre du sang et le médecin avait interdit les relations sexuelles. Dans sa condition elle aurait pu difficilement en éprovver l'envie, mais elle pensait que Lev et elle étaient de nouveau proches. Elle était pleine de tendresse et d'affection et Lev considérait son attitude comme tentatrice. « Elle commence à me tenter charnellement », note-t-il. Il se plaignait de souffrir de « nuits voluptueuses ». Il repoussait ses témoignages d'affection et se mit à la sermonner sur l'immoralité de sa vie. Sonia répliquait qu'il était impossible de changer entièrement leur vie et elle se mettait à pleurer. A en croire Lev, elle devenait hystérique ; s'il en fut ainsi, son hystérie était compréhensible. L'été avait toujours été une époque d'intense bonheur familial, mais maintenant Lev lui reprochait sombrement son caractère. Le 7 juin, il écrivit le commentaire le plus cruel qu'il ait jamais pu faire à son sujet :

140

Jusqu'à ce que je meure, elle sera une pierre accrochée à mon cou et à ceux des enfants.

Et le jour suivant :

Elle est venue à moi avec malveillance. Et je la désire. La souffrance m'a empêché de m'endormir avant cinq heures du matin.

Sa femme lui manquait et dans sa confusion il prenait ce sentiment pour de la simple convoitise. Enfin, cédant à son désir physique, il entra dans sa chambre seulement pour s'entendre rappeler les ordres du médecin. Le refus de Sonia trancha le dernier lien qui le retenait à la réalité et il enrage dans son journal :

Je suis allé voir ma femme et elle, avec une froide malice et le désir de me blesser, m'a repoussé.

Il retourna dans son bureau où il passait les nuits mais il resta éveillé. Au milieu de la nuit il se prépara une nouvelle fois à quitter la maison. Avant son départ il alla réveiller Sonia. Il écrit dans son journal :

Je ne sais pas ce qui était en moi, le dépit, la concupiscence, la douleur morale, mais je souffrais terriblement. Elle se leva et je lui dis tout. Je lui dis qu'elle avait cessé d'être ma femme. Une collaboratrice pour son mari ? Depuis longtemps elle n'était plus qu'une entrave. Une mère pour ses enfants ? Elle ne voulait pas être cela. Une nourrice ? Elle ne voulait pas être cela. Une compagne pour la nuit ? Elle en jouait et me tentait peu [14].

Lev ne précise pas si Sonia répliqua. Sa tirade démente lui causa certainement des inquiétudes sur son état mental. Elle ne peut pas avoir pris ses accusations au sérieux. Apparemment elle le calma, car il ne quitta pas la maison. En tout cas la réconciliation n'était pas loin et finalement Sonia céda et passa outre les ordres du médecin. Lev ne se pardonna jamais de l'avoir persuadée de lui céder. Bien des années plus tard, il se rappelait son égoïsme et se reprochait d'avoir retardé la guérison de Sonia.

Après leur réconciliation, Lev nota dans son journal combien il était heureux. Malheureusement, il ajoutait dévotement : « En vérité, si elle entreprenait d'être bonne, elle serait très bonne. » Il retrouvait progressivement la raison sauf sur deux points : il continua à considérer les relations sexuelles avec sa femme comme un manquement à la vertu et jusqu'à la fin de l'année il refusa de parler d'argent avec Sonia. Un jour de septembre, rendue folle par son mutisme à ce sujet, elle courut à l'étang en menaçant de se noyer. Il courut derrière elle et la ramena à la maison, tous deux épuisés par l'émotion.

Quand Sonia retourna à Moscou pour la rentrée des classes, ils se manquèrent l'un à l'autre. Leurs lettres étaient calmes et affectueuses. Il la rejoignit bientôt et ainsi prit fin l'année terrible. Une décennie plus tard, le 21 octobre 1894, Lev relut son journal de 1884. Il éprouva du dégoût pour lui-même devant ses « sentiments cruels et mauvais à l'égard de Sonia » et la manière dont il avait traité sa femme.

Chapitre VI

UN ROMAN NÉGATIF ET MALVEILLANT
1885-1891

I

De 1862 à 1880 Lev et Sonia avaient été heureux ensemble. Leurs querelles, leurs rancœurs, la douleur provoquée par la mort de leurs enfants avaient renforcé plutôt qu'affaibli leurs liens. Cet état de choses s'altéra au cours des années 1881-1884 quand les périodes d'abattement profond dont souffrait Lev et la vie de plus en plus agitée que menait Sonia les éloignèrent l'un de l'autre. Après 1884, leurs anciennes relations se rétablirent en grande partie mais le ressentiment demeura. Leur mariage ne fut plus qu'une succession de hauts et de bas. Tania Tolstoï écrit qu'après 1884 son père et sa mère vivaient

> ... côte à côte, en bons amis et parfaits étrangers, chacun portant à l'autre un amour puissant et sincère, mais aussi avec une conscience chaque jour plus grande du gouffre qui les séparait.

Tania et Sergueï étaient absents de la maison durant la décennie qui suivit le soixante-dixième anniversaire de Lev, époque où les Tolstoï comblèrent le gouffre de leurs différences et trouvèrent la paix. Cette période de douceur devait durer douze ans à partir de 1885. Le grand changement fut la guérison de Lev [1]. Le fait que Lev guérit spontanément est un argument en faveur de l'hypothèse d'une dépression au sens médical du terme. Il n'était plus séparé de Sonia par l'apathie

143

et le désespoir. Le gouffre dont parle Tania — les différences philosophiques — persista. « Je veux qu'il me revienne, écrit Sonia à sa sœur Tania, de la même façon qu'il veut que je le suive. » Sur ce point tous deux étaient intraitables mais ils se rejoignaient sur d'autres plans. Au printemps 1885, Lev fit un voyage en Crimée avec le prince Ourouzov. A son retour il était aussi impatient de lui faire part de ses aventures qu'elle l'était d'en prendre connaissance. Elle ouvrit son journal une seule fois en 1885, pour y rapporter un incident survenu au cours du voyage de Lev :

> 25 mars 1885. Dimanche de Pâques. Hier, Levochka est revenu de Crimée où il était allé avec Ourouzov qui était malade. Là-bas, ils se sont promenés dans la montagne, ont admiré la mer et ont échangé leurs souvenirs de la guerre de Crimée. Alors qu'ils se rendaient à Simigez, ils passèrent devant l'emplacement où Levochka était posté pendant la guerre avec son canon et l'endroit exact où il avait tiré, le seul coup qui partit de ce canon. C'était il y a trente ans de cela. Soudain, il [Lev] descendit du landau et se mit à chercher quelque chose. C'était un boulet qu'il avait aperçu près de la route. N'était-ce pas le boulet que Levochka avait tiré pendant la campagne de Sébastopol ? Il n'y avait qu'un seul canon et personne d'autre ne pouvait l'avoir tiré.

Lev, lui aussi, n'écrivit qu'une seule fois dans son journal cette année-là et ce fut dix jours après Sonia. Ragaillardi par son voyage, il s'était replongé dans ses écrits sur la religion et il note :

> 5 avril 1885. Tout ce qui m'occupe est la conscience et l'expression de la vérité ; je regrette ceci car c'est une voie dangereuse et trompeuse.

Et il ajoute :

> Aujourd'hui, j'ai pensé à ma malheureuse famille, ma femme et mes fils et mes filles qui vivent à mes côtés et essaient de mettre un écran entre eux et moi, afin de ne

pas voir la vérité et le bien qui mettraient à nu le mensonge de leurs vies et pourrait leur épargner la souffrance. Si au moins ils pouvaient comprendre que l'oisiveté, une vie entretenue par le travail des autres, n'a pas la moindre justification. Si seulement ils pouvaient occuper leurs loisirs à réfléchir à cela. Mais ils ont assidûment occupé leurs loisirs à s'affairer en vain, afin d'avoir encore moins de temps pour penser à ceux qui sont écrasés de travail.

Le fait que « tout » ce qui l'occupait était son dévouement à la vérité posait un problème à Lev. Il avait recouvré sa santé mentale mais non son inspiration littéraire et, entièrement concentré sur ses écrits philosophiques, il donnait libre cours à la frustration qu'il éprouvait à ne pas vivre selon les idéaux qu'il prônait. Plus loin, Lev se demande comment il se fait que des hommes intelligents, même bons parfois, vivent de manière si stupide et mauvaise. C'est :

à cause de l'influence que les femmes ont sur eux. Ils s'abandonnent au courant de la vie parce que c'est ce que leurs femmes ou leurs maîtresses veulent. Tout se décide la nuit. Ils ne sont coupables que de soumettre leur sagesse à leur faiblesse.

En rejetant sur les femmes la responsabilité des échecs des hommes, Lev était en accord avec une grande partie des hommes de son siècle et en accord avec ses propres faiblesses qui n'étaient que trop humaines. Quand il essayait de s'abstenir de relations sexuelles avec Sonia, il choisissait un moyen classique de la punir de ses propres faiblesses.

Sonia savait que l'amour de Lev renfermait un germe de ressentiment, mais elle l'attribuait à son incapacité à écrire un troisième roman épique. Elle n'avait pas entièrement tort. Il n'y avait rien de nouveau dans le dévouement de Lev à la vérité, mais ce dévouement avait toujours été contrebalancé par son activité littéraire. Cet équilibre faisait partie de son génie. Il n'y a pas de romans plus vrais que ceux de Lev, ses personnages sont vécus au sens le plus littéral et ils vivent dans un monde réel. Mais entre *la Mort d'Ivan Ilitch* en 1884 et

Maître et Serviteur, terminé dix ans plus tard, la production de Lev paraît inférieure aux yeux du lecteur moderne, à l'exception de *la Puissance des ténèbres*, pièce pleine de suspens et d'émotion sur la vie des paysans. Lev écrivit un roman durant ces années, *la Sonate à Kreutzer*, une œuvre née de son ressentiment[2]. Lev s'en rendit compte lui-même et en parla un jour comme d'un livre à la fois « négatif et malveillant[3] ». La *Sonate à Kreutzer*, qui fait porter aux femmes et à leur sexualité la responsabilité de la dépravation de la société, fut écrit rapidement au cours de l'été 1889, mais elle influença les relations entre les Tolstoï avant et après.

En 1885, *la Sonate à Kreutzer* était encore un message qui n'avait pas trouvé sa forme et Lev employait son énergie à terminer un essai commencé trois ans auparavant, *Que devons-nous faire ?*, qui suggère certains moyens qu'aurait la société de corriger l'injustice. Sonia regretta toujours le temps et l'effort investis par Lev dans ces essais moraux. Elle pouvait souscrire à certaines de ses idées — l'imposture des Eglises, l'injustice de la pauvreté, le caractère criminel de la guerre et de la peine capitale — mais quant au genre de perfection spirituelle à laquelle Lev voulait que sa famille tendît, Sonia la jugeait non seulement impossible mais elle y voyait aussi une offense à son état. Elle se considérait comme la gardienne du bien-être physique, pécuniaire et affectif de sa famille et le 6 mars 1887 elle se plaint à son journal :

> Une chose me semble impossible et injuste, c'est qu'on renonce à sa vie personnelle pour l'amour du monde entier. Je pense que nous avons des responsabilités incontestables, imposées par Dieu, et personne n'a le droit de s'y soustraire ; elles ne sont pas un obstacle à la vie de l'esprit mais un soutien.

Ainsi que Sonia l'écrivait à sa sœur Tania, Lev était l'homme qui portait le flambeau à l'avant-garde ; et il y eut même des moments où Sonia tenta, ainsi que l'écrit sa fille Tania :

... de trouver le chemin qui la rapprocherait de lui [Lev] en esprit et en cœur, de s'intéresser à son travail et d'essayer de le comprendre.

Il était plus facile aux Tolstoï de se rapprocher à Iasnaïa qu'à Moscou. Quand Lev enrôla les enfants pour aider les paysans à faire les foins, il dut être surpris et heureux de voir Sonia nouer un fichu sur sa tête, revêtir un « sarafan » (long manteau sans manches porté par les paysannes), prendre un rateau et rejoindre sa famille dans les champs. Comme les paysans, tous les Tolstoï chantaient et buvaient en faisant les foins. Sonia travailla avec une énergie et un enthousiasme tels qu'elle se rendit malade.

Sonia exprima sa gratitude à Lev pour s'être montré raisonnable dans la gestion du budget familial en coopérant à un projet qui lui était cher. Au début de 1885, il permit à Sonia de publier toutes ses œuvres écrites avant sa conversion en 1881. Sonia emprunta de l'argent, installa un bureau dans un bâtiment situé sur leur propriété moscovite, tira elle-même les épreuves et sortit de nouvelles éditions de tous les romans importants de Lev. L'idée lui en avait été donnée par Anna Dostoïevski qui gagna sa vie en publiant de nouvelles éditions des œuvres de son mari après sa mort[4]. Sonia réussit si bien la première année qu'elle gagna soixante mille roubles, environ trois cent cinquante mille francs de l'époque[5].

Mais, ainsi que le remarque Serguéï Tolstoï, les rapports entre Lev et Sonia n'étaient pas stables durant cette période. Juste avant Noël 1885, Lev accabla sa femme de plaintes. Sonia décrivit la scène dans une lettre à sa sœur Tania que Tania Tolstoï reprit dans ses mémoires :

Il [Lev] entra comme j'étais en train d'écrire et je vis que son visage était terrible. Jusqu'à ce moment nous avions vécu merveilleusement sans jamais un mot déplaisant entre nous. « Je suis venu te dire que je veux me séparer de toi, je ne peux pas vivre ainsi, je vais partir pour Paris ou l'Amérique. » Crois-moi, Tania, je n'aurais pas été aussi surprise si toute la maison m'était tombée sur la tête. Je lui demandai, abasourdie : « Qu'est-ce qui arrive ? — Rien, mais si tu charges la charrette de plus en plus, le cheval s'arrête et refuse de porter davantage. — Quel est ce fardeau inconnu ? » Mais il commença à me crier des reproches, des grossièretés, tout de pire en pire. Quand il dit : Où que tu te trouves, l'air est contaminé », je fis venir une malle et je commençai à faire mes bagages. Je décidai d'aller chez toi, ne fût-ce que pour quelques jours. Les enfants arrivèrent en courant et en poussant des hurlements. Tania dit : « Je pars avec toi. Mais pourquoi ? » Il se mit à me supplier de rester. Je restai. Mais soudain il fut pris de sanglots hystériques. C'était tout simplement horrible. Imagine seulement Levochka tout tremblant et convulsé par les sanglots. Alors, je commençai à le plaindre. Les quatre enfants, Tania, Ilya, le petit Lev et Macha se mirent à hurler à l'unisson. J'étais paralysée. Je ne parlai ni ne pleurai. Je voulais parler mais je craignais de ne dire que des bêtises et je gardai le silence. C'est ainsi que la chose prit fin.

Ce n'était pas la fin pour Lev. Pendant trois jours, il travailla à une longue lettre destinée à Sonia où il lui dépeignait les souffrances qu'il endurait à cause de la différence de leurs « attitudes morales ». Il lui disait combien il serait facile pour elle de l'aider, qu'au lieu de bourrer leurs enfants de nourriture riche, ils devraient tous être végétariens, qu'au lieu d'aller dans les soirées et au théâtre, les enfants devraient rester à la maison pour faire le ménage de leur chambre et vivre des vies sérieuses :

Mais tu dis non à ceci, obstinément non, délibérément non. Une lutte à mort s'est engagée entre nous. Pour Dieu ou contre Dieu. Et comme Dieu est en toi, tu —

Lev arrêta ici sa lettre et, bien qu'il l'eût gardée, il ne la montra pas à Sonia. Il préféra battre en retraite à Iasnaïa. Le calme de la campagne l'aida à réfléchir et il écrivit à sa femme le 27 décembre :

Je comprends combien j'ai eu tort, et je ne dis pas ceci uniquement pour t'apaiser mais je comprends sincèrement et j'enlève de mon cœur particulièrement tous les reproches inventés pour y remettre mon amour pour toi.

Bientôt après, Aliocha mourut du croup à l'âge de quatre ans et Lev écrivit à Tchertkov que la mort avait uni la famille plus fortement et tendrement que jamais auparavant.

En 1886 Lev termina *Que devons-nous faire ?* et commença *Sur la vie et la mort,* un long article sur la valeur de l'altruisme. Cet été-là, en faisant les foins, il se coupa le pied et arracha la croûte qui s'était formée. La plaie s'infecta et Sonia le soigna d'un empoisonnement du sang. Elle note :

> Ce fut pour moi une occupation si heureuse, si évidente, la seule chose que je fasse bien, ce dévouement personnel à l'homme que j'aime. Plus c'était difficile, plus j'étais heureuse.

Sonia fut particulièrement heureuse quand, au cours de sa convalescence, il abandonna son travail religieux pour écrire une pièce de théâtre. De nouveau elle lui confiait ses critiques : au début elle pensa que l'œuvre manquait de puissance théâtrale, mais elle approuva l'œuvre achevée. *La Puissance des ténèbres* fut publié l'année suivante et se vendit à de nombreux exemplaires, mais la censure en interdit la représentation, craignant qu'elle ne suscitât trop de sympathie à l'égard des paysans.

Lev écrivit la pièce sans grand effort et retourna ensuite à *Que devons-nous faire ?* pour y ajouter quelques paragraphes pleins de courroux à propos des femmes qui acceptent d'avoir des relations sexuelles sans procréer. Sonia savait que de telles attaques lui étaient destinées et elle aussi éprouvait du ressentiment :

> 25 octobre [1886]... Mon Dieu, comme je suis fatiguée de vivre, de me battre, et de souffrir. Combien grande est la mauvaise volonté inconsciente des gens les plus proches de nous, combien grand leur égoïsme ! Pourquoi continuai-je à tout faire ? Je ne sais pas ; je pense qu'il le faut. Je ne pourrai jamais faire ce que mon mari veut (ou dit qu'il veut) sans d'abord abandonner ces affaires de famille auxquelles je suis liée par les fibres

de mon cœur. Mais échapper... échapper à sa méchanceté, à ces exigences épuisantes, ceci seul est dans mon esprit jour et nuit.

Sonia écrit qu'elle commence à aimer l'obscurité, où elle peut rêver du bonheur passé. Elle se surprend même à parler en rêve. « Je me suis terrifiée : suis-je en train de devenir folle ? »

Certaines des peurs de Sonia venaient des menaces implicites que l'attitude de Lev, par rapport aux relations physiques, faisait peser sur leur mariage. Elle se sentait insultée quand il couchait avec elle et rejetée quand il s'en abstenait. La bataille qui mettrait aux prises les deux Tolstoï était sur le point de s'engager dans la chambre à coucher, mais Sonia pouvait encore écrire dans son journal que l'hiver 1887 était de ceux où « Nous avons vécu ensemble dans le bonheur et dans la paix. » Ces affaires de famille auxquelles elle était liée par les fibres de son cœur continuaient à lui donner satisfaction et elles consistaient en partie à s'occuper de son mari, copier ses textes et se préoccuper de sa santé. Lev se plaignait d'une douleur constante au creux de l'estomac et Sonia s'assura qu'il obéissait aux ordres du médecin — porter une flanelle sur l'estomac, éviter le beurre et boire de l'eau d'Ems. Au printemps, elle nota sans autre commentaire que sa mère était morte au mois de novembre dernier à Yalta et qu'elle y avait été enterrée. Elle était contente que Lev n'eût pas quitté Moscou pour Iasnaïa après Noël. En mars elle écrit :

> Levochka dit parfois qu'il part pour la campagne, mais chaque fois il décide de rester.

Elle ajoute qu'il joue au « vint », un jeu de cartes, fait du piano avec plaisir et n'est pas poussé au désespoir par la vie citadine.

Il se peut que Moscou soit devenu plus supportable à Lev à cause de son intimité croissante avec Tchertkov, ce qui ne laissait pas d'irriter Sonia. Elle écrit dans son journal le 6 mars :

> Il y a eu une lettre de Tchertkov. Je ne l'aime pas ; il est intelligent, sournois, borné et ce n'est pas un homme

150

bon. L. N. est partial à son égard parce qu'il [Tchert-
kov] le vénère. Mais je respecte les œuvres populaires
que Tchertkov a commencées à l'instigation de L. N. et
je ne peux faire autrement que lui en rendre hommage.

Les « œuvres populaires » étaient une idée de Tchertkov
inspirée par un article que Lev avait écrit sur l'importance de
faire de bons livres, romans et œuvres en prose, à des prix
accessibles aux masses. Dans ce but une maison d'édition,
L'Intermédiaire, fut créée, qui vendit bientôt des millions de
volumes. Outre les œuvres d'auteur russes, L'Intermédiaire
publiait George Eliot, Matthew Arnold, Charles Kingsley et
Charles Dickens, l'auteur préféré de Lev.

L'Intermédiaire donnait l'occasion à Tchertkov de rendre de
fréquentes visites à la résidence moscovite des Tolstoï, à
l'agacement grandissant de Sonia. Elle pensait que le disciple
sapait sa position auprès de son mari, en condamnant le fait
de gagner de l'argent. Sonia relate dans son journal comment
Lev avait parlé à Tchertkov de la malignité de la richesse et
de l'argent devant elle, comme s'il avait voulu lui reprocher
ses éditions. Sonia relate dans son journal à la date du
9 mars :

> [J'ai] gardé le silence pendant un temps, mais ensuite je
> perdis patience et je déclarai : « Je vends douze
> volumes pour huit roubles mais tu en as vendu un seul
> de *Guerre et Paix* pour dix roubles. » Il était en colère
> mais il garda le silence. Ses soi-disant amis, les nou-
> veaux chrétiens, essaient à toutes forces de détourner
> L. N. de moi mais il n'y parviennent pas toujours. J'ai
> relu la lettre que Tchertkov lui a adressée où il lui parle
> du bonheur qu'il éprouve à avoir un échange spirituel
> avec sa femme et où il regrette que L. N., qui le
> mériterait, soit privé d'un tel échange — faisant allu-
> sion à moi. Je l'ai lue en entier et cela m'a rendue
> malade.

Sonia était en colère et pas seulement contre Tchertkov. Il
semble que sa colère ait été également dirigée contre lev et
permettait à Tchertkov d'exercer son influence ; Sonia écrivit

probablement cette page dans l'espoir que Lev la lût. Elle continue :

> Ce personnage, homme sournois et malhonnête, mène L. N. où il désire par le moyen de la flatterie et veut (voilà qui est vraiment *chrétien*) rompre les liens qui pendant presque vingt-cinq années nous ont unis si étroitement de toutes les manières possibles... cette relation doit cesser. Elle est mensongère et néfaste et nous devons la fuir.

Tchertkov n'hésitait pas à jouer le rôle de la conscience de lev et à s'insérer en tiers dans le couple Tolstoï. Il comparait les idéaux de Lev aux préoccupations mondaines de la famille Tolstoï, flattait Lev et le piquait en parlant du dommage que le mode de vie « luxueux » de Sonia causait à sa réputation. Bien que le disciple fût beaucoup plus jeune que lui, Lev semblait le considérer presque comme une figure parternelle. Le père de Lev avait également été officier. Lev était d'autant plus sensible à ses critiques qu'il prisait son approbation. De plus, une grande partie de l'influence de Tchertkov était due au fait qu'il était la seule personne proche de lui qui souscrivît entièrement à tous les credos tolstoïens.

Le retour à Iasnaïa les débarrassa momentanément de Tchertkov. Sonia avait l'intention de passer l'été 1887 à copier et à mettre en ordre les manuscrits de Lev, mais elle écrit dans son journal à la date du 18 juin :

> Voilà plus d'un mois que je suis ici et Lev Nicolaïevitch m'a occupée entièrement à copier son article *Sur la vie et la mort* sur lequel il travaille intensément depuis si longtemps. Dès que je l'ai entièrement recopié, il gribouille à nouveau dessus et il faut recommencer à zéro. Quelle patience et quelle attention aux détails !

Lev intitula finalement son article *Sur la vie*. Ainsi que Sonia le note :

> Il a rejeté les mots *sur la mort*. Quand il a eu fini l'article, il a décidé qu'*il n'y a pas de mort*.

Sonia admirait sincèrement *Sur la vie* et le traduisit même pour un journal français. L'idéal de l'atruisme était de ceux qu'elle approuvait. Son journal était plus gai qu'il ne l'avait été l'année précédente :

Levochka, privé de l'entourage de ses apôtres, Tchertkov, Feinerman [Isaac Feinerman, un jeune disciple qui pratiquait la pauvreté tolstoïenne jusqu'à manquer de mourir de faim] et les autres, se met à retrouver la douceur et la gaieté d'un père et d'un époux... Quand il est arrivé de Moscou le onze mai, j'ai exigé qu'il boive l'eau prescrite par zakharine et il a obéi. Je lui apportais le verre d'eau d'Ems chaude sans un mot et il le buvait en silence. Quand il était de mauvaise humeur, il disait : « Il suffit qu'on te dise qu'il faut que tu avales quelque chose pour que tu le croies. Je le fais parce que ça ne peut pas me faire beaucoup de mal. » Mais il en a bu trois fois par semaine... Hier soir, l'acteur Andréev-Burlak [un acteur russe qui récitait des contes paysans] est arrivé pour un séjour afin que Lev Nicolaïevitch et lui fassent connaissance... Lev Nicolaïevitch, Lev et moi-même avons veillé jusqu'à deux heures du matin [en écoutant les contes d'Andréev-Burlak]. Les contes étaient merveilleux et Levochka a tant ri que Lev et moi-même commencions à nous faire du souci pour lui.

A mesure que l'été avance, le journal de Sonia témoigne d'une satisfaction croissante :

Le soir Sériocha était en train de jouer une valse et Levochka est venu à moi et a dit : « Si nous faisions quelques pas de valse ? » Et nous avons dansé pour le plus grand plaisir de tous les jeunes... Il [Lev] a eu de longues conversations avec Strakhov sur la science, la musique, l'art ; aujourd'hui ils ont parlé de la photographie parce que j'ai acheté un appareil photographique pour travailler la photographie et faire des portraits de toute la famille... Sur ma table j'ai des roses et du réséda, bientôt nous allons faire un merveilleux dîner... Tout autour de moi les enfants sont si gentils — à

153

l'instant, Androucha était occupé à recouvrir ses chaises dans la nursery avec beaucoup d'applications et plus tard mon gentil Levochka viendra. Voici ma vie, de laquelle je m'enchante constamment et pour laquelle je remercie Dieu.

Jamais Sonia ne « s'enchanterait constamment » de sa vie, mais quand elle se plaignit cet été-là, ce ne fut que de certains des disciples moins avenants de Lev, surnommés « les figures sombres » par Sonia et sa sœur, terme que Lev lui-même employait parfois[6] ;

> Boutkévitch est venu. C'est un ancien révolutionnaire qui a fait de la prison, la première fois pour activités politiques et la seconde pour en avoir été soupçonné... J'ai eu pitié de lui et je l'ai invité à prendre le thé. Il est alors resté ici deux jours pendant lesquels il a été fort déplaisant... Quels personnages antipathiques, tous ces gens qui suivent les enseignements de Lev ! Pas une seule personne normale. Les femmes aussi, souvent les plus folles. Maria Alexandra Schmidt vient de partir. Par le passé, elle aurait été une nonne. Aujourd'hui, c'est une adoratrice enthousiaste des idées de Lev Nicolaïevitch. Elle était institutrice... et maintenant elle vit dans le village, uniquement occupée à copier les écrits interdits de Lev Nicolaïevitch. Chaque fois qu'elle rencontre ou qu'elle quitte Lev Nicolaïevitch, elle sanglote de manière hystérique[7].

Sonia finit tout de même par entretenir des rapports amicaux avec Maria Alexandra.

L'un des événements heureux de cet été fut l'arrivée d'un courrier en provenance d'Amérique qui suscita l'intérêt des deux Tolstoï. Sonia note dans son journal :

> Aujourd'hui, il [Lev] a reçu plusieurs lettres d'Amérique, un article de Kennan dans *Le Siècle* sur sa visite à Iasnaïa Poliana, ses conversations avec Lev Nicolaïevitch et un article sur les œuvres traduites de L. N., le tout très flatteur et sympathique[8].

154

Kennan admirait plus le caractère et la personnalité de Tolstoï que sa philosophie, qu'il jugeait sincère mais inconsistante. Au début de son article il fait une description de Lev et de l'atmosphère de Iasnaïa Poliana :

> On ne pourrait mieux décrire les traits du comte Tolstoï que par l'expression toscane : « modelés avec le poing et polis avec le pic », ils donnent une impression d'indépendance, de confiance en soi et de force indomptable. Le visage à première vue ne semble pas être celui d'un homme d'études ou d'un penseur, mais plutôt celui d'un homme d'action habitué à réagir avec promptitude et décision à des situations périlleuses... Les yeux plutôt petits, profondément enfoncés sous des sourcils broussailleux, sont de ce gris particulier qui s'anime par instants d'un éclat pareil à celui de l'acier.

Kennan déjeuna avec Sonia et la décrit comme « une femme imposante, aux yeux et aux cheveux noirs, qui a dû être extrêmement belle dans sa jeunesse ». Il relate « la conversation brillante et spontanée » au cours du déjeuner « à laquelle tous participaient sans la moindre apparence de formalité ni de retenue » et durant laquelle Kennan fut surpris de voir combien le redoutable Tolstoï pouvait se montrer enfantin.

Lev ne s'offensait pas de ce que Kennan ne souscrivît pas à sa philosophie. Dans les cas où sa famille et lui-même n'étaient pas concernés, Lev faisait parfois preuve d'une conciliation désarmante quant à la hauteur inacessible de ses idéaux. Dans une interview imprimée en Russie et citée par Kennan, Lev reconnaît qu'il lui est fréquemment reproché de ne pas vivre la vie qu'il prêche. Il répond ceci :

> Si je connais le chemin de la maison et que je le suis en titubant d'un côté à l'autre parce que je suis soûl, cela prouve-t-il que ce n'est pas le bon chemin ? Si ce n'est pas le bon, montrez-m'en un autre. Si je titube et si j'erre, venez-moi en aide et mettez-moi sur la bonne route[9].

L'article mit Lev en joie et Sonia écrit dans son journal qu'à la suite de cela et pendant un certain temps Lev s'exclamait fréquemment : « Comme la vie est bonne ! »

Ce n'est pas avant la fin de l'été que Sonia s'attaqua à la tâche de mettre en ordre et de copier les manuscrits de Lev. Elle avait l'intention de les mettre en lieu sûr, ainsi que ses journaux et ses lettres, au musée Rouminstev. Elle note :

> J'agis sagement mais je ne sais pourquoi ceci me rend triste. Est-ce parce que je vais mourir que je mets tout en ordre ?

Sa peur de la mort venait du fait qu'elle avait passé quarante ans et qu'elle était de nouveau enceinte. Elle décrit sa grossesse comme une torture à la fois physique et morale. Elle craignait la réaction de son mari, au moment où une nouvelle preuve de son manquement à la chasteté apparaîtrait aux yeux de tous. L'été avait été heureux, mais à l'approche de sa fin, Sonia note que la santé de Lev n'est pas bonne et que « la vie de famille devient compliquée ». Son intuition lui disait que si la rancune de Lev n'apparaissait pas en surface, elle n'avait pas disparu pour autant. Ce qui était bien le cas.

II

Lev pouvait se montrer imprévisible. Loin d'être attristé par la grossesse de Sonia, il écrit à Gay en février 1888 :

> Tout va bien pour nous — très bien en fait. Ma femme attend un enfant pour le mois prochain.

Ivan (appelé soit Vanechka soit Vania) naquit en mars 1888, treizième des enfants des Tolstoï dont neuf vivaient encore. Dès le début il était entouré d'une aura particulière. Ilya se rappelle :

> Ce petit garçon... était le préféré de toute la famille. Père l'aimait, parce qu'il était le plus jeune, avec toute la force du cœur d'un père et d'un vieillard. [Lev avait à peine soixante ans mais paraissait sans aucun doute très vieux aux vingt et un ans d'Ilya.]

L'amour particulier que ses parents portaient à Vanechka fut un lien entre eux. Lev, qui s'était peu intéressé à l'éducation de ses trois derniers enfants, s'intéressait à tout ce qui concernait Vanechka. Il disait considérer l'enfant comme son héritier spirituel. Sonia était ravie de la tendresse de Lev pour l'enfant et elle disait qu'elle l'aimait à cause de sa ressemblance avec son père[10].

Durant les sept années de sa courte existence, la santé de Vanechka fut une constante cause de soucis. En janvier 1889, la maladie frappa la famille entière mais Vanechka fut le plus malade. Lev nota :

> Dans la nuit Vania a été malade. Sonia a eu peur. Moi aussi... Vanechka est très malade... A la maison tout va bien à part la maladie.

Lev éprouvait beaucoup de sympathie pour sa femme. Il note qu'il dormait avec les enfants. Peut-être relevait-il Sonia d'une veille nocturne. Il semble qu'il ne la laissa pas seule à soigner les enfants et à craindre pour leur santé, car il termine la relation d'un autre jour par ces mots :

> Je doute d'avoir le temps d'écrire encore aujourd'hui. Je vais voir Sonia.

Alors que le reste de la famille était guéri et que Vanechka était encore gravement souffrant, un médecin vint l'examiner. Il découvrit des symptômes de tuberculose et prépara les parents au pire. Le 24 janvier, Lev écrit dans son journal :

> Je plains tellement Sonia. Autour de lui [Vanechka] une étrange sensation, ah ! de vénération, de terreur devant cette âme, l'embryon d'une âme propre dans ce petit corps malade. L'âme s'est à peine immergée dans la chair et le sang. Je pense qu'il va bientôt mourir. Pour moi, c'est récemment devenu étrange et très joyeux — je commence à sentir la possibilité de l'amour éternel.

Lev essayait de se préparer à une grande douleur. Il aurait voulu qu'il y eût du chloroforme pour l'âme, comme il y en avait pour le corps et il décida que, oui, ce chloroforme existait et que c'était l'amour.

Vanechka se remit et Lev fut désolé de voir Sonia reprendre la vie de tous les jours :

> 30 janvier... Sonia aime ses enfants avec passion et douleur parce qu'ils sont la seule réalité dans sa vie. De l'amour, de l'attention, du sacrifice pour son enfant, elle est capable d'aller directement au cinquantième anniversaire de Fet, le bal qui est non seulement vide mais mauvais.

Un mois plus tard il se plaint :

> Notre maison est le royaume de la dépravation et des femmes. Les femmes sont le moteur de tout... Essayez d'y toucher. Il n'y a pas de sujet sur lequel les gens s'emportent plus facilement. Mais appuyez-le [le rôle des femmes] et vous serez pardonné... Tout serait bien si seulement elles, les femmes, étaient à leur place, c.a.d. humbles.

Il qualifie ses relations avec Sonia de « terribles », mais quelques semaines plus tard, après s'être querellé avec elle à propos d'argent, Lev regretta sa colère et éprouva du remords :

> Elle souffrait et sa souffrance était pour moi comme un mal de dents.

Ils se réconcilièrent et Lev alla rendre visite au prince Ourousov à Spankoë, son domaine proche de Moscou, où Lev espérait écrire sérieusement. Rien ne sortit de ce travail. Il travailla sans succès au début de trois nouvelles, d'une pièce et de *la Sonate à Kreutzer*. Le 3 avril, il se leva tôt, résolu à écrire, mais ne parvint qu'à lire ce qu'il avait écrit jusque-là. Une lettre triste lui parvint de Sonia à qui il manquait, et il décida de rentrer à Moscou. Une fois chez lui il décrit son voyage de retour dans son journal en date du 8 avril :

> Je me suis levé tôt, j'ai fait mes valises, dit au revoir à Ourousov et je suis parti. A la gare et pendant le voyage, j'ai fait de la propagande pour la Société de tempérance. [Il y appartint un court moment.] Je quittai la

gare à pied et mis ensuite mes patins. Près de la maison je rencontrai un jeune homme, un séminariste de Riazan qui mendiait, qui s'accrocha à moi de toutes ses forces pour me parler de son impuissance à lutter contre la masturbation. J'avais hâte d'être à la maison et fus incapable de l'aider en aucune façon. Je lui parlai et lui donnai tout l'argent que j'avais.

Le premier matin de son retour, Lev consigna dans son journal qu'il voulait écrire *la Sonate à Kreutzer*. Comme pour se convaincre que c'était vrai, Lev travailla sur le livre un court moment avant le déjeuner et abandonna ensuite sa tentative. A cette époque il travaillait également à un essai sur l'art et il lut une partie de ce qu'il avait écrit à une de ses relations moscovites, Sergueï Ivanovitch Tanéev. Tanéev était un pianiste accompli et un compositeur mais Lev ne fut pas impressionné par ses commentaires et il écrivit dans son journal :

Je suis ennuyé par Tanéev. Je lui ai lu *Sur l'art*. C'est un homme absolument ignorant qui a maîtrisé un principe esthétique qui était nouveau il y a trente ans, et il imagine qu'il a découvert le fin mot de la sagesse humaine.

Finalement pendant l'été à Iasnaïa, Lev se mit à *la Sonate à Kreutzer*. Une fois qu'il eut vraiment commencé, il écrivit régulièrement et au début de l'automne il ne lui restait plus qu'à faire les révisions et les corrections. Encore une fois, Sonia lui servit de copiste et ce qu'elle lut ne contribua pas à l'harmonie domestique. L'histoire contée par l'étranger dans le train paraît aujourd'hui absurde et pour Sonia elle était insultante. Le narrateur raconte comment il s'est marié et a poussé sa femme à la dépravation. Ensuite, il se repent et s'efforce de mener une vie chaste et pure. Toutefois, sa femme est incapable d'abandonner ses habitudes corrompues et continue à le tenter. Une fois convaincu qu'elle a une liaison avec un musicien, il la tue. Lev ne prit pas plaisir à écrire ce court roman. « Je le fais pour l'humanité, souligne-t-il dans son journal, et c'est ce qui rend la chose difficile. » Le message laborieusement illustré était plus important que la réussite

159

artistique et ceci seyait mal à l'artiste qui était en Lev. En juillet, il note :

> Pensé : j'écris *la Sonate à Kreutzer* et *Sur l'art*, et tous deux sont négatifs et malveillants, mais je veux écrire de bonnes choses... Dormi toute la journée. Un peu travaillé sur *la Sonate à Kreutzer*. Terminé une première version. Je me rends compte que je dois tout changer et introduire l'amour et la compassion pour elle [la femme].

Il n'y a pas une autre œuvre de Lev dont l'exécution causa autant de tension. Il se disputait avec sa femme, son fils Lev et parfois avec toute la famille à la fois :

> Ils discutaient avec obstination et insolence, disant : « Il est impossible de te parler, tu te mets immédiatement en colère et ainsi de suite. » Cela me blessa beaucoup. Bien sûr, Sonia me sauta immédiatement dessus, mettant en pièces mon cœur épuisé. C'était très triste. Je suis resté éveillé jusqu'à une heure et j'ai mal dormi.

Lev fait des allusions continuelles à la mauvaise humeur de Sonia. Un incident qui aurait dû les amuser ne provoqua pas un sourire. Lev, alors qu'il descendait l'escalier un matin pour vider son pot de chambre, se trouva nez à nez avec un jeune avocat polonais qui était venu voir « le grand homme ». Lev relate, dans son journal, qu'il était en train d'expliquer que le grand homme n'était pas visible, quand survint la directrice d'un petit théâtre moscovite qui l'appela « Lev Nicolaïevitch ». Lev admet qu'il était très pénible d'avoir à tenir son pot de chambre tandis qu'il lui parlait et, sur ce, arriva Sonia « de mauvaise humeur[11] » !

L'humeur de Sonia n'était pas améliorée par la copie de *la Sonate à Kreutzer*. Elle désapprouvait vivement les parties du roman où Lev attribuait des alternances de passion et de froideur, tant au mari qu'à la femme. Elle pensait que le refroidissement du désir était un trait masculin et que les femmes n'étaient pas si changeantes. Une jeune épouse, écrit Sonia dans son journal, n'était pas totalement éveillée à la

160

passion, mais elle acceptait d'avoir des relations par amour pour son mari :

> Pas plus qu'une femme mûre ne ressent ces périodes d'amour et de froideur. Une femme qui est devenue dépravée ne fait que devenir plus sensuelle à mesure que les rapports sont plus fréquents — elle n'atteint jamais le point de satiété ; elle se calme seulement quand elle est délaissée pendant une longue période. Et quand elle devient irritable, ce n'est pas parce qu'elle est rassasiée mais parce qu'elle est insatisfaite et qu'elle a honte de sa passion perpétuelle [12].

Plus elle copiait, plus Sonia s'offensait de la conviction de Lev qu'il était moralement nécessaire de s'abstenir des relations sexuelles. Elle se demandait s'il n'y avait rien eu d'autre dans l'amour de son mari que la sensualité qu'il déplore dans ses journaux de jeunesse et qu'il s'efforçait aujourd'hui de rejeter. Si les relations physiques étaient telles que Lev le disait, appétit dénué de pureté, alors Sonia, elle non plus n'en voulait pas.

Ce roman n'était pas de ceux qui encourageant le bon sens ou assurent la tranquillité de l'esprit. Bien que Lev pensât écrire le livre dans un but moral et élevé, certains passages sont suggestifs. Après sa publication, certaines parties furent censurées aux Etats-Unis comme pornographiques. En Allemagne, l'éditeur le présenta comme un livre coquin, avec une femme nue sur la couverture. En écrivant le livre, Lev découvrit que le fait de traiter de la tentation physique accroissait ses propres désirs. En août il écrit dans son journal :

> La débauche n'est pas une malédiction mais un état... un état d'anxiété, de curiosité et de besoin de la nouveauté que procure l'accouplement pour le seul plaisir, non pas une fois mais de nombreuses fois. Comme un alcoolique, il est possible de s'abstenir mais un alcoolique est un alcoolique et un débauché est un débauché. Dès que son attention se relâche, il retombe. Je suis un débauché.

Quelque désagréable que Sonia trouvât sa tâche, elle continua à copier, corrigeant également l'orthographe et la syntaxe. Lev écrit dans son journal :

> Elle [*la Sonate à Kreutzer*] la choque et hier soir, elle a parlé des désillusions d'une jeune épouse, de la sensualité des maris si éloignée [de celle des femmes] au début, et du manque de sympathie du mari pour les enfants. Elle est injuste mais elle veut se justifier.

Lev peut-il avoir voulu dire qu'elle essayait de justifier sa propre sexualité qu'il trouvait si irrésistible ?

Au milieu de l'été 1889, *la Sonate à Kreutzer* était prête pour la première lecture familiale. Lev note qu'ils la trouvèrent « inspirante » mais que lui-même était agité et gêné tandis qu'il la faisait. Tania fit certaines critiques qui impressionnèrent son père — principalement que le personnage de la femme ne pouvait être pris en pitié et qu'elle n'était pas du genre à se repentir ou à demander pardon. Et pourtant, ajouta Tania, sa faute était bien légère comparée à son châtiment. Lev nota les remarques de sa fille dans son journal sans commentaires [13].

En plus des tensions causées par *la Sonate à Kreutzer*, la vieille querelle touchant aux profits faits par Sonia était toujours d'actualité. Bien que Lev eût donné à sa femme le droit de publier ses œuvres écrites avant sa conversion, il supportait mal que l'argent tiré de la vente de ses œuvres servît à l'agrément de sa famille. Il écrit dans un carnet que Sonia craignait d'écouter ses arguments, car le fait de s'y rendre eût détruit sa vie ; elle ne pouvait pas abandonner les profits de la vente si elle voulait continuer à vivre comme elle le désirait. Sonia après avoir lu cette remarque, barra « sa vie » qu'elle remplaça par « la vie de ses enfants ». Lev, à son tour, barra le commentaire de Sonia mais il est néanmoins possible qu'il en ait été touché car il note peu après :

> A Sonia sa mission. A l'armée sa mission. Quiconque n'est pas contre nous est avec nous. Chacun fait son propre travail [14].

Lev était soulagé d'avoir terminé *la Sonate à Kreutzer* et il la mit de côté. Le fait que le livre fût censuré ne le dérangea pas. Comme pour ses essais religieux, il fut copié à la main et distribué sous le manteau. Il fit sensation. Tolstoï recommendait-il vraiment la chasteté totale ? Sa cousine, « Grand-mère », lui demanda s'il désirait la fin de la race humaine. Beaucoup de ses admirateurs furent troublés par le livre et il reçut de nombreuses lettres le suppliant de clarifier ses propos. Il écrivit dans son journal qu'il devrait écrire une postface, mais qu'il ne le pouvait pas. Sonia et lui essayaient de chasser *La Sonate à Kreutzer* de leurs pensées. A la fin de février 1890, Lev alla faire une troisième visite au monastère d'Optina mais Sonia lui manqua tant qu'il rentra chez lui à toute vitesse, fouettant les chevaux pour arriver plus vite. « Sonia m'a accueilli avec joie et bonheur », note-t-il. Bientôt, il avoue dans son journal qu'il s'est montré de méchante humeur et grossier envers Sonia, mais la plupart des allusions la concernant étaient maintenant pleines de chaleur et d'affection :

> Pris le café avec Sonia et presque pour la première fois depuis des années, nous avons eu une conversation à cœur ouvert. Elle a parlé de la prière avec sincérité et sagesse, disant principalement que pour elle la prière devait se faire dans l'action et non en répétant seulement Seigneur, Seigneur — ceci m'a rendu très heureux... Sonia est bonne.

Ilia s'était montré grossier avec sa mère et Lev note :

> Sonia s'est contrôlée magnifiquement. Elle n'a pas agi comme il le fallait, mais elle l'a fait avec amour et elle a essayé d'en tirer le meilleur parti. Et comme ceci m'a été précieux.

L'écriture de *la Sonate à Kreutzer* permit à Lev de se débarrasser en grande partie du ressentiment qu'il éprouvait à l'égard de sa femme, mais la façon dont le livre présente le mariage blessa profondément Sonia. Elle savait que les lecteurs verraient son propre portrait dans celui de la femme.

Elle ouvrit son journal pour la première fois en 1890 afin d'y coller une fleur des champs sur la page où elle écrivit :

Levochka m'a apporté cette fleur en octobre 1890 à Iasnaïa Poliana.

Le même mois Lev écrivit dans son journal :

Une seule chose me rend heureux et c'est l'amour très profond que je partage avec Sonia. Ce n'est que maintenant que je comprends son caractère.

III

La Sonate à Kreutzer alimentait toutes les conversations des salons moscovites et pétersbourgeois mais, à Iasnaïa Poliana, Lev et Sonia étaient tout à leur intimité. En dépit de leurs différences philosophiques, ils se ressemblaient de plus en plus à mesure qu'ils vieillissaient. Tous deux étaient devenus très hospitaliers, bien que de temps à autre ils se plaignissent de l'intrusion des invités. Tous deux étaient devenus un peu collet monté. Ils ne cachèrent pas leur surprise quand Macha apparut, dans une des pièces jouées par la famille, vêtue d'un pantalon de garçon que Sonia décrit comme « vraiment trop serré sur son derrière et elle n'avait pas la moindre honte ». Mais Lev et Sonia adoraient ces pièces ; c'était une tradition pour les fêtes et les deux Tolstoï croyaient aux traditions — un arbre pour les plus jeunes des enfants, des gâteaux, des bonbons et des toasts portés au nouvel an. Ils croyaient aussi à l'importance d'être ensemble. En hiver, ils allaient ensemble au village chercher le courrier en traîneau. (Sonia se plaignait quand Lev y allait seul à cheval.) Quand Lev fumait, Sonia lui faisait ses cigarettes, et quand sa barbe avait besoin d'un coup de ciseaux, elle jouait souvent les barbiers. Lev taillait sa barbe une fois par mois à la pleine lune, habitude qu'il avait prise aux musulmans. Le soir, les Tolstoï jouaient du piano à quatre mains ou Lev faisait des réussites tandis que Sonia cousait. Quand elle tricotait, il s'amusait à démêler son écheveau ou il lui faisait la lecture ainsi qu'aux enfants. Sonia le décrit faisant le cheval pour Sacha et Vanechka, les traînant dans un panier à travers la maison. Elle se plaignait cependant qu'il ne passât pas assez de temps avec les plus petits des enfants.

En 1890 les Tolstoï avaient neuf enfants dont six vivaient à la maison. Tous les enfants avaient des personnalités marquées et différentes. Sergueï, qui avait alors vingt-sept ans, n'avait pas encore choisi sa carrière ; il se disputait surtout avec son père et à cette époque, et il essayait de venir moralement en aide à sa mère. Ilya avait trois ans de moins, c'était le plus sensible des garçons et le plus proche de Lev. Un jour, encore adolescent, comme il entrait en courant dans sa chambre, se dirigeant vers le paravent derrière lequel il s'habillait, il vit son père assis à son bureau.

« Ilya, c'est toi ? demanda Lev.

— Oui.

— Es-tu seul ? Ferme la porte. Maintenant personne ne peut nous entendre et nous ne pouvons pas nous voir, ainsi nous n'aurons pas honte. Dis-moi, as-tu jamais eu une liaison avec une femme ? » Après avoir répondu non, Ilya entendit son père éclater en sanglots de soulagement, sanglots qui l'émurent tant qu'il pleura lui-même. En 1898, Ilya épousa une jeune fille qu'il connaissait depuis quatre ans, Sonia Filosov, et s'installa avec elle au rez-de-chaussée à Iasnaïa. Lev était heureux avec le jeune couple et après qu'ils se furent installés dans leur propre maison il écrivit à Ilya :

> Il y a beaucoup d'amour en toi et en Sonia, par-dessus tout, de la pureté et de l'amour ; préserve-les de toutes tes forces.

Il y avait au contraire peu de sympathie entre Lev et son troisième fils, Lev. Quand il entra à l'Université, il provoqua la colère de son père, en demandant qu'on lui envoie le serviteur de ce dernier. Le jeune Lev essayait de devenir écrivain mais son père n'encourageait pas beaucoup ses efforts. Cette relation faisait pendant à celle que Sonia entretenait avec Macha. En 1890, Macha avait dix-neuf ans, c'était une jeune femme sérieuse qui s'adonnait aux régimes et à l'homéopathie. Sa mère et elle avaient toujours eu quelque mal à se supporter et Macha n'arrangea pas les choses en devenant une des disciples

les plus ferventes de son père. Aux environs de sa dix-huitième année, Macha était tombée amoureuse de Birioukov, un disciple de Tolstoï proche de la famille, surnommé Pocha. Les deux Tolstoï désapprouvaient vivement cette idylle. En juillet 1889 Lev confie à son journal :

> Pourquoi doivent-ils se marier ? Je ressens tout ceci profondément et je plains Macha.

Quand Macha était absente, Lev et Sonia lisaient son journal sans vergogne et s'apitoyaient devant les preuves de la persistance de son engouement.

La radieuse Tania était la médiatrice de la famille, sur qui Lev et Sonia, et parfois ses frères et sœurs, se reposaient affectivement. Tania était capable de concilier son admiration pour les idées de son père avec un affectueux respect pour sa mère. Elle était née durant l'automne 1864, alors que l'amour de ses parents était particulièrement radieux. Un peu de la lumière de cet amour passa dans Tania et y resta toute sa vie. En 1890, ni Lev ni Sonia ne s'inquiétaient outre mesure de ce que leur fille, à vingt-six ans, ne songeât pas à se marier. Un an plus tard, ils furent heureux d'entendre de la bouche de Mikhaïl Stakovitch, un jeune admirateur de Lev, qu'il était amoureux de Tania. Si Stakovitch fit sa demande en mariage, elle fut repoussée, et l'idylle tourna court. Même à vingt-sept ans, Tania n'était pas prête à quitter son père pour un homme de moindre envergure.

Lev s'intéressait peu aux cadets, Androucha et Micha, et ils furent élevés par Sonia. Androucha et Micha faisaient la paire et quand Sacha fut devenue une petite fille calme et sensible, ils s'unirent pour la tourmenter. Jusqu'à l'âge de quatre ans, Sacha fut une enfant docile mais la naissance de Vanechka vint troubler son équilibre. Lev et Sonia étaient étonnamment insensibles à ses besoins. Non seulement le nouveau-né était adoré, mais sa santé fragile exigeait une attention constante. Naturellement, Sacha était jalouse et sa jalousie s'exprimait en de fréquents accès de colère dont la gouvernante et les domestiques faisaient les frais. Plus tard, Sacha prétendit qu'en mourant sa mère lui demanda pardon de ne pas l'avoir aimée. La chose est peu crédible. Sonia aimait tous ses enfants

166

ardemment et, parfois, les critiquait férocement. Avant sa mort, elle leur laissa une lettre leur demandant pardon, ainsi que le veut la coutume russe. Elle demanda pardon à Sacha pour ne lui avoir pas donné *assez* d'amour *involontairement*. Jusqu'à ce que Sacha approche de sa vingtième année, les rapports que Sonia avait avec elle n'étaient pas différents de ceux qu'elle eut avec ses autres jeunes enfants — elle allait se promener avec elle, cueillir des champignons, lui faisait la lecture, la félicitait quand elle avait de bonnes notes et la faisait jouer sur son lit le matin.

A l'âge de trois ans, Vanechka montrait déjà des signes de sensibilité précoce. Surprenant ses parents en train de pleurer, il demanda : « Qu'est-ce qu'il y a ? » avec une inquiétude pleine de tristesse et soupira de soulagement quand Sonia lui eut expliqué que Maman avait fait de la peine à Papa et qu'ils se réconciliaient. Un jour, Vanechka prévint solennellement Lev : « Papa, ne fais jamais de mal à ma Maman. » Alors qu'elle lui avait donné un coup de ciseaux par mégarde, en lui coupant les cheveux, Sonia suggéra à Vanechka de la punir en frappant la main qui s'était montrée maladroite, mais il saisit la main et la couvrit de baisers.

Vanechka était tendre sans être faible. Quand Lev le gronda pour avoir frappé le fils de la cuisinière, Vanechka déclara qu'il ne voulait plus rien avoir à faire avec son père et que Lev ne devait pas entrer dans sa chambre. Agissant comme si lui-même avait trois ans, Lev pénétra immédiatement dans la pièce interdite, mais plus tard il en éprouva de la honte et écrivit dans son journal :

> Fiers et gâtés comme nous le sommes, il nous est difficile de pardonner une offense... même venant de Vanechka, mon fils, si gentil, qui n'a que trois ans.

Vanechka se liait d'amitié avec tous les gens qu'il rencontrait, même les pensionnaires d'un asile d'aliénés. L'asile jouxtait le jardin de la maison à Moscou et l'un des malades, un homme qui avait perdu la raison après la mort de son jeune fils, se prit de grande affection pour Vanechka et passait de longs moments à bavarder avec lui derrière la palissade. Tania Tolstoï écrit dans ses mémoires :

Après sa libération il [le malade] écrivit à ma mère une lettre extrêmement touchante. Il lui disait qu'il avait appris de Vania que l'amour et l'affection existaient encore dans le monde et il la remerciait d'y avoir mis un être si merveilleux.

Le grand amour qu'elle partageait avec Lev pour Vanechka aidait Sonia à refouler, pour le moment, la rage provoquée par *la Sonate à Kreutzer*, bien que la blessure qu'elle en avait reçue restât ouverte. En 1890 et 1891, Sonia entreprit la tâche énorme de recopier tous les journaux de Lev. Elle écrit dans son journal en décembre 1890 :

> Je copie ses journaux avec l'avidité d'un ivrogne et mon ivresse est la jalousie que je ressens chaque fois qu'il décrit une femme.

Sa jalousie ravivait la blessure causée par *la Sonate à Kreutzer* et un mois plus tard, elle établit une comparaison lugubre entre les journaux de Lev et son roman :

> Il semble qu'il y ait un fil qui relie les vieux journaux de Lev et *la Sonate à Kreutzer*. Et je suis une mouche tombée dans la toile de l'araignée qui me suce le sang.

Sonia refusait de considérer *la Sonate à Kreutzer* comme une œuvre artistique et elle continuait à se plaindre que Lev ne créât plus. Lev lui-même commençait à ressentir la même chose. Ce même mois de janvier il note :

> Comme je serais heureux, si demain je pouvais écrire que j'ai commencé une grande œuvre artistique.

Il ajoute : « Avec Sonia, amour. Comme c'est bon. » Sonia décrit dans son journal cette vision de son mari :

> ... revenant de promenade, l'air heureux et gai ; c'est toujours une telle joie de le voir où que ce soit, spécialement de manière inattendue.

Le mois suivant, leurs relations se dégradèrent brutalement. Lev relut certains des premiers journaux que copiait Sonia et il fut rempli de dégoût de lui-même. Sonia consigna dans son journal en date du 12 février 1891 que Lev l'accusait de préserver ce que son passé avait eu de mauvais, ce qui ne pouvait que le blesser. Elle ajoute :

> Je lui répondis que si cela le blessait je ne l'en plaignais pas, que s'il le désirait il pouvait brûler ses journaux, qu'il les brûle, je n'accordais pas de valeur à mon travail, mais puisqu'il parlait du mal qu'on peut faire aux autres, lui-même, avec son dernier livre, m'avait fait un tel mal aux yeux du monde entier qu'il nous serait difficile d'être à égalité.

Enfin, Sonia découvrait à Lev toute la peine qu'il lui avait causée en écrivant *la Sonate à Kreutzer*. Elle lui rappela que les gens, depuis le tsar jusqu'au frère de Lev, Serguéï, l'avaient plainte parce qu'ils avaient vu dans le livre une attaque directe contre elle. Ils se séparèrent en colère mais selon Lev, la colère ne dura pas plus d'une heure. Ils se réconcilièrent affectueusement. Lev note : « Nous avons péché. » Tous deux attribuaient leurs tensions à l'incapacité où ils étaient de s'abstenir de rapports physiques.

L'effort d'abstinence que faisaient les Tolstoï était ridicule, mais tous deux étaient profondément sérieux. L'idéal de pureté de Lev était aussi ancien chez lui que l'idéal de vérité. S'il avait été si heureux dans les premiers temps de son mariage, c'est parce que Sonia avait réconcilié son idéal de pureté avec les relations sexuelles. Dans la première année de son mariage, Lev avait écrit de sa femme qu'elle était « si impossiblement pure et bonne et entière à côté de moi ». Tout cela avait maintenant disparu.

Pendant la plus grande partie de sa vie, l'esprit et le corps de Sonia demeurèrent en accord et il est fort improbable qu'elle ait d'elle-même éprouvé des sentiments de culpabilité. Mais maintenant, Sonia se sentait à la fois prisonnière des journaux de la jeunesse de Lev, si pleins de honte pour sa vie dissolue, et de son attitude actuelle devant l'amour physique et, en contradiction avec sa nature, elle éprouvait par moments de la répulsion pour l'acte sexuel. Certains passages de son journal montrent combien son attitude devenait semblable à celle de Lev :

Je suis terriblement mécontente de moi. Ce matin, Levochka m'a réveillée avec des baisers passionnés. [Sonia trace ici une série de points.]... Toute cette ivresse impardonnable à laquelle je m'adonne, et à mon âge ! Je me sens pécheresse, malheureuse et je ne peux rien y faire, quoi que j'essaye... Quel homme étrange que mon mari ! Après que nous eûmes eu cette scène atroce, le lendemain matin, il me parla avec passion de l'amour qu'il avait pour moi et dit que j'avais pris si fortement possession de lui qu'il n'aurait jamais cru qu'un tel attachement fût possible. Mais il est entièrement *physique* et ceci est le secret de notre discorde. Sa passion prend possession de moi, mais de tout mon être moral je ne le veux pas et je ne l'ai jamais voulu... A l'instant, Tania est venue me voir pour me dire de la part de Levochka qu'il est au lit et qu'il a soufflé la bougie. Ses lèvres innocentes ont transmis un message qui est loin d'être innocent [15]. ... Tout le monde est allé au lit et j'y vais à mon tour. Garde-moi, Dieu, cette nuit des rêves coupables qui m'ont réveillée ce matin... Le bonheur ne dure que lorsque l'âme et la volonté ont dominé le corps et la passion... Je veux ne penser que de bonnes choses. Mais mes rêves sont coupables et je n'ai pas beaucoup de paix, particulièrement à certains moments.

Sonia avait quarante-six ans et la honte qu'elle avait d'éprouver du désir était aggravée par la peur de tomber enceinte. Elle commença à constater qu'il y avait une coïncidence entre les moments où Lev était doux et tendre et ceux où il s'abandonnait à ses désirs physiques :

Levochka est très aimant et ne cesse de penser à moi et à tout ce que j'ai à faire. Si seulement nos relations pouvaient être ainsi sans *cela* [16].

Elle écrivit que si les lecteurs de Lev savaient la vie érotique qu'il menait tout en prêchant la chasteté, ils le feraient tomber de son piédestal :

170

Mais je l'aime ainsi, normal dans ses habitudes, faible et doux. Il n'est pas nécessaire d'être une bête, mais il n'est pas plus nécessaire de se forcer à soutenir des principes qui sont au-delà de nos forces.

Lev lui-même était parfois saisi par le même bon sens. Un an plus tôt, il avait écrit dans un carnet que, bien que l'homme marié idéal dût être chaste, « je ne suis pas capable d'être chaste... Quoi qu'il en soit, l'idéal reste ». Si « l'idéal » des Tolstoï avait été plus important pour eux que leur attirance mutuelle, ils auraient certainement pu dormir dans des lits séparés. Cependant, ils continuaient à partager le même lit étroit, à se soumettre chaque nuit à la tentation et à consigner leur honte et leurs défaillances. Il est difficile de croire qu'en dépit de leurs acrobaties intellectuelles, leurs relations intimes ne les rapprochaient pas l'un de l'autre.

IV

S'ils avaient pu effacer *la Sonate à Kreutzer* de leur mémoire, Lev et Sonia auraient peut-être pu trouver la paix dans leur mariage avant le soixante-dixième anniversaire de Lev. En 1891, Lev fit part à Sonia de son désir d'entreprendre une œuvre artistique ; de nouveau il discutait avec elle de ses projets littéraires. En janvier, il note dans son journal que grâce à la profondeur accrue de ses vues, il serait capable de surpasser ses deux chefs-d'œuvre qu'il qualifiait maintenant de « créations accidentelles ». Il écrit :

> Maintenant que je sais *quoi est quoi*, je pourrais rassembler le tout et bâtir sur ce que j'ai déjà construit.

Mais Lev ne fut pas capable de réaliser son désir d'écrire de la fiction à un rythme soutenu. Il avait des notes pour un roman fondé sur un cas juridique que le juriste Koni lui avait raconté, et pour une nouvelle, *le Père Serge*, mais il écrivait presque uniquement des essais, de longs essais sur le pacifisme et la non-résistance au mal qui formeraient *le Royaume de Dieu*. Cependant, ce que lui avait dit Sonia du mal que lui avait fait *la Sonate à Kreutzer*, avait impressionné Lev et il commença bientôt ce qu'il pensait être un roman important, *l'Histoire d'une mère*. Ecrit sous forme d'un journal tenu par l'héroïne, la mère, ce livre aurait pu être la tentative faite par Lev pour contrebalancer *la Sonate à Kreutzer* par un portrait véritable de sa femme. Il ne parvint jamais à avancer très loin dans *l'Histoire d'une mère*, mais pendant cinq ans il y retourna de temps à autre.

Et, malheureusement, *la Sonate à Kreutzer* ne tomba pas dans l'oubli. Cette fois-ci, c'est Stakovitch qui la rappela aux esprits. Il écrivit à Lev pour lui suggérer que Sonia vît le tsar et lui demandât de lever la censure sur le livre, afin qu'elle pût le publier dans la treizième édition des œuvres de Lev qui devait bientôt paraître. Lev n'y vit pas d'objection mais Sonia refusa :

> Si j'étais capable de quitter la maison et les enfants avec l'esprit tranquille, si j'aimais *la Sonate à Kreutzer*, si je croyais en l'avenir du travail artistique de Lev, j'irais.

Après avoir fait un rêve où elle se voyait en compagnie de l'empereur et de l'impératrice, Sonia admit que l'idée flattait sa vanité mais elle déclara néanmoins qu'elle n'irait pas à Saint-Pétersbourg. Dans le même temps, Lev songeait à envoyer aux journaux une lettre annonçant qu'il renonçait à tous les droits sur ses œuvres déjà publiées. En d'autres termes, il reprenait à Sonia les droits exclusifs sur ses œuvres écrites avant 1881, et elle se verrait forcée d'entrer en compétition avec quiconque déciderait de publier les écrits de Tolstoï. Une telle situation amputerait ses revenus mais c'était justement eux qui tourmentaient Lev. Le 9 mars, il note dans son journal qu'il a abordé le sujet avec Sonia.

> Ce matin, avec difficulté et agitation, j'ai dit à Sonia que j'annonçais que tout le monde avait le droit de publier tous mes écrits. J'ai vu qu'elle était attristée. Alors... toute rouge et irritée elle est venue me dire qu'elle continuerait à publier...

Sonia dit même qu'elle ajouterait une note à son édition, suppliant tous les intéressés de ne pas faire usage de la liberté que Tolstoï leur accordait, car il renonçait ainsi à l'argent dont ses enfants avaient besoin. Ceci rendit Lev furieux. Il lui dit avec émotion que si elle l'aimait vraiment, elle renoncerait elle-même aux droits d'auteur qu'il lui avait cédés. Sonia écrivit dans son journal :

> Il est parti et je me suis mise à le plaindre ; mes inté-
> rêts pécuniaires paraissaient tellement insignifiants
> en comparaison de cette souffrance qui tendait nos
> rapports. Après le dîner, je lui dis que je n'imprime-
> rais rien et que sa peine me faisait souffrir plus que
> tout.

Ils tombèrent dans les bras l'un de l'autre et Lev écrivit dans son journal :

> Après le dîner, elle est venue me voir et m'a embrassé,
> disant qu'elle ne ferait rien contre ma volonté et elle
> s'est mise à pleurer de joie. C'était très, très gai.

Finalement Sonia se rendit à la suggestion de Stakovitch et demanda à « Grand-mère » de lui obtenir une entrevue avec le tsar. Lev ne voyait toujours pas la nécessité d'élever une objection. Sonia ne cachait pas que l'éventualité de rencontrer l'empereur la rendait nerveuse. C'est peut-être pour cela qu'elle se mit en colère contre Androuchka et lui frappa la main au cours d'une leçon de piano, et qu'elle refusa à Ilya de lui prêter trente-cinq mille roubles, allant jusqu'à lui dire d'aller au diable et lui claquer la porte au nez. Ou bien son irritation provenait simplement du fait qu'elle allait devoir, une fois de plus, penser à *la Sonate à Kreutzer*. Cependant, ses relations avec son mari étaient chaleureuses. Leurs journaux respectifs font état de conversations amicales et Sonia rapporte brièvement une blague qui les enchanta : « Voilà une chose idiote à laquelle j'ai pensé, lui dit Lev. *Quand est-ce qu'on se porte bien ? Quand on a une bonne sans thé**. » Sonia ajouta : *bonne santé** pour rendre le jeu de mots tout à fait clair.

---

* En français dans le texte.

Le printemps était déjà dans l'air et Sonia venait de balayer la neige du balcon quand elle apprit que le tsar lui accordait une audience. Le 1er avril, Sonia partit pour Saint-Pétersbourg. Lev écrivit dans son journal que le voyage de Sonia l'attristait. Elle fut bientôt de retour. Le tsar s'était montré courtois et disert, et lui avait accordé sa requête. Sonia relata les détails de son entrevue à Lev ; il était embarrassé et un point le contraria particulièrement. Un de ses récits, interdit en Russie parce qu'il était défavorable à Nicolas Ier, avait été imprimé en Angleterre. Sonia était contente d'avoir expliqué au tsar que Lev n'avait rien à voir dans l'affaire. Aux yeux de Lev, Sonia semblait l'avoir aidé à se dérober aux conséquences de son acte. Mais il ne lui en voulut pas longtemps car il était trop content de l'avoir de nouveau à la maison même après une si courte absence — d'autant plus, confia-t-il à son journal, qu'il éprouvait « un sentiment coupable à son égard ». En avril il écrivit à Tchertkov :

> Il [l'empereur] a promis d'autoriser *la Sonate à Kreutzer*, ce qui ne me plaît pas du tout. Tout souvenir de cette œuvre m'est devenu terriblement détestable. Il y avait quelque chose de mauvais dans les motifs qui m'ont conduit à l'écrire, elle a provoqué tant de colère. Même moi je la considère comme mauvaise.

En mai, la censure qui frappait *la Sonate à Kreutzer* fut levée et Sonia écrivit dans son journal qu'elle ne pouvait pas s'empêcher de triompher intérieurement de ce que :

> Moi, une femme, j'ai traité avec le tsar et obtenu ce que personne d'autre n'avait été capable d'obtenir.

Sonia était contente que la part qu'elle avait eue dans l'affaire fût connue du public. Si l'épouse de *la Sonate à Kreutzer* avait été réellement inspirée de Sonia et si le livre avait été un portrait de son mariage, elle n'aurait certainement pas fait l'effort d'obtenir la publication de ce livre. Elle sauvait donc la face, mais le malheureux livre n'en continuait pas moins d'empoisonner le mariage Tolstoï. La correction des épreuves la troublait, elle ravivait sa blessure et augmentait sa tension durant les périodes de « satiété » de Lev, hantée qu'elle était par les passages du livre qui décrivaient l'alternance de la passion avec la froideur et le dégoût.

Le fait de travailler sur *la Sonate à Kreutzer* aggravait la tension de Sonia et des disputes stupides éclataient. En juin 1891, toute la famille étant présente, Lev remarqua qu'il y avait des choses qu'il était tout simplement impossible de faire. Sonia répliqua d'un ton léger qu'on pourrait faire presque n'importe quoi pour sauver une vie. « Eh bien alors, demanda Lev, pourrais-tu tuer un enfant ? » La discussion théorique prit des proportions ridicules :

> Il se mit à me contredire d'une voix que la colère rendait effrayante, à crier d'une voix enrouée : aïe ! aïe ! aïe ! et à me sermonner sur ce ton. Je lui dis un tas de choses désagréables — qu'il était impossible de parler avec lui, que tout le monde avait décidé depuis longtemps que lui seul aimait à faire des sermons, que je ne pouvais pas plus couvrir le bruit de ses exclamations vindicatives que je ne pouvais parler à un chien qui aboie.

Sergueï Tolstoï a barré les quelque quarante mots qui suivent. Sonia déversait probablement la douleur et la frustration que lui causaient ses relations avec Lev. *La Sonate à Kreutzer* la tourmentait alors plutôt plus qu'auparavant. Et ce n'était pas son seul tracas ; le même jour elle note dans son journal :

> J'ai été à Tula et j'ai beaucoup parlé au notaire du partage des biens qui m'est odieux.

Lev avait décidé de vivre plus conformément à son idéal de pauvreté et de donner ses biens à sa famille. C'était suivre plus la lettre que l'esprit de la loi, car il continuait de vivre chez lui. A cause de son dégoût des règlements, il avait chargé Sonia de faire les arrangements nécessaires, lui occasionnant ainsi de nouveaux tourments. Outre les négociations fatigantes, elle considérait la décision de Lev comme une façon de se séparer d'elle et de leurs enfants. En juin elle écrivit dans son journal :

Parfois je désire tant communiquer avec Levochka, avoir une conversation avec lui. Mais c'est impossible maintenant... Je serais si contente de le voir tendre, compatissant et amical mais, quand il n'est pas brutalement sensuel, il est indifférent.

Le partage des biens mit un an à se faire. Vanechka et elle reçurent Iasnaïa Poliana, d'abord selon la tradition qui voulait que le fils cadet eût la maison de famille, mais aussi :

Iasnaïa m'a été donnée ainsi qu'à Vanechka parce qu'il lui serait impossible d'en chasser son père et où je suis, Lev Nicolaïevitch et Vanechka doivent être.

Lev aggrava l'atmosphère déjà très lourde de la maison en exprimant de nouveau son souhait de renoncer aux droits des volumes XII et XIII de la nouvelle édition de Sonia, attendu qu'ils contenaient des œuvres écrites après 1881. Sonia écrit dans son journal, en date du 16 juillet, combien l'idée lui était odieuse de voir ses enfants perdre ce revenu mais elle ajoute :

Néanmoins, je commençai à souffrir de la peine que je faisais à Levochka et hier, je lui dis que je le laisserais faire ou imprimer ce qu'il voulait et que je ne lui ferais ni remontrances ni reproches. Jusqu'à maintenant il n'en a pas parlé ni fait quoi que ce soit.

Cinq jours plus tard, Lev annonça à Sonia qu'il avait écrit sa lettre destinée aux journaux et, en dépit de ses résolutions, Sonia s'emporta. Dans la dispute qui s'ensuivit, elle lui déclara qu'il était assoiffé de gloire et il lui répliqua qu'elle était cupide. Quand il se mit à crier : « Sors d'ici ! Sors d'ici ! » Sonia sortit en courant de la maison, décidée à mettre fin à ses jours. Elle tomba sur son beau-frère, Sacha Kouzminski, qui la calma et la ramena chez elle. Elle alla d'abord à sa chambre puis retourna à la terrasse déserte :

Je m'étendis dans le hamac, guettant son retour. Peu à peu tout le monde se rassembla sur la terrasse et Levochka revint. Tout le monde bavardait, criait et riait. Levochka était animé comme si rien ne s'était passé.

Etendue dans le hamac, Sonia songeait que Lev ne saurait jamais combien elle avait été proche du suicide. Elle admit que son comportement avait été absurde, mais pourtant :

> Encore et toujours la même chose, *la Sonate à Kreutzer* me hante. Aujourd'hui je lui ai de nouveau annoncé que je ne vivrai plus avec lui en tant qu'épouse. Il m'a assuré que c'était son seul désir mais je ne l'ai pas cru.

Au début de l'année scolaire, Sonia emmena les garçons à Moscou. Comme d'habitude, elle revint à Iasnaïa passer la plus grande partie des mois de septembre et octobre avec Lev. Durant cette période, Lev envoya finalement aux journaux la lettre où il annonçait qu'il renonçait à ses droits sur toutes ses œuvres écrites après 1881, y compris celles publiées dans la nouvelle édition de Sonia. Il fit une exception : *la Mort d'Ivan Ilitch*, qu'il avait écrite pour en faire cadeau à Sonia. Bien que Lev eût reçu sa permission accordée à contrecœur, il appréhendait la manière dont Sonia réagirait devant le fait accompli. Il fut soulagé de la voir revenir à la maison sans lui faire de reproches. Le matin qui suivit son retour, Sonia écrivit dans son journal :

> Hier je fus de nouveau possédée par une passion violente, éveillée par mon mari ; aujourd'hui tout est clair, saint, calme et bon.

Après que Sonia eut corrigé et envoyé les épreuves de son édition de *la Sonate à Kreutzer*, le roman cessa d'occuper le centre de la scène familiale. Lev semblait avoir chassé le livre de son esprit mais la blessure qu'avait reçue Sonia continuait à la faire souffrir et elle se mit à ruminer son propre ressentiment.

Chapitre VII

LA REVANCHE DE SONIA
1891-1898

I

A l'automne 1891 un désastre national unit les Tolstoï ; le centre de la Russie fut en grande partie touché par la famine. Lev désapprouvait la charité organisée, y voyant une façon de se justifier pour les riches. Quand arrivèrent les premières nouvelles de la famine, Lev écrivit au romancier russe N. S. Leskov qu'il était possible de nourrir son prochain sans l'aimer, mais qu'il était impossible de l'aimer sans le nourrir. Sonia et Lev avaient décidé de passer l'hiver ensemble à Moscou, mais il se rendit à Bégichevka, un village situé dans la province de Riazan qui jouxtait à l'est celle de Tula, région durement touchée. Là, avec l'aide de ses filles Tania et Macha et de leur cousine Véra Kouzminski, il organisa des soupes populaires... Sonia supporta mal de rester seule à Moscou avec les petits enfants. Elle finit par approuver chaudement l'action de Lev et la reconnaissance que Lev lui en eut atténua sa contrariété[1]. A la fin de l'année, Lev passa un mois à Moscou où il note dans son journal :

> Rapports joyeux avec Sonia. Jamais nous n'avons été aussi amoureux. Père, je te remercie.

Lev retourna dix jours à Bégichevka avant de revenir à Moscou. Le 24 janvier 1892, Sonia l'accompagna à Bégichevka. Le voyage jusqu'à Riazan, d'abord dans un train non chauffé puis en traîneau, fut éprouvant. A Bégichevka, la première tâche de Sonia fut d'organiser les soupes populaires, afin de s'assurer que seuls les plus nécessiteux recevaient à manger. Elle travailla aussi avec un tailleur et fit en tout vingt-trois manteaux pour garçons avec du tissu reçu en don. Lev et elle travaillaient de l'aube à la tombée du jour puis regagnaient en traîneau la pièce unique qu'ils habitaient. Le travail accompli par Lev pour combattre la famine le rapprocha de Sonia et lui valut l'adoration du peuple russe. Ce fut une période pleine d'affection pour les Tolstoï, bien que Lev eût toujours ses accès de mauvaise humeur durant lesquels il rageait dans son journal contre la frivolité de la société ou la domination des femmes. Les femmes attiraient particulièrement sa hargne mais les allusions à la femme la plus importante de sa vie étaient tendres :

> Avec Sonia, c'est bien... Sonia est arrivée ce matin. Nos relations sont belles. Quelque chose de joyeusement bon... Sonia est très gaie et gentille. Tout va de mieux en mieux.

En octobre 1894 Lev rétracta les mots blessants qu'il avait écrits à propos de Sonia durant la pire année de sa dépression :

> J'ai lu mon journal de l'année 1884 et j'ai été dégoûté par ma cruauté et mes mauvais sentiments envers Sonia et Sergueï. Qu'ils sachent que je désavoue toutes les mauvaises choses que j'ai écrites à leur propos. J'aime et j'estime Sonia de plus en plus.

Comme pour confirmer qu'il était redevenu lui-même en tous points, en janvier Lev termina l'un de ses meilleurs récits, *Maître et Serviteur.*

Le repentir et l'affection de Lev venaient, hélas ! trop tard pour Sonia. Depuis plusieurs années, son journal montrait des signes de tension et d'épuisement physique et moral. Elle y faisait état de malaises, de palpitations cardiaques, de crises de larmes incontrôlables, d'insomnies. Les orages lui portaient sur les nerfs. Critiques et plaintes se faisaient de plus en plus nombreuses dans son journal :

Aujourd'hui j'ai craché du sang — et beaucoup ; et fièvre pendant la nuit, une douleur dans la poitrine, des suées... Mon cœur est si fatigué, il souffre si constamment de cette vie au jour le jour que je me sens sur le point de perdre mes forces... Quand je commence à écrire mon journal, j'ai peur de me laisser aller à condamner Lev Nicolaïevitch. Mais je ne peux faire autrement que de me plaindre, car tout ce qu'il prêche pour le bonheur de l'humanité complique terriblement la vie de toutes les manières... Quand les complications deviennent vraiment excessives, alors je me mets en colère et j'ai des mots durs et ceci me rend malheureuse et j'éprouve du remords mais il est trop tard.

Pendant trente ans le patrimoine de Sonia, la « Bers noire », sa colossale énergie, l'avait soutenue sans répit. Son rôle familial était considéré comme allant de soi, et par elle-même, la première. Ce qu'elle n'avait pas choisi, c'était cette tension émotive. Outre le ressentiment dû à *la Sonate à Kreutzer*, Sonia était rongée depuis des années par la séparation intellectuelle qui l'éloignait de Lev. Il fut un temps où elle avait eu ce qu'elle appelait une « intimité spirituelle » avec Lev, maintenant Tchertkov usurpait cette part de leur union. Cependant, l'inquiétude qui pesait le plus durement sur elle, en janvier 1895, était causée par la santé de Vanechka :

Tout me fait terriblement peur maintenant et surtout la piètre santé de Vanechka. J'ai eu tort de lier ma vie si étroitement à son existence. Mais c'est un enfant frêle et délicat et si bon !

Vanechka n'était pas sorti depuis trois semaines. Il était maigre, pâle et souffrait constamment de fièvre et d'indigestion. Les plus jeunes des enfants, Androucha, Micha et Sacha étaient allés à une fête d'enfants, mais Vanechka était trop malade pour quitter la maison. Il passa la soirée la tête posée sur les genoux de sa mère. Elle était désolée pour Vanechka, qui avait manqué la fête, et désolée pour elle-même. Après avoir couché Vanechka, elle fit une liste de tous ses soucis : ses filles sans mari, l'incapacité de Sergueï à se fixer dans une carrière, la mauvaise organisation d'Ilya et son manque de succès dans l'agriculture, et le jeune Lev, dont les efforts pour devenir écrivain suscitaient peu d'encouragement et de sympathie chez son père. Depuis plus d'un an, le jeune Lev avait été plus ou moins malade et Sonia pensait que des problèmes psychologiques en étaient la cause. Un voyage à Paris, entrepris durant l'été 1894, n'avait pas amélioré son état et à son retour, Sonia nota que le docteur Zakharine l'avait trouvé en « très piètre condition ». Vers la fin de 1894, le jeune Lev commença à subir une série de traitements par l'électricité. Sonia note, début janvier, que le jeune Lev semble plus calme mais bientôt après elle écrit dans son journal :

> J'ai passé la soirée avec Lev [junior] et j'ai parlé par mégarde de ses nerfs et répété les paroles du docteur Bélogolov qui dit que tout est question de nerfs. Il s'est levé brusquement et s'est mis à m'insulter de manière affreuse : « Idiote, méchante vieille femme, tu ne fais que mentir ! »

Et le douloureux souci de Sonia pour « la flamme vacillante de la vie dans le pauvre petit Vania » ne cessait de lui déchirer le cœur. Tourmentée par la crainte et le désespoir, Sonia écrit dans son journal qu'elle n'est « pas en possession d'elle-même. »

Sonia s'était tellement occupée de Vanechka qu'elle n'était pas sortie de la maison depuis un mois. Elle décida que pelleter la neige serait excellent pour la santé, mais depuis le jardin, elle vit le petit Vanechka qui courait tout nu autour de sa chambre. Elle se précipita dans la maison et se disputa avec la nurse. Le lendemain, probablement à cause de ce qui s'était passé le jour précédent, l'état de Vanechka empira et sa température monta. Il avait une toux rauque et Sonia fit appeler le docteur Filitov, leur pédiatre moscovite. Celui-ci prescrivit des doses massives de quinine et Vanechka se remit. Le 1er février, Sonia put quitter la maison. Elle alla se promener en voiture et fit quelques courses — des partitions, des jouets, du fromage et des œufs. Ce soir-là elle se mit au piano et joua à quatre mains avec Lev. Quatre jours plus tard Sonia pouvait noter :

Voilà trois jours que Vania n'a pas de température. Depuis quatre jours je lui donne de l'arsenic, cinq à six gouttes deux fois par jour après les repas. Je me sens mieux... Avec Levochka les relations sont bonnes — et passionnées[2].

Quant à son propre état, Sonia savait qu'elle ne contrôlait pas ses réactions. Elle s'étonne dans son journal de ses crises soudaines de sentimentalité qui viraient brutalement à l'extrême opposé. Quand Lev lui donna deux belles pommes, elle planta les pépins pour commémorer l'événement, mais quelques minutes plus tard elle se plaignait qu'il fût un « homme égoïste et sans pitié ». A la mi-février, une tempête éclata. Sonia demanda à Lev un exemplaire de *Maître et Serviteur* pour son édition et fut hors d'elle-même quand il lui demanda d'attendre qu'il ait paru dans *Le Messager du Nord*. Elle se rappela immédiatement que quelqu'un avait dit que Gourévitch, la femme qui dirigeait le périodique, avait « fasciné le comte » et elle en conclut que Lev lui donnait la priorité parce qu'il en était amoureux. Sonia accusa Lev de lui préférer Gourévitch et tous deux s'énervèrent. Lev se précipita au premier, menaçant en criant, encore une fois, de quitter la maison. Sonia sortit en courant dans la rue enneigée, vêtue seulement d'une chemise de nuit et d'une robe de chambre, pieds nus dans ses pantoufles. Elle hurlait : « Qu'on m'emmène au poste de police, à l'asile de fous ! » Lev courut derrière sa femme, dans la même tenue, et parvint à la ramener de force, sanglotant de manière hystérique[3]. Une fois rentrés, tous deux eurent honte. Lev excuse Sonia dans son journal :

Elle était malade, faible, épuisée après la maladie du gentil Vanechka.

La scène ne soulagera pas Sonia ni ses soupçons ni sa jalousie et le lendemain son ressentiment était là. Ainsi qu'elle le rappellera plus tard :

La jalousie, la vexation, la peine causée par le fait qu'il n'a jamais, jamais rien fait pour moi, la vieille douleur devant le petit amour que Levochka me donne en retour de mon grand amour — tout ceci monta en moi avec un désespoir terrible.

Sonia mit son manteau de fourrure, sa toque et ses caoutchoucs et prit un fiacre jusqu'à la gare de Koursk. Sergueï et Macha entendirent leur mère donner ses instructions au chauffeur. Effrayés par son état, ils suivirent le fiacre jusqu'à la gare et arrivèrent à temps pour empêcher Sonia de se jeter sous un train. Il est douteux que Sonia fût allée jusqu'au bout de cette impulsion et il est même possible qu'elle ait donné ses instructions au cocher exprès devant les enfants. Cette nuit-là, elle pleura tandis que Lev agenouillé à son chevet implorait son pardon. Sonia écrivit dans son journal :

> Si seulement une goutte de l'amour qui était en lui alors pouvait demeurer tout le temps, je pourrais encore être heureuse.

Constatant l'état critique de sa femme, Lev envoya chercher trois médecins. Sonia les décrit :

> C'était comique. Chacun prescrivait son propre remède. Le spécialiste des nerfs me donna du bromure, celui des maladies internes, de l'eau de Vichy avec des gouttes. Finalement, il [Lev] envoya chercher Snégirev l'accoucheur. Ce dernier me donna un remède de sa composition et parla d'un ton sceptique de ma « période critique ». Je ne pris pas les remèdes.

Sonia avait honte et qualifia son accès de folie d' « inexcusable et irréparable ». La sœur de Lev, Maria Nicolaevna, maintenant religieuse au couvent de Chamardino était alors en visite chez les Tolstoï et déclara à Sonia que, quoi qu'il en fût, elle avait dit des choses très vraies durant son délire. Mais Lev attribua les causes immédiates de la réaction de Sonia à la priorité qu'il avait donnée au *Messager du Nord*.

> 15 février... Elle souffrait terriblement. C'était le démon de la jalousie, aveugle, une jalousie fondée sur rien. Je ne pus que tomber de nouveau amoureux

d'elle et je compris ses raisons et, les comprenant, je ne lui pardonnai pas car il n'y avait rien à pardonner.

Le 22 février 1895 Vanechka tomba à nouveau malade, cette fois-ci plus gravement. Il avait des éruptions, mal à la gorge et de graves diarrhées. Le docteur Filitov diagnostiqua la scarlatine, à laquelle il n'y avait pas de remède. Quand Vanechka vit les larmes couler sur les joues de sa mère, il dit : « Ne pleure pas, maman. C'est la volonté de Dieu. » Le docteur Filitov dit à Sonia d'envelopper Vanechka dans des couvertures trempées dans de l'eau sinapisée. Le lendemain elle remarqua que ses mains et ses pieds étaient froids et qu'il gardait la tête penchée d'un côté sans pouvoir la relever. Lev et Sonia étaient au chevet de Vanechka cette nuit-là, quand, à onze heures, il ouvrit les yeux pour la dernière fois avec ce que Sonia décrit comme un regard « presque de surprise ». Puis il demeura immobile. Sonia resta assise avec Lev sur le canapé, sa tête reposant sur sa poitrine. Le choc et la douleur étaient trop forts pour qu'ils pussent pleurer. Avant d'aller se coucher, Sonia écrivit :

23 février. Mon doux Vanechka est mort à onze heures du soir. Mon Dieu ! et je suis encore en vie.

Elle ne rouvrit pas son journal pendant deux ans et demi.

Vanechka fut enterré deux jours plus tard au cimetière de Pokrovskoë. Comme ils roulaient sur la route menant au village, Lev rappela à Sonia que, durant la période où il la courtisait, il avait souvent pris la même route pour aller la voir. Quand Lev et ses fils descendirent le petit cercueil dans la tombe, Sonia chancela et faillit perdre conscience. Son mari la prit dans ses bras et elle resta là, dans une sorte de stupeur dont la tirèrent les cris joyeux des enfants du village. Sonia s'était rappelé combien Vanechka aimait à partager ses friandises et elle avait donné ordre qu'on distribuât des bonbons et des gâteaux aux enfants du village. De retour à la maison, Lev et Sonia pleurèrent ensemble. « J'ai toujours pensé, confia Lev à Sonia, que de tous mes fils ce serait Vanechka qui continuerait ce que j'ai fait de bien sur cette terre. » Le lendemain il nota dans son journal :

26 février. Nous avons enterré Vanechka. C'est horrible, non pas horrible mais un grand événement pour mon âme. Je te remercie, Père, je te remercie, Père.

Mais avec Sonia il sanglota et dit : « J'ai perdu courage pour la première fois de ma vie[4]. »

II

Lev ne cessait d'essayer de considérer la mort de Vanechka comme une chose joyeuse, une grâce accordée par Dieu. Il écrivit que c'était « un événement qui a démêlé le mensonge de la vie, qui m'a rapproché de Dieu ». Sonia aurait aimé trouver du réconfort dans la religion mais il n'en fut pas ainsi. Le 7 mars elle écrivit à sa sœur Tania :

> Je crie à Dieu : que Ta volonté soit faite, si c'est ainsi que je dois m'acheminer vers l'éternité. Mais, en dépit de l'exaltation constante de mon âme et de la sincérité de mon désir de m'abandonner à la volonté de Dieu, je ne trouve pas le réconfort, ni en cela, ni en quoi que ce soit.

Lev était déçu de ce que Sonia ne pût « s'exposer au vent universel de l'amour[5] ». Il ajoute :

> Mais je l'aime. Il est en même temps triste et bon d'être avec elle. Elle est de nouveau faible physiquement ; elle n'a pas eu ses règles depuis deux mois et elle pense parfois qu'elle est enceinte. [Cette crainte n'était pas fondée.]

Immédiatement après la mort de Vanechka, ni l'un ni l'autre n'était enclin à avoir des relations physiques et Lev avait été heureux d'entendre Sonia attribuer cet état de fait à la pureté de Vanechka :

> Sonia dit souvent : « Je suis mauvaise, ma nature est grossière, il [Vanechka] m'a adoucie par son amour, il m'a rapprochée de Dieu. »

L'abstinence des Tolstoï ne dura pas plus que le sentiment de Sonia de s'être rapprochée de Dieu. Dans un effort pour la comprendre et partager sa souffrance, Lev se remit à *l'Histoire d'une mère*. Il travailla à une introduction sur la tragédie d'une « bonne mère » qui mettait tout son cœur et toute son âme dans ses enfants. Il notait à ce propos :

> Une mère souffre de la mort d'un enfant... Elle demeure inconsolable jusqu'à ce qu'elle comprenne que sa vie n'est pas dans le réceptacle qui a été brisé mais dans le contenu qui s'en est répandu ; que toute forme est perdue mais que la substance n'a pas disparu.

Lev lui-même n'était pas entièrement convaincu par ces lignes et il ajouta :

> Je ne sais comment, ceci était frais, clair et fort quand je l'ai pensé — maintenant le sens en est perdu.

Durant les mois précédant la mort de Vanechka, Sonia était passée très près de la dépression nerveuse. Aujourd'hui, il était soulagé de constater qu'après la mort de leur fils, Sonia, au lieu de s'écrouler, s'était plutôt reprise. Toutes ses tensions s'étaient canalisées dans sa douleur unique et désespérée. Il semblait à Lev que le seul problème qui se posait était de soulager cette douleur :

> Mais elle m'a étonné. La douleur de sa perte l'a libérée de tout ce qui cachait son âme... Les premiers jours, j'ai été stupéfait par sa merveilleuse douceur pleine d'amour.

Au cours de cette période de deuil, Lev eut l'idée d'un roman qui illustrerait ses convictions religieuses ainsi qu'il avait tenté de le faire sans succès avec *la Sonate à Kreutzer*. C'était l'histoire d'un homme qui quittait sa femme en emmenant leur jeune fils avec lui, afin qu'ils puissent vivre ensemble une « vie pure et vouée au travail ». La femme demeurait, corrompue par le luxe qui l'entourait. Lev note :

> Je pourrais écrire ceci étonnamment bien. Du moins c'est ce qu'il me semble à présent.

Heureusement il n'en fut pas longtemps ainsi. Ce roman aurait pu être encore plus destructeur que *la Sonate à Kreutzer* et il est peu probable qu'il eût apporté la moindre consolation à Sonia. Lev désirait ardemment consoler Sonia mais elle demeurait obstinément dans le désespoir et, perdant patience, Lev finit par attribuer son attitude à la « nature animale » de l'amour d'une mère pour ses enfants[6]. Même la visite qu'ils firent aux Kouzminski ne rendit pas sa joie à Sonia, mais finalement, avant que la famille ne parte en juin pour Iasnaïa, elle trouva un opiat qui calma la violence de sa douleur, la muant en une douce mélancolie. Sonia retrace cette période dans son autobiographie :

> Après la mort de mon petit garçon Vanechka, j'étais dans le désespoir le plus extrême que j'aie connu de ma vie. Une telle douleur tue souvent, mais si on reste en vie, alors le cœur n'est plus en condition de souffrir aussi terriblement une seconde fois. Je restai en vie et je dus cette chance à un remède étrange — la musique... J'étais incapable de vivre sans elle.

Sonia ne put plus se passer non seulement de musique mais aussi d'un musicien, Sergueï Ivanovitch Tanéev, le compositeur et pianiste avec qui Lev avait discuté de son essai *Sur l'art*.

Durant le printemps 1895, Tanéev rendit de fréquentes visites aux Tolstoï et joua pour eux, exprimant peut-être ainsi sa sympathie pour leur douleur. Son jeu, et particulièrement quand il exécutait ses propres œuvres, toucha profondément Sonia. Son goût musical était plus sophistiqué que celui de son mari et les compositions de Tanéev, qui combinaient un romantisme puissant avec la virtuosité technique, étaient innovatrices pour la Russie de l'époque. Tanéev était l'élève et l'ami de toujours de Tchaïkovski — ces deux musiciens très différents soumettaient leurs œuvres à leur critique mutuelle — et il comptait parmi ses propres élèves Scriabine, Rachmaninov et Glière. Très vite, Sonia confondit l'art de Tanéev avec l'homme lui-même :

> Parfois il me suffisait de voir Sergueï Ivanovitch, d'entendre sa voix paisible et je devenais paisible.

Sonia avait perdu sa capacité de jugement. Le bon sens qui la remettait habituellement sur pied après une période de tension affective l'avait quittée. Très désireuse d'avoir Tanéev à ses côtés aussi bien que d'entendre sa musique, elle l'invita à passer l'été à Iasnaïa Poliana.

L'invitation fut chaleureusement acceptée. Tanéev était heureux de faire connaissance avec sa famille. Il demanda seulement à payer sa pension. On tomba d'accord sur la somme de cent vingt-cinq roubles et le 3 juin, Tanéev s'installa dans l'annexe de Iasnaïa. Elle était généralement occupée par les Kouzminski pendant l'été, mais un incident désagréable était advenu. Micha Kouzminski avait séduit la nurse de l'un des enfants Tolstoï et il s'était vanté de son exploit auprès des autres garçons. Les familles décidèrent d'un commun accord de ne pas passer l'été ensemble pendant un certain temps.

Tanéev apporta à Iasnaïa son piano droit et vint accompagné de sa vieille nurse, Pélagueïa. Une fois installé, il partagea son temps entre la composition, le piano et les distractions en compagnie des jeunes Tolstoï. Il avait trente-neuf ans alors, sept ans de plus que Sergueï. Il jouait au tennis, faisait de la bicyclette et partageait même des leçons d'italien avec Macha et Tania. Il prenait ses repas avec la famille et le soir il jouait du piano pour les Tolstoï ou faisait une partie d'échecs avec Lev. Parfois ils parlaient d'art ensemble. A part la musique, ce n'était pas un personnage haut en couleurs. Sergueï le décrit comme quelqu'un de bon, d'intelligent, d'extrêmement consciencieux et sincère mais qui était naïf dans la vie de tous les jours. Le journal de Tanéev constituait un compte rendu précis de détails, scrupuleusement objectif (il reproduisait mot pour mot ses conversations avec Lev) mais passait délibérément sous silence les propres sentiments et opinions de l'auteur. Sonia s'enticha de cet homme, extérieurement froid et dépourvu d'intérêt, comme une petite fille. Tanéev semble avoir été le seul à ne rien voir d'anormal dans cette admiration excessive. Il fut toujours plus intéressé par Lev et quand ce dernier fit l'éloge d'une œuvre de Schumann, Tanéev l'apprit par cœur afin de l'exécuter pour lui. Quant aux sentiments de Lev pour le musicien, Sergueï rapporte que son père était très poli à l'égard de Tanéev mais que cette politesse semblait parfois forcée. Ainsi, lorsque Lev jouait aux échecs avec Tanéev, il demandait à quelqu'un de lui faire la lecture en même temps. Ceci pourrait passer pour une très subtile insulte à l'égard de son adversaire.

Cependant, Sonia suivait Tanéev pas à pas, l'attendait sur la terrasse et l'écoutait jouer avec une expression extatique. Le journal de Lev ne fait pas de référence directe à l'obsession de Sonia mais il ne dut pas apprécier ce qu'il appela plus tard une « situation répugnante ». Il fut malade pendant une bonne partie de l'été et la « situation répugnante » peut y avoir été pour quelque chose. Sonia attribuait sa mauvaise santé à son régime végétarien. Elle ne considérait pas l'intérêt qu'elle portait à Tanéev comme une trahison envers son mari. Elle n'était ni amoureuse ni sexuellement attirée par lui. Il n'y eut jamais entre eux ne fût-ce qu'une pression de mains. Ses enfants pensaient que son comportement d'écolière était une échappatoire à la grande douleur causée par la mort de Vanechka. Sergueï écrit dans ses mémoires :

> La musique avait un effet apaisant sur ses nerfs, qui la distrayait de sa douleur et à cette époque elle accorda à la personne de Tanéev le bénéfice de l'effet de sa musique.

Tanéev partit fin août. Le 23 septembre 1895, jour anniversaire du mariage des Tolstoï, Lev nota sans autre commentaire : « Trente ans de mariage ». En réalité, c'était trente-trois ans.

Peu de temps après, il surprit Sonia en train d'écrire une lettre qu'elle lui cacha, disant qu'elle lui en parlerait plus tard. Quand elle lui donna la lettre, il fut abasourdi par ce qu'il lut :

> Pourquoi fais-tu toujours allusion à moi dans tes journaux comme si j'étais mauvaise ? Pourquoi veux-tu que les générations futures et nos petits-enfants dénigrent ma mémoire comme celle d'une femme mauvaise qui t'a rendu malheureux... Après la mort de Vanechka (se rappelant ses paroles : « Papa, ne fais jamais de mal

à ma maman »), tu m'as promis de barrer dans ton journal les mots durs me concernant. Tu ne l'as pas fait, tu as fait le contraire.

Sonia citait les remarques suivantes qui l'avaient blessée :

Sonia est arrivé de Moscou. Elle s'est immiscée dans ma conversation avec Boll. Elle a commencé à devenir encore plus frivole depuis la mort de V. Je dois porter ma croix jusqu'au bout. Dieu aide-moi, et ainsi de suite.

Sonia rappelait à Lev de quelle façon « frivole » pouvait être interprété par des lecteurs qui ne la connaissaient pas. Elle le suppliait :

Je ne peux pas te demander de m'aimer, mais épargne mon nom... Une fois de plus, j'essaie de m'adresser à ton cœur. J'écris dans la douleur et dans les larmes. Pardonne-moi [7].

Lev se sentit honteux et admit qu'au moment où il exprimait ses exaspérations, il avait senti « au plus profond de son âme » qu'il avait tort et il écrivit :

Et, pauvre petite, elle a souffert terriblement et, ma chérie, au lieu de m'en vouloir elle m'a écrit cette lettre. Jamais je ne me suis senti aussi coupable ni ne fus aussi ému... Maintenant, je répète pour tous ceux qui lisent ces journaux : souvent je suis irrité par sa hâte et son étourderie mais, ainsi que Fet l'a dit, chaque mari reçoit la femme qui lui convient. Je vois combien elle a été la femme qu'il me fallait. Elle a été idéale au sens païen, fidèle, bonne maîtresse de maison, dévouée aux autres, douée d'un amour païen pour sa famille et, dans ses mensonges, de la possibilité d'être une compagne chrétienne... Ce qui est arrivé aujourd'hui est en réalité heureux. Elle a vu et elle voit le pouvoir de l'amour, de son amour sur moi [8].

Le ton de Lev était condescendant mais la lettre de Sonia avait assaini l'atmosphère pour un temps. Ils ne parlèrent pas de Tanéev, bien qu'il fût impossible qu'ils n'y eussent pas

190

pensé. Sonia se rendit à Saint-Pétersbourg pour la première de *la Puissance des ténèbres* qui avait enfin obtenu l'accord de la censure. Si Lev fut peiné qu'elle assistât également à la première de l'opéra de Tanéev, *Oreste,* il n'en parle pas dans son journal. Après son retour, Lev note que leurs relations sont plus qu'excellentes.

Sonia repartit bientôt, cette fois-ci pour Moscou, le 24 octobre, et alors qu'il l'aidait à monter en voiture, Lev fut submergé par une vague de compassion et de sympathie pour elle :

> Il n'y a que moi sur qui elle puisse s'appuyer et, au fond de son cœur, elle craint que je ne l'aime pas comme je pourrais de tout mon cœur et que la raison en soit qu'elle ne peut suivre ma voie.

Il s'adresse alors directement à Sonia :

> Ne pense pas ainsi. Je t'aime plus que jamais, je te comprends et je sais que tu ne peux suivre ma voie et qu'ainsi tu restes seule. Mais tu n'es pas seule. Je suis avec toi, telle que tu es, je t'aime et je t'aime infiniment — on ne peut aimer plus.

Le même jour il écrivit une lettre à Sonia :

> J'ai voulu t'écrire, mon amie bien-aimée, le jour même de ton départ, alors que j'étais encore sous le coup du sentiment très puissant que j'ai éprouvé, mais il se trouve qu'un jour et demi a passé et je ne t'écris pas avant le 25. Le sentiment que j'ai éprouvé était d'une étrange tendresse, de compassion et d'un amour complètement nouveau pour toi, un amour tel que je suis passé entièrement en toi et ai éprouvé exactement ce que tu éprouvais. C'est un sentiment si sacré et bon qu'il ne faudrait pas en parler, mais je sais que tu seras heureuse de l'apprendre et je sais que le fait que je t'en parle ne changera rien. Au contraire, à l'instant où je t'écris, j'éprouve ce même sentiment. Notre sentiment est étrange, pareil à la lumière du soir. Ce n'est que de temps à autre que les petits nuages des différences qui

nous séparent en atténuent l'éclat. J'espère toujours qu'ils se disperseront avant la nuit et que le coucher de soleil sera lumineux et dégagé.

Sonia répondit immédiatement :

26 octobre 1895

Mon ami bien-aimé, Levochka,
... Ces petits nuages qui, à ce qu'il te semble, continuent à assombrir nos bonnes relations ne sont pas vraiment importants. Ils sont purement extérieurs, résultat de la vie, des habitudes, de l'inertie, de la faiblesse ; mais ils ne proviennent pas du tout de causes intérieures. Intérieurement, la base de nos relations demeure sérieuse, ferme et harmonieuse. Nous savons tous deux ce qui est bon et ce qui est mauvais, et nous nous aimons tous deux. Dieu soit loué !... Je t'envie un peu de pas avoir à supporter les tapissiers, les imprimeurs, les gouvernantes, le bruit des voitures, les policiers et les dépenses d'argent du matin au soir. Il est difficile, au milieu d'un tel désordre, de rester dans la contemplation de Dieu ou dans un état de paix et de prière. Je vais essayer de m'extraire de cette carapace mondaine afin de n'être pas entièrement submergée. Mais c'est difficile.

Sonia rassurait son mari quant à la solidité de leur amour. Avait-elle également l'intention de lui faire des reproches et est-ce sans y penser qu'elle lui rappelle les tâches auxquelles elle devait faire face sans avoir son mari à ses côtés ? Vanechka n'était mort que depuis six mois. Non seulement Sonia se trouvait seule à Moscou, mais tous les soirs, elle passait devant la porte de la chambre de Vanechka où son lit et ses jouets étaient restés en place. Elle était profondément blessée que Lev eût qualifié d'animal l'amour qu'elle avait pour son enfant. Elle l'avait lu dans le journal de Lev et y fit allusion des années plus tard, quand elle écrivit son autobiographie. Submergée par les corvées, sans cesse rappelée au souvenir de sa douleur et de ses rancunes, seule sans son mari, Sonia trouvait le réconfort en écoutant jouer Tanéev et, peut-être, en imaginant qu'il jouait pour elle.

III

Durant tout l'hiver, Tanéev fréquenta assidûment la maison des Tolstoï à Moscou. Peut-être sous son apparente placidité prenait-il grand plaisir à l'attention profonde et à l'admiration flatteuse que lui prodiguait la femme de Lev Tolstoï. Ouvertement, il ne manifesta envers Sonia pas plus d'égards que ceux qu'il devait à une femme qu'il respectait pour elle-même et en sa qualité d'épouse d'un homme remarquable, mais l'outrance de l'attitude de Sonia à son égard était évidente à ceux qui les voyaient ensemble. Quand, avec la plus grande insouciance à l'égard de Lev et des apparences, Sonia invita Tanéev à venir de nouveau passer l'été à Iasnaïa, Lev laissa éclater sa rage et sa jalousie :

> 28 mai 1896... Tanéev, qui me répugne par sa stupidité suffisante, morale et, c'est ridicule à dire, esthétique (réelle, pas superficielle) et sa position de *coq au village* * dans ma maison...

Cet été-là, le coq du village partit plus tôt, le 1er août, et les tourments de Lev furent d'une certaine façon atténués. Dans son journal il qualifie ses relations avec Sonia de « bonnes et mauvaises à la fois ». Quand elle repartit pour Moscou, Lev lui écrivit de longues lettres qui révélaient ses craintes et son désir de lui faire abandonner, en l'amadouant, cette amitié dérangeante. En parlant de leur mariage, il écrit :

> Le passé nous lie, et les enfants, et la conscience d'avoir été coupables l'un envers l'autre, et la compassion, et une attirance irrésistible. En un mot, il [leur mariage] est bien ficelé et solidement noué. Et j'en suis heureux.

La crainte de Lev provoqua ce que, durant des années, les supplications de sa femme n'avait pu obtenir ; il décida de passer tout l'hiver à Moscou. Là, il lutta avec son essai

* En français dans le texte.

193

inachevé, *Sur l'art*, et en novembre il médita l'idée d'un roman qu'il jugea tout d'abord « très bonne ».

> L'infidélité d'une femme envers son mari passionné et jaloux, sa souffrance, sa lutte et la joie du pardon.

Il ne donna pas suite à cette idée.

Sonia continuait à laisser transparaître son obsession avec la plus grande innocence. Elle assistait à tous les concerts de Tanéev et se rendait aux réceptions où elle pouvait s'attendre à le trouver. En décembre Lev note :

> Sonia a un étrange besoin de se faire du souci. A l'instant, elle est venue me poser la question : Ne devrions-nous pas rendre visite à M. V. ? [La vieille nurse de Tanéev, Pélaguéïa.]

A la fin de janvier 1897, n'en pouvant plus supporter davantage, Lev partit avec sa fille Tania habiter chez les Olsoufev, des amis dont le domaine était proche de Moscou. En décidant non seulement d'aller au concert de Tanéev à Saint-Pétersbourg mais en plus d'assister à la réception, Sonia avait été trop loin. Le 1er février 1897, Lev lui écrivit de chez les Olsoufev, oubliant grammaire et ponctuation et déversant pêle-mêle sur la page sa douleur et sa colère :

> Il est terriblement douloureux et honteusement humiliant de voir un parfait étranger diriger notre vie, et un homme qui n'est pas nécessaire et intéressant en aucune manière, il empoisonne les dernières années de notre vie, il est humiliant et blessant qu'il te soit nécessaire de demander quand et où il part, quand il joue et à quelles répétitions. Il est terriblement, terriblement dégoûtant et honteux... Soudain, au lieu d'une conclusion naturelle, bonne et heureuse à trente-cinq ans de vie commune, cette ordure dégoûtante survient et marque tout de son horreur. Je sais que cela te pèse et que toi aussi tu souffres parce que tu m'aimes et que tu veux être bonne, mais en ce moment tu n'en es pas capable et pour moi tout est dégoûtant et honteux et j'ai terriblement pitié de toi parce que je t'aime d'un

bon amour, pas charnel et pas rationnel, mais un amour qui vient du cœur. Pardonne-moi et au revoir, amie bien-aimée. Je t'embrasse. L. T.

Une semaine plus tard Lev se sentait un peu mieux. Sonia et lui habitaient l'appartement des Olsoufev à Saint-Pétersbourg. Ils étaient venus dire adieu à Tchertkov, qui était exilé en Angleterre. Il avait été condamné pour avoir signé une lettre protestant contre le sort des Doukhobors, une secte religieuse persécutée par le gouvernement, à cause de leur refus de porter les armes[9]. Lev n'avait pas signé la lettre mais y avait ajouté un post-scriptum. Les signataires furent exilés (Tchertkov, étant noble, avait été autorisé à choisir l'Angleterre comme lieu d'exil) mais le gouvernement n'osait rien faire contre Tolstoï, bien qu'il eût été suivi par la police secrète tout au long de son séjour à Saint-Pétersbourg.

Sonia retourna avec Lev chez les Olsoufev mais leurs relations se dégradèrent. Après plusieurs querelles, elle partit pour Moscou. De là elle écrivit à Lev :

16 février 1897

Si j'avais pu le faire hier, j'aurais tout laissé pour t'écrire ce que je pense de toi et de nos relations, afin que tu comprennes complètement ce qui se passe dans mon cœur. Mais maintenant que je suis cernée de tous côtés par des exigences pratiques, je ne suis capable ni de me rappeler ni de dire quoi que ce soit et cette lettre sera seulement un bout de papier de moi à toi et non, j'en suis désolée, mes pensées et mes sentiments.

Je suis heureuse que tu reconnaisses que je ne vis que par le sentiment. Tu traites tout en moi avec la raison mais je sais bien qu'en cette matière je n'aurais pas pu trouver la raison — le cœur arrange tout. D'abord tu m'as torturée avec ta dernière remarque désagréable, que maintenant que tu as perdu tant d'amis, nous devons être le plus proche possible pour essayer de rendre leur absence moins douloureuse pour toi; j'ai écrit très chaleureusement aux enfants à propos de ceci. C'était la première fois que plus je témoignais de chaleur à ton égard par mon attitude sincère, plus tu me rejetais froidement et durement. Tes paroles n'ont jamais été particulièrement insultantes, mais en toutes, j'ai senti un ton hostile, réprobateur, elles avaient un goût très malveillant, amer qui m'a touchée directement au plus tendre de mon cœur et m'a glacée immédiatement. Et comme cela m'a attristée !

Sonia posta sa lettre avec une certaine appréhension et décida de la faire suivre d'un appel téléphonique[10]. Leur conversation téléphonique ne fut pas très heureuse et deux jours plus tard, Sonia écrivit qu'elle se sentait toujours coupable parce qu'il était si mélancolique, qu'elle avait reçu deux lettres de lui, et qu'elle était étonnée que même son appel téléphonique lui ait fait de la peine. « Si ma lettre te blesse encore une fois, écrit-elle, pardonne-moi. J'écris comme je le fais toujours, non pas délibérément mais avec mes sentiments. »

Lev ne put pardonner à Sonia mais il la rejoignit à Moscou et, en avril, il jeta ces quelques mots dans un carnet de notes : « La sensation physique de la jalousie. » Pendant la même période il écrivit dans son journal :

> Dans la jalousie, il y a une sensation physique, liée au plaisir, mais elle est douloureuse.

Pour une raison inconnue, il barra cette phrase. En mai, Lev partit pour Iasnaïa et bientôt après, Sonia le surprit en lui rendant une courte visite impromptue. Après son départ, il lui écrivit :

> Le fait de te trouver devant moi à mon réveil m'a donné une des impressions les plus fortes et les plus joyeuses que j'aie jamais eues ; et elle a été donnée à un homme de soixante-neuf ans par une femme de cinquante-trois ans.

Une lettre de Sonia lui apprenant que Tanéev leur rendrait visite en juin annihila la joie de Lev. Pendant trois nuits, il fut incapable de dormir et son épuisement était tel que le moindre effort le faisait sangloter. Son désespoir était d'autant plus grand qu'il n'avait personne à qui se confier. Tchertkov était en Angleterre et Tania ainsi que Macha avaient abandonné leur père pour d'autres hommes. Macha, la sérieuse, la religieuse, la sensible Macha si dénuée d'humour, avait oublié Pocha et était transformée par l'amour passionné qu'elle portait à un cousin de deux ans son cadet, le prince Nicolaï Obolenski. Kolya (Obolenski) était noble, beau, charmant, intelligent et, selon les critères de Lev et de Sonia, paresseux. La situation de Tania était encore pire. Elle était amoureuse de Mikhaïl Soukhotine, un homme marié (sa femme devait mourir cet été-là) père de six enfants. Soukhotine avait la réputation d'être un viveur et les Tolstoï étaient consternés que Tania eût avec lui des entrevues où ils échangeaient des serments d'amour. Tania n'était pas le genre de femme devant qui on pouvait invoquer le caractère sacré du mariage et quant à Macha elle était, selon les propres mots de son père, « comme ivre » et « réduite à rien [11] ».

Lev écrivit une nouvelle lettre à « Ma chère, mon adorée Sonia ». Il la suppliait de rompre toutes relations avec Tanéev et de les libérer tous deux de l'horrible cauchemar qui les oppressait depuis un an. Il l'adjurait :

> Sonia, chérie, tu es une femme bonne, compatissante, juste. Mets-toi dans ma position et essaie de comprendre.

Il n'envoya jamais la lettre. Sonia revint et la visite de Tanéev ne fut que de quatre jours, durant lesquels Lev l'accompagna avec Sonia dans une promenade au jardin, exposant avec entrain ses théories sur l'art. Publiquement, Lev faisait bonne figure mais, en vérité, il continuait de souffrir mille tourments. Après le départ de Tanéev, Lev écrivit une longue lettre à Sonia, qu'elle devait trouver après son départ. Il écrivait qu'il la quittait ainsi que sa famille pour se vouer à Dieu, ainsi que faisaient les Hindous une fois qu'ils avaient atteint l'âge de soixante ans. Il ne faisait allusion ni à Tanéev ni à sa jalousie et disait à Sonia qu'elle était une mère idéale. Il évoquait avec amour et gratitude les trente-cinq ans de leur vie commune et, bien qu'il admît que leurs routes avaient maintenant divergé, il déclarait ne pas lui en vouloir de

n'avoir pas suivi sa voie. La lettre finissait par ces mots :
« Adieu, ma chère Sonia. Ton affectionné Lev Tolstoï. » Une
fois de plus Lev menaçait de quitter son foyer à jamais et
une fois de plus il ne mettait pas sa menace à exécution. La
lettre fut retrouvée parmi ses papiers après sa mort.

Le jour de l'arrivée de Tanéev, Sonia ouvrit son journal
qu'elle avait négligé depuis longtemps pour consigner un
événement familial : Macha et Kolya venaient juste de revenir de leur mariage, auquel seuls avaient assisté Micha
Tolstoï et l'un des frères de Kolya. Macha avait pu épouser
Kolya, qui était ruiné, parce qu'elle avait redemandé sa part
de la succession de son père, à laquelle elle avait renoncé au
moment du partage à cause de ses principes tolstoïens.

La Sonia qui ouvrit son journal en juin 1897 pour y
relater le mariage de Macha était toute différente de celle
qui l'avait fermé avec tristesse en février 1895. Aujour-
d'hui, ses pensées fusaient en tous sens avec désinvolture.
Dans un paragraphe, elle envisage de se suicider et dans
le suivant elle disserte sur des riens domestiques. Comme
si ses émotions étaient enfermées pêle-mêle dans un sac,
elle y pêchait à tâtons son amour pour Lev, sa colère contre
Lev, son obsession de Tanéev, ses soucis familiaux, la satisfaction et les désillusions que lui donnaient ses enfants.
Ses déchaînements affectifs n'étaient pas suivis par des
périodes de calme introspectif. Elle abandonna la lecture
des livres de qualité qui lui avait donné tant de plaisir par
le passé et s'absorba dans celle d'œuvres mineures. Elle lut
en entier *Aphrodite*, roman érotique de Pierre Louÿs, qu'un
visiteur avait laissé en partant [12]. Elle note dans son journal :

> Comme les Français sont dépravés ! Mais d'un autre
> côté, la lecture de ce livre offre un moyen d'apprécier
> la beauté du corps féminin, et du mien.

Elle commença la lecture des *Demi-Vierges* de Marcel Pré-
vost et reconnaît dans son journal :

> Je me suis sentie honteuse et malade, presque physi-
> quement, ce qui m'arrive quand je lis des livres

obcènes. L'absence de pureté dans l'amour est si terrible.

Sonia reprochait à ce livre de « titiller », de tourner court au moment de passer à l'acte. Toutefois, elle note quelques jours plus tard qu'elle a terminé la lecture des *Demi-Vierges*.

Sonia avouait dans son journal qu'elle éprouvait fréquemment de l'impatience, de l'énervement, de la mauvaise humeur et que ses tâches domestiques l'ennuyaient, comme de faire le lit des invités ou de choisir le menu. Plutôt que de composer des menus, elle aurait préféré écouter une fugue ou une symphonie. Quand elle était dans une période de mélancolie poétique, elle se faisait pleurer en écrivant des lettres de suicide pathétiques à son mari et à ses enfants. Comme une jeune fille qui tombe amoureuse pour la première fois, Sonia devint sensible à la nature :

> Un joli coucher de soleil, une boule rougeoyante dans le ciel avec juste un seul petit nuage noir... La lune brille aussi vivement que si elle rivalisait avec les débuts de l'aube en juin... Nature exaltante au plus haut degré, riche et brillante, afin de nous prouver que devant elle nous sommes de pauvres fous avec nos passions et nos chagrins.

Oui, Sonia se conduisait comme une folle avec Tanéev. Elle semble s'en rendre compte mais elle prétend que ses sentiments à son égard sont innocents :

> 5 juin... La seule raison de rompre toute relation avec Sergueï Ivanovitch est l'exigence dictée par la jalousie de Lev Nicolaïevitch ; Lev Nicolaïevitch souffre. Je souffrirais également si je mettais fin à cette relation. Je sens qu'il y a si peu de péché et une telle paix, une telle chaleur, une telle joie, une telle pureté dans mon attitude envers cet homme, qu'au plus profond de mon cœur je ne suis pas plus capable de détruire notre amitié que je ne le suis de m'arrêter de voir, de penser ou de respirer.

Sonia parle froidement de la souffrance de son mari. Elle n'ajoute pas qu'elle aussi souffre depuis longtemps des critiques de Lev sur sa façon de vivre, de *la Sonate à Kreutzer*, de l'éloignement intellectuel et spirituel de son mari, de son manque de compréhension devant le chagrin que lui causa la perte de Vanechka. Elle avait inventé l'amitié que lui portait Tanéev et à qui elle avait attribué toute la compréhension dont Lev manquait. Du fait que les sentiments de Tanéev étaient une invention de sa part, elle pouvait continuer à se sentir libre de tout reproche. Elle rapporte dans son journal qu'elle a demandé à l'esprit de Vanechka si ses sentiments pour Serguëi Ivanovitch étaient des sentiments coupables. Il se peut qu'elle ait éprouvé un soupçon de culpabilité, car elle écrit :

> Vanechka s'est détourné de lui [Tanéev]. Il semble que c'est seulement qu'il plaint son père. Mais je sais qu'il ne peut pas me condamner. C'est lui qui m'a envoyé Serguëi Ivanovitch et il ne voudrait pas me l'enlever.

Après le départ de Tanéev, Sonia se montra affectueuse avec son mari. « Quelle voix chaude et féminine tu as aujourd'hui », lui dit-il, comme ils se mettaient au lit. « Je ne l'aime pas quand tu cries. » Sonia écrit dans son journal que cette remarque la rendit heureuse jusqu'à ce qu'elle se rende compte que la tendresse de Lev était due au désir, bien qu'elle continuât à accepter sa part de responsabilité. Elle résume ainsi son désir :

> ... combler ce cratère qui ne cesse d'entrer en éruption et de lancer les flammes de ma nature ingouvernable [13].

Le journal de Sonia était d'une lecture bien amère pour Lev cet été-là :

> Je lui suis nécessaire la nuit mais pas le jour et ceci me rend triste, et contre ma volonté je voudrais avoir près de moi mon cher camarade... Aujourd'hui Serguëi Ivanovitch est parti. Ces jours furent joyeux et tranquilles. Serguëi Ivanovitch a joué plusieurs fois : la première fois, le soir du 10, Lev Nicolaïevitch était allé se promener avec Tania pour parler de Soukhotine et j'ai demandé à Serguëi Ivanovitch de jouer la sonate de

Mozart pour moi. Nous étions seuls dans la pièce, c'était serein et gai... Il y a quelque chose en lui [Tanéev] que tout le monde aime... Je pense à lui avec tranquillité. Il en est toujours ainsi après que je l'ai vu... Le soir, j'ai mis en ordre et recopié l'article de Lev Nicolaïevitch sur l'art. Maintenant je suis entièrement à son service et il est calme et heureux. De nouveau il me prend toute ma vie. Est-ce que ceci me rend heureuse ? Hélas ! non, je fais ce que je dois faire et il y a là une part de bonheur mais souvent je languis pour d'autres choses.

Sonia décrit Tanéev comme « calme, noble et bon ». Sans le moindre égard pour les sentiments de Lev, elle relate ce rêve :

Hier, j'ai vu Vanechka en rêve. Il était allongé, ses bras maigres et pâles tendus vers moi. Aujourd'hui, j'ai rêvé de Sergueï Ivanovitch, il souriait et il tendait également les bras vers moi.

Les aînés des enfants Tolstoï souffraient de la conduite de leur mère. En juillet 1897, Sonia écrivit dans son journal :

Macha m'a dit qu'Ilya a beaucoup de peine parce que chez ma sœur Tania à Kiev et chez les Filisov [beaux-parents d'Ilya] tout le monde parle de mon affection pour Sergueï Ivanovitch. Comme l'opinion publique se fixe de manière étrange ! Comme si le fait d'aimer fût une chose coupable. Mais rien de ceci ne me peine ni ne me gêne. Je suis même heureuse et fière que mon nom soit associé à celui d'un homme qui est si excellent, moral, bon et talentueux.

Quelques jours plus tard Sergueï remarqua devant sa mère : « Maman est retombée en enfance. Très bien, je vais lui donner une poupée et un service à thé en porcelaine [14]. » Sonia ne fut pas amusée par la remarque qu'elle consigne dans son journal avec ce commentaire :

Ses mots étaient drôles mais le fait que je retombe en enfance n'est pas drôle, il est au contraire très tragique... Ils me condamnent à cause de Sergueï Ivanovitch. A la bonne heure ! Cet homme a apporté tant de richesse et de joie dans ma vie — il m'a ouvert les portes du monde de la musique... Et ils croient tous que je suis amoureuse ! Comme ils sont tous devenus vulgaires ! Je suis déjà une vieille femme et de tels mots et de telles pensées sont absurdes.

Sacha, qui avait treize ans, ne disait mot mais elle aussi souffrait. Pour la seconde fois, elle se sentait dépossédée de l'affection de sa mère ; la première fois au profit de Vanechka, cette fois-ci au profit de Tanéev. Depuis la mort de Vanechka, sa seule compagnie à la maison était sa mère. Maintenant, quand Sergueï Ivanovitch lui rendait visite, Sonia envoyait Sacha dans sa chambre. Les crises de rage de Sacha s'aggravèrent (elle était connue par les domestiques pour son caractère impossible et toutes les gouvernantes pressenties refusaient l'emploi qu'on leur proposait à cause de sa réputation) mais ni Lev ni Sonia ne prirent la peine de découvrir la cause de la colère de Sacha. Tous deux étaient trop préoccupés par la difficulté de leurs propres relations.

IV

Lev et Sonia pouvaient ignorer les souffrances de Sacha car elle-même n'en parlait pas. Le cas fut différent quand Tania avoua avoir rencontré Soukhotine (qui était maintenant veuf) à son hôtel à Tula et avoir fait un voyage en train avec lui. Les Tolstoï furent provisoirement unis dans leur consternation. Ce fut ensuite au tour de Macha de leur causer du souci. Quelques jours après son arrivée à Iasnaïa, en août, elle tomba malade de la typhoïde. Sonia la soigna et Lev, avec sa maladresse habituelle, essaya de l'aider. Alors que Sonia confectionnait un cataplasme, il se proposa pour chauffer les serviettes au-dessus d'une bougie et parvint à mettre le feu à sa barbe. Sonia éteignit promptement l'incendie à mains nues, ce qui déclencha la fureur de son mari.

On engagea une infirmière pour s'occuper de Macha pen-

202

dant sa convalescence et en septembre, cette dernière était suffisamment remise pour que Sonia pût se rendre à un rendez-vous chez son dentiste à Moscou. A son grand dam, celui-ci devait lui mettre un dentier, mais elle préférait affronter tous les problèmes que posait la mise au point plutôt que de rester presque sans dents, comme son mari depuis qu'ils étaient mariés. Le premier dentier n'allait pas et Sonia retourna chez le dentiste en octobre. Pendant les deux séjours qu'elle fit dans sa maison de Moscou, Tanéev fut au nombre des visiteurs. Les écailles tombèrent enfin des yeux de Sonia et le 10 octobre elle nota :

> D'une certaine manière un mécontentement persiste dans nos relations et même un éloignement. Je n'étais pas heureuse avec lui mais empruntée et pendant un moment c'était même douloureux. Etait-ce parce que j'avais reçu une très gentille lettre de Lev Nicolaïevitch et que mon cœur songeait à lui et à Iasnaïa Poliana, ou est-ce que ma conscience était tourmentée par le fait que l'intrusion de Serguei Ivanovitch dans ma vie avait non seulement causé de la peine mais faisait peut-être encore maintenant souffrir Lev Nicolaïevitch ?

Mais Sonia ajoutait une remarque qui montre à quel point son amitié pour Tanéev était un acte de protestation contre son mari :

> Je continue à braver le déplaisir de Lev Nicolaïevitch et ne veux pas aliéner ma liberté d'action et de sentiments aussi longtemps que je ne me sens pas coupable.

Quand novembre arriva, Sonia était installée pour l'hiver dans la maison de Moscou et attendait que Lev tînt sa promesse de la rejoindre. Lev retardait la date de son arrivée ; il était satisfait d'être seul à la campagne et il songeait même à un roman. Durant l'été 1896, il avait pensé à un chef de tribu du Caucase, Hadji Mourad, personnage réel dont l'histoire était passée à la légende. Lev consignait dans ses carnets et ses journaux les idées qui lui venaient à propos de ce projet. En octobre 1897, il note :

14 octobre... Pour H[adji] M[ourad] : 1. Sur le flanc de la montagne l'ombre d'un aigle dans le ciel 2. Les traces de bêtes sauvages, de chevaux et d'hommes sur le sable au bord de la rivière 3. Les chevaux entrant dans la forêt s'ébrouant gaiement 4. Une chèvre bondissant d'un fourré.

Un mois plus tard, il écrit qu'il a beaucoup pensé à Hadji Mourad et qu'il a préparé des matériaux. Il ajoute que ce serait pour lui un effort que de retourner à Moscou. Finalement, le 25 novembre, Sonia terminait une lettre sur une note menaçante :

Eh bien, adieu maintenant. Je ne vais pas t'attendre plus longtemps. Faire un effort sincère m'est devenu insupportable. J'irai à autant de concerts qu'il me sera possible. Je commence à aimer beaucoup cette solitude dans la foule, tandis que j'écoute de la musique. C'est bon pour ma santé et mon bonheur.

S. Tolstoï

Sa lettre contraria Lev mais il fit ses bagages pour l'hiver et il arriva à Moscou le 5 décembre. Sonia n'était pas à la maison. Tania expliqua que sa mère était de nouveau jalouse de la directrice du *Messager du Nord*. Tania avait mentionné, en passant, un article que Lev avait envoyé au périodique et Sonia prit ombrage et s'enfuit au monastère de la Trinité en dehors de Moscou où elle s'installa à l'hôtellerie. Elle dit à Tania qu'elle y resterait jusqu'à ce que Lev arrive à la maison et lui envoie un télégramme. Lev câbla aussitôt :

Je voudrais venir mais me sens trop faible. S'il te plaît, viens aujourd'hui. Il n'y a pas de raison de souffrir. Réponds.

Sonia répondit en prenant le premier train pour Moscou. Lev l'accueillit sur le pas de la porte, en pleurs, et ils se jetèrent en pleurant dans les bras l'un de l'autre. Dans la chaleureuse conversation qui suivit, Lev accepta de ne pas publier l'article dans *Le Messager du Nord* et Sonia promit de ne pas voir Tanéev autrement que de manière fortuite. Sonia ajouta à sa promesse qu'elle voulait accomplir son devoir auprès de son mari et tout faire pour son bonheur et la paix de son esprit. Cette nuit-là elle écrivit dans son journal :

> Nous avons parlé merveilleusement et il m'a été facile de tout lui promettre et je l'aimais si fort et je suis prête à continuer à l'aimer.

Sonia garda la lettre de sa promesse sinon l'esprit. Elle ne considérait pas que le fait d'assister aux concerts de Tanéev fût le voir intentionnellement — à l'évidence, elle y allait pour la musique, et elle jugeait qu'une visite occasionnelle à « un ami » faisait partie du cours naturel des événements. Lev cessa de remplir ses journaux et carnets de remarques jalouses. Son chagrin disparut de la surface pour émerger sous forme d'une misogynie mesquine et chicanière. Des remarques aigres à propos des femmes apparurent régulièrement dans son journal. Il n'établissait aucun lien entre ces remarques et la jalousie qui le tourmentait.

Mais celle-ci explosa une fois encore. En juillet 1898, Sonia rendit visite aux Kouzminski à Kiev et persuada sa sœur de revenir avec elle à Iasnaïa. Lev était ravi de revoir la « bien-aimée Tania Kouzminski ». Tania essaya de faire la paix entre eux durant son séjour. Elle parla à Lev de l'attitude de Sonia vis-à-vis de Tanéev et affirma avec insistance qu'il n'y avait là que le besoin innocent de trouver une consolation dans la musique. Tania parla à Sonia d'une autre manière, la gourmandant et lui déclarant que sa conduite était scandaleuse. Après le départ de Tania, les Tolstoï eurent une longue conversation infructueuse que Lev consigna en détail dans son journal et intitula « Un dialogue ». La conversation commença alors qu'ils venaient de se mettre au lit et Lev demanda à Sonia de reconnaître que ses sentiments pour Tanéev étaient coupables et constituaient un péché contre son mari. Sonia protesta qu'elle n'avait aucun sentiment d'aucune sorte pour Tanéev en tant qu'homme, et si elle avait le moindre sentiment à son endroit en tant que personne, il était si insignifiant qu'il ne valait pas la peine d'en parler. Lev s'entêta à déclarer que ce sentiment n'était pas insignifiant et qu'elle devait assumer le péché qu'il représentait. Sonia nia qu'il y eût péché mais elle ajouta : « Je suis désolée de t'avoir blessé et je me repens de

cela. » Si Sonia ne pouvait pas faire une chose aussi insignifiante que de renoncer aux concerts de Tanéev pour l'amour de
son mari, comment pourrait-il croire qu'elle n'avait aucun
sentiment pour Tanéev ? D'un ton las, Sonia accusa Lev de
répéter sans cesse la même chose ; Lev l'accusa d'être « de ces
femmes qui ne ratent pas un concert ». Son ton sarcastique
blessa Sonia qui se mit à pleurer. Ses pleurs se muèrent en
sanglots hystériques, puis elle se mit à rire et le supplia de lui
couper la gorge. Lev la calma en lui prenant les mains et en lui
embrassant le front. Elle finit par se calmer et après une série
de longs soupirs, elle s'endormit dans ses bras. Le lendemain
Lev écrivit dans son journal qu'il ne voyait pas d'issue à cette
situation absurde, honteuse et triste. Sonia tomba malade à la
suite de leur querelle. Elle resta au lit et refusa de manger. Elle
décrit dans son journal comment elle avait perdu toute
capacité de ressentir et de prendre le moindre intérêt à la vie.
Quand elle fit tomber par inadvertance la photographie de Lev
qui était sur sa table de chevet, elle se dit qu'elle l'avait fait
tomber du piédestal qu'il avait occupé pendant une si longue
période de sa vie.

Mais quelques semaines plus tard, la tranquillité régnait à
nouveau à Iasnaïa Poliana. Des invités arrivaient presque
chaque semaine. En 1898 quatre de leurs enfants étaient
mariés et vinrent avec leur épouse [15]. En août, la famille et les
amis se réunirent pour célébrer le soixante-dixième anniversaire de Lev et le cinquante-quatrième de Sonia. Le jour
anniversaire de leur mariage Sonia était à Moscou pour la
rentrée des classes des garçons. Elle écrivit dans son journal :

> Voilà trente-six ans que je me suis mariée avec Lev
> Nicolaïevitch et aujourd'hui nous sommes séparés. Il
> est triste que nous ne soyons pas toujours ensemble,
> comme je l'aurais aimé. Et combien de mon côté j'ai
> fait d'efforts pour notre unité spirituelle ! Le lien entre
> nous est solide mais pas sur la base que j'aimerais. Je
> ne me plains pas, c'est bien ainsi, il est bon qu'il se
> préoccupe tant de moi, qu'il me garde si jalousement,
> qu'il ait si peur de me perdre. Il a peur pour rien. Mais
> en tout cas, il n'y a personne sur terre que je puisse

même *comparer* à mon mari. Toute ma vie il a occupé une trop grande place dans mon cœur.

Sonia s'était guérie sans avoir quelqu'un avec qui parler objectivement de sa situation. Sa sœur l'avait tancée mais elle ne l'avait pas poussée à prendre des vacances, à faire une cure de repos ou à changer d'air. Sonia avait été forcée d'inventer son propre remède, son amitié imaginée, qui avait en même temps assagi la douleur causée par la perte de Vanechka et réglé certains vieux comptes avec Lev. Ce remède avait soulagé ses blessures sans les guérir complètement. Une seule personne avait failli comprendre ses problèmes affectifs, Lev :

> Il n'y a que moi sur qui elle puisse s'appuyer et, au fond de son cœur, elle craint que je ne l'aime pas, comme je pourrais, de tout mon cœur et que la raison en soit qu'elle ne peut pas suivre ma voie.

Il avait essayé de la rassurer :

> Je suis avec toi, telle que tu es, je t'aime et je t'aime infiniment.

Mais Lev ne pouvait être à la fois la cause du problème et le conseiller. Il comprenait Sonia dans ses moments de clairvoyance parce qu'il était compatissant, sensible, et qu'il l'aimait. En même temps, il lui en voulait pour des raisons qu'il ne comprenait pas lui-même. Ce que son amour et sa compréhension donnaient d'un côté, son ressentiment le reprenait souvent de l'autre.

Après la crise causée par Tanéev, Lev essaya d'être plus prévenant avec sa femme. Durant une soirée, alors que la maison était pleine d'invités, Sonia l'appela pour qu'il vînt s'asseoir près d'elle. « Non, répondit Lev brièvement, je veux être seul pour lire. » Dès qu'il eut parlé, Lev se rendit compte que sa réponse n'était pas celle qu'elle attendait et il s'efforça de réparer son erreur. Une autre fois, il alla chercher Sonia à la gare (elle avait été régler des affaires immobilières à Iasnaïa) et exprima sa satisfaction de la voir de retour à la maison, parce qu'il s'apprêtait à partir rendre visite aux Olsoufev. Sonia répliqua, les larmes aux yeux : « Ce que

j'aurais aimé, c'est que nous restions ensemble à la maison. »
Lev annula sa visite et resta à la maison.

Lorsqu'en 1907 Sonia copia les journaux de son mari qui
couvraient les années 1895-1897, le souvenir de sa toquade lui
revint :

> Quels souvenirs terribles ! Il n'y avait personne, si ce
> n'est une dame étrangère, malade et hystérique.

Sonia parlait généralement d'elle-même comme d'une
« femme » et il semblait que, ce jour-là, la seule invitée eût été
la « dame hystérique ». Il se pourrait, par conséquent, que
Sonia fît allusion à elle-même. Le journal de Lev comporte une
liste des invités pour la période et ce sont tous des hommes.
Peut-être Sonia, après ces souvenirs terribles, voulait-elle dire
qu'il n'y avait pas « d'amitié » importante avec Tanéev,
personne d'autre dans sa vie que son mari, et que, se
considérant telle qu'elle était à l'époque, elle voyait une
personne malade, hystérique, une personne qui lui était
maintenant étrangère.

Chapitre VIII

LA LUMIÈRE DU SOIR
1898-1908

I

En novembre Sonia écrivit dans son journal :

> J'ai beaucoup parlé avec Levochka. Au sujet de Micha,
> à mon sujet et au sujet des œuvres de L. N. Il a dit que
> depuis l'époque de *Guerre et Paix* il ne s'est pas senti
> aussi créatif et aussi satisfait de son travail qu'il l'est de
> *Résurrection.*

Lev était en train d'écrire un roman, *Résurrection*, afin de
réunir de l'argent pour l'émigration des Doukhobors au
Canada[1]. Il avait décidé de déroger à ses principes et d'accepter l'argent du livre et Sonia avait du mal à comprendre
qu'il pût gagner de l'argent pour le donner à des étrangers
et non à ses propres enfants, en particulier Ilya et Macha
qui avaient moins que les autres. Elle se plaignit à son
journal :

> C'est son *droit*, et pas le mien, bien que ce soit une chose
> étrange que dans une famille, après trente-six ans de
> vie commune, nous devions parler de *droits.* Ses enfants
> seront pauvres. Il ne les a pas élevés à travailler.

Sonia verrait toujours le geste généreux de Lev en faveur
des Doukhobors comme une trahison injustifiée envers sa
famille. Les plaintes, toutefois, n'étaient plus de règle dans son

journal et le plus souvent ses allusions à son mari étaient empreintes de bonheur :

> Très amical avec Lev Nicolaïevitch. Comme je l'aime simplement sans peur de mon côté, sans réprimandes et arrière-pensées de son côté... Il [Lev] est décontracté et plein de bonne volonté... Aujourd'hui nous avons eu une conversation chaleureuse... Nous sommes heureux ensemble, sans reproches.

Il n'était pas dans la nature changeante des Tolstoï de vivre ensemble sans reproches, mais les mauvais sentiments étaient moins fréquents et moins amers. L'humeur à la maison était heureuse, comme la « lumière du soir » que Lev avait espérée, la lumière précédant le coucher du soleil qui serait « lumineux et dégagé ». Alors que Sonia était sur le point de rejoindre Lev à Iasnaïa pour Noël, elle lui écrivit :

> Je n'arrête jamais de penser à toi, comment tu vas, si tu vas bien, comme je serai bientôt heureuse d'être avec toi.

Le journal de Sonia était envahi par la vie domestique — les soirées familiales où Lev faisait la lecture, amusait les jeunes amies de Sacha (qui avait alors quatorze ans), les nombreux hôtes des Tolstoï, le ménage de printemps à Iasnaïa et les semailles de l'avoine, les courses à Moscou pour les petits-enfants et le plaisir procuré par la visite de ces derniers. « Comme j'aime cela ! » s'exclamait-elle, quand il y avait des petits-enfants à la maison. Lorsqu'ils étaient partis, Lev reconnaissait : « C'est triste sans enfants. Il y a peu, nous avions deux landaus mais maintenant il n'y en a plus. » (En 1898, Ilya avait quatre enfants et Sergueï et Lev en avaient chacun un. Sergueï était maintenant veuf ; Mania était morte quelques années après la naissance de leur fils. Avant sa mort elle s'était séparée de Sergueï.)

En janvier 1899, Androucha, qui avait vingt-deux ans, épousa Olga Ditérix, sœur de la femme de Tchertkov et de huit ans son aînée. Les Tolstoï n'étaient pas enthousiasmés par cette union. Sonia décrit Androucha à son mariage :

Comme dans un rêve, très ému mais ne comprenant pas pourquoi il se marie et comment les choses se passent ensuite. Je ne comprends toujours pas Olga.

Mais le mariage ne contraria pas les Tolstoï outre mesure et le même mois Lev note dans son journal :

Je vis heureux avec Sonia. Je suis sénilement tranquille.

Lev sourit sans doute en écrivant ces derniers mots ; chacun des jours où il écrivait, il prouvait que ses capacités intellectuelles et artistiques étaient intactes. Afin de pouvoir publier rapidement pour venir en aide aux Doukhobors, Lev s'était attelé à des œuvres qu'il projetait depuis dix ans. En 1898, il termina *le Père Serge*, une nouvelle qui conte l'histoire d'un homme égoïste et mondain qui se repent de ses fautes, se fait moine et résiste aux avances d'une belle femme pour finalement pécher avec une paysanne laide et arriérée. A l'origine, cette histoire, comme *la Sonate à Kreutzer*, devait illustrer les méfaits de la passion sexuelle, mais, dans ce cas, le génie littéraire de Lev l'emporta sur son message.

Une fois débarrassé de ce court récit, Lev se concentra sur *Résurrection*, dont l'intrigue provenait d'une affaire réelle que le juriste Koni avait racontée à Lev. Le héros de Lev, Nekhlioudov, un prince, avait séduit et abandonné une paysanne, Katioucha. Katioucha, enceinte, était chassée de la maison où elle vivait et travaillait. L'enfant mourait peu après sa naissance et Katioucha se prostituait pour vivre. Un client l'ayant accusée de l'avoir volé, elle passait en jugement et Nekhlioudov, qui faisait partie du jury, reconnaissait la femme qu'il avait abandonnée. Cette confrontation avec son passé était une confrontation avec sa conscience et le début d'une nouvelle vie. Sonia respectait la vérité de l'histoire, bien qu'elle n'aimât pas le livre d'emblée. Elle écrivit dans son journal : « C'est une histoire odieuse. Peut-être l'améliorera-t-il. » La séduction de Katioucha rappelait à Sonia la paysanne que Lev avait séduite alors qu'il était célibataire. Elle préférait *l'Histoire d'une mère* et en novembre elle écrivait à propos du roman que Lev projetait :

L. N. m'a envoyé un fragment de sa belle histoire bien conçue, *l'Histoire d'une mère*. C'est l'histoire d'une mère de huit enfants, une mère magnifique, tendre, attentionnée qui, l'âge venu, se retrouve seule et vit… avec la conscience terrible que toute sa vie a été vouée en pure perte à ses enfants. Non seulement elle n'est pas heureuse avec eux mais eux-mêmes sont malheureux.

Peut-être Lev ne fut-il jamais capable de terminer *l'Histoire d'une mère,* parce qu'encore une fois il écrivait un roman dont le message était plus important que sa sincérité artistique. Mais cette fois-ci, le message à Sonia, à la différence de celui de *la Sonate de Kreutzer,* était positif et affectueux.

La confiance de Sonia en son mariage ne vacillait maintenant plus que lorsqu'elle se sentait négligée par son mari :

Il ne me parle plus de son travail, de ses pensées, il prend de moins en moins part à ma vie… Personne n'est aussi seul que moi. Le matin seule, au déjeuner seule, le soir seule. Contre ma volonté, je vais au concert et j'erre parmi des gens qui au moins me parlent sérieusement.

Quand Lev était préoccupé et distant, Sonia trouvait le réconfort dans les concerts et les visites de Tanéev. Quand il venait, Lev était moins agacé et parfois même amical. C'est Sonia qui, un an plus tard, fut contrariée par le refus de Tanéev de jouer à un concert de charité sous prétexte qu'il n'avait pas le temps de répéter. Elle écrivit dans son journal :

Il a été, comme d'habitude, égoïste, logique et irréprochable dans ses raisons.

Sonia passait une bonne partie de sa vie à s'inquiéter de la santé de Lev, à exagérer ses maux d'estomac. Elle note tristement qu'il est maigre et qu'il montre des symptômes de vieillissement. C'est Sonia, pourtant, qui fut la première à tomber gravement malade. Elle s'évanouit durant un concert et cette nuit-là sa température monta à tel point que Lev courut chercher le médecin à trois heures du matin. Sonia avait une grippe compliquée d'une infection des poumons. Quand elle fut suffisamment remise pour écrire son journal elle y relate le plaisir qu'elle eut à voir Lev s'inquiéter pour elle, prendre soin d'elle, et Sacha la dorloter. Lev consigna la maladie de Sonia, une fois que tous furent de retour à Iasnaïa pour l'été :

> Elle a été très malade et encore maintenant elle est faible. Elle est encore dans sa période critique.

Tout l'été Lev travailla régulièrement à *Résurrection*, écrivant parfois sept heures sans interruption. Sonia fait des remarques sur sa concentration :

> Il travaille sans cesse à *Résurrection*... [Lev] a reçu la visite du... directeur de la prison de Boutirky qui lui a fourni beaucoup d'informations sur la partie technique de la prison, les prisonniers, leurs vies et ainsi de suite — tout ceci pour *Résurrection*... On ne le voit jamais. Le cuisinier l'aperçoit une minute quand il apporte ses repas au comte.

En décembre 1899 Lev acheva le dernier chapitre et nota brièvement que l'œuvre était achevée, « pas bonne, pas corrigée, bâclée » — mais qu'elle était faite et qu'elle ne l'intéressait plus.

Avant que *Résurrection* ne fût achevé, l'épisode final de l'idylle de Tania avec Soukhotine consterna de nouveau les Tolstoï. En octobre Sonia écrivit dans son journal :

> 4 octobre. Anniversaire de Tania, elle est partie hier pour Moscou, où est allé Soukhotine, et de nouveau elle veut décider une fois pour toutes — de l'épouser ou de ne pas l'épouser. Pauvre petite ! Voilà trente-cinq ans qu'elle vit, brillante, sage, adorée par tous, talentueuse et gaie — et elle n'a pas trouvé le bonheur.

Une semaine plus tard, Tania écrivit chez elle qu'elle était en paix et heureuse et s'était mise en de bonnes mains. Sonia note avec froideur que cela signifiait que Tania allait épouser Soukhotine. Le mariage eut lieu le 14 novembre dans une atmosphère funèbre. Lev et Sonia sanglotaient. Le lendemain, Tania partit avec son mari pour l'Italie. Les Soukhotine vivraient une partie de l'année à l'étranger et passeraient le reste du temps à Kochety, un domaine proche de Iasnaïa. Lev décida que le comportement « irrationnel » de Tania était simplement une preuve supplémentaire de la bassesse essentielle de la femme. Il grogne dans son journal :

> Tania est partie. Je ne sais pas pourquoi. Avec soukhotine. C'est terrible et insultant. J'ai soixante-dix ans et sans cesse les femmes baissent et baissent dans mon estime et il me faut encore et encore les rabaisser. La question féminine ! Comment ne pas avoir une question féminine ! Ce n'est pas seulement que les femmes se sont mises à diriger la vie, mais en plus elles continuent à la détruire.

Pour Sonia, le mariage de Tania était un crève-cœur, partagé par Lev et leur douleur les avait rapprochés l'un de l'autre ainsi que l'avait fait la mort de Vanechka. Le 31 décembre, elle note : « Le dernier jour de l'année ! Que va nous apporter la nouvelle ? »

Androucha et Olga vivaient maintenant à Iasnaïa et Sonia s'inquiétait de ce qu'il fût « grossier et despotique » avec Olga, qui était enceinte de cinq mois. Sonia pensait qu'Androucha n'était pas lui-même parce qu'il avait mal au foie et que sa « pauvre femme souffrait de son foie malheureux ». Quelque aversion qu'ils pussent avoir initialement pour eux, les Tolstoï absorbaient les conjoints de leurs enfants à une vitesse remarquable. Kolya était maintenant traité comme un fils et il assumait les tâches familiales, copiant les manuscrits et écrivant sous la dictée de Lev. Mais Tania était différente. Elle avait tant attendu avant de se marier que son père et sa mère avaient pensé qu'ils la garderaient toujours avec eux. Maintenant, Lev faisait des allusions aussi moqueuses que cruelles au mariage d'une « vierge de trente-cinq ans ». Toutefois, quand les Soukhotine vinrent leur rendre visite en mars, la magie opéra encore une fois. Lev écrivit dans son journal :

> Tania est arrivée, satisfaite, heureuse. Et je suis content pour elle et avec elle.

Très vite, Lev joua aux échecs avec Mikhaïl Soukhotine. Non seulement le mari de Tania fut adopté comme un membre de la famille, mais également les six enfants de son premier mariage. Dans l'année qui suivit, Sonia invita Micha Soukho-tine, qui avait l'âge de Sacha, à vivre avec les Tolstoï.

Entre-temps, les premières éditions de *Résurrection* avaient été immédiatement épuisées en France, en Allemagne, en Angle-terre, aux Etats-Unis et au Japon, où *Résurrection* eut plus de succès que toutes les autres œuvres de Tolstoï à tel point qu'en 1900 une chanson populaire japonaise s'appelait « Katiou-cha ». En Russie, la censure fit presque cinq cents coupures ; d'autres pays censurèrent également certains passages tou-chant le désir sexuel, l'Eglise, la propriété privée et la distribu-tion de la richesse. Au contraire, *l'Illustration* inventa des scènes d'amour, ses lecteurs s'étant plaints qu'il n'y en eût pas assez.

Si 1899 avait pris fin sur la pseudo-tragédie du mariage de Tania, une douleur véritable attendait les Tolstoï à la fin de l'année 1900. Le petit garçon du jeune Lev mourut un jour avant Noël. Sonia se rendit immédiatement à Iasnaïa pour réconforter les parents, puis à Kochety avec Tania, qui avait donné naissance à un enfant mort-né. Le 3 janvier, elle rentra à Moscou et écrivit dans son journal :

> Sacha et L. N. et tous les domestiques furent très contents de me voir et il fut bien agréable de se retrouver calmement à la maison.

II

Ce calme ne dura pas longtemps. En janvier 1901, Micha Tolstoï épousa son amour d'enfance, Alexandra Gelbov.

> Ce fut un mariage très grandiose et élégant, note Sonia. Le grand-duc Sergueï Alexandrovitch est venu de Pétersbourg pour un seul jour, seulement pour le mariage.

Le mariage avait à peine eu lieu que le Saint-Synode de l'Eglise russe orthodoxe prit contre Lev une mesure qui créa une agitation internationale : le décret ecclésiastique n° 8, l'excommunication de Lev Tolstoï, fut publié dans tous les journaux russes. L'artisan principal de l'excommunication fut Constantin Pobédonostsev, le puissant procureur du Saint-Synode[2]. Pobédonostsev était un ardent défenseur de la monarchie absolue et, selon lui, les idées sociales et religieuses de Tolstoï, son pacifisme et sa défense des peuples opprimés à l'intérieur de la Russie, étaient une menace pour l'Etat. Le décret précisait notamment :

> Le comte Tolstoï, tenté par son orgueilleux esprit, s'est insolemment rebellé contre le Seigneur et Son Christ et Sa sainte propriété... Il a voué le talent littéraire que Dieu lui a accordé à répandre parmi le peuple des enseignements contraires au Christ et à l'Eglise.

Le Saint-Synode interdit qu'aucun rite fût exécuté pour le comte Tolstoï aussi longtemps qu'il ne se repentirait pas. La réaction publique ne fut pas celle qu'attendait le Synode. Il y eut des manifestations à Kiev, Saint-Pétersbourg et Moscou. Alors qu'il faisait sa promenade de l'après-midi, Tolstoï fut reconnu par quelqu'un qui s'écria en riant : « Voilà le démon incarné lui-même ! » Immédiatement Tolstoï se vit entouré par la foule et, au milieu des rires et des acclamations, il fut obligé de prendre un taxi pour retourner chez lui. Sonia écrivit sur-le-champ une protestation aux métropolites qui fut communiquée à la presse et publiée dans le monde entier. Le 6 mars, elle colla une coupure de presse rendant compte de l'excommunication dans son journal et écrivit en dessous :

> Voilà trois jours qu'on ovationne Lev Nicolaïevitch de manière ininterrompue. On apporte des paniers de fleurs, on envoie des télégrammes, des lettres et des félicitations. Sans cesse Lev Nicolaïevitch reçoit des témoignages de sympathie et l'Eglise et le Synode provoquent l'indignation.

Le 26 mars, Lev envoya sa réponse, où il ne témoignait aucun repentir, non pas au Synode mais au « tsar et à ses conseillers »[3]. Sonia remarque avec une certaine sécheresse : « Que va-t-il advenir de cela ? Je ne voudrais pas nous voir exilés de Russie à nos âges. » Il n'y avait pas de danger ; le Synode, et le gouvernement qui l'avait soutenu, savaient que l'excommunication était une erreur, puisque dans le monde entier elle était considérée comme une sorte d'honneur. Alexandra Tolstoï cite, sans en nommer l'auteur, une des rares lettres adressées à Lev qui n'aient pas été en sa faveur. Elle était adressée à « Lev, bête à l'apparence humaine, rejeton de l'enfer, esprit des ténèbres, vieux fou » et exprimait le désir de le voir maudit et damné.

Le courrier continua d'arriver après que la famille fut retournée à Iasnaïa pour l'été, mais Lev avait cessé de s'intéresser à l'affaire. Il écrit dans son journal :

> Je suis seul avec Sonia. Je vais très bien.

Un mois plus tard, Sonia s'exclame dans son journal :

> Mon Dieu, quel été heureux !

Son seul souci était la santé de son mari ; elle note dans son journal que son visage est émacié, sa barbe toute blanche, qu'il est maigre et que sa digestion est si mauvaise qu'il ne peut pas manger comme il devrait. En juillet, alors que Sonia lui mettait une compresse sur l'estomac, Lev la fixa soudain d'un regard soutenu puis il éclata en sanglots. « Merci, Sonia, dit-il. Ne pense jamais que je ne te suis pas reconnaissant et que je ne t'aime pas. » Cette nuit-là, Sonia écrivit dans son journal :

> Sa voix était brisée par les larmes et j'embrassai ses chères mains, si familières, et lui dis que je voulais le bonheur pour lui, que je me sentais toujours coupable à son égard si je ne lui donnais pas assez de bonheur, qu'il devait me pardonner pour ce que je n'étais pas capable de lui donner et, tous deux en larmes, nous nous embrassâmes et c'était une chose que j'avais désirée dans mon cœur depuis longtemps ; c'était une reconnaissance chaleureuse, profonde, de notre relation étroite au cours des trente-neuf ans de notre vie commune — tout ce qui nous avait troublés passagèrement était d'une certaine manière une illusion et n'avait jamais changé les puissants liens intérieurs du magnifique amour qui existait entre nous.

Lev et Sonia n'en avaient pas parlé mais il était clair que tous deux étaient conscients que leur vie commune ne durerait pas toujours. Le lendemain Lev dit à Sonia : « Je suis maintenant à un carrefour. J'ai devant moi une bonne mort et derrière moi une bonne vie. Si je continue maintenant, je ne ferai qu'ajourner. » « Une bonne mort » occupait beaucoup les pensées de Lev. Des années auparavant, Tourguéniev, en visite à Iasnaïa, avait suggéré que tous ceux qui avaient peur de la mort lèvent la main. Avec Tourguéniev, Lev avait été le seul de toutes les personnes présentes à lever la main. La terreur d'Arzamas avait été la mort. La mort était l'inévitable vide noir devant lequel la renommée, le génie et le bonheur étaient impuissants. Le seul réconfort que Lev avait jamais trouvé contre le vide noir avait été de l'embrasser. Pathétiquement, il avait essayé de remercier Dieu pour la mort de Vanechka, de croire qu'elle était belle et que c'était la volonté de Dieu. Aujourd'hui, à soixante-dix ans passés, la mort serait bonne et elle n'était pas à craindre. Mais la peur que Lev essayait de nier était là, et il lui devenait de plus en plus nécessaire de s'assurer que l'événement final de sa vie était pour lui le bienvenu.

Sonia n'essayait même pas de se résigner à l'idée de perdre son mari :

> Maintenant mon Levochka dort. Il est toujours en vie, je peux le voir, l'écouter, tourner autour de lui — mais qu'arrivera-t-il ensuite ? Mon Dieu, quelle insupportable, horrible souffrance serait la vie sans lui ; sans son soutien et son amour constants, la stimulation de son esprit et, mieux que tout, son intérêt pour la vie.

Tout au long de l'été le médecin de Lev vint souvent à Iasnaïa. Il découvrit que Lev avait le cœur faible et la malaria. Le 14 juillet Sonia écrit :

> Le médecin a prescrit de la quinine et suggéré des injections d'arsenic que, je le regrette, il [Lev] refuse obstinément. En ce moment il est très maigre et faible mais son appétit est excellent, il dort également bien, n'a pas mal et chaque matin il travaille sur son article

[le seul moyen, une tentative pour démontrer que les travailleurs pourraient améliorer leur sort grâce à la religion. Lev décida ensuite que ses arguments étaient faibles.]... Dieu merci, Dieu merci, elle [la mort de Lev] est repoussée à plus tard ! Juste afin que nous puissions vivre ensemble plus longtemps ! Pour la première fois, j'ai clairement ressenti la possibilité d'être séparée de mon mari bien-aimé et j'ai été saisie par le découragement. Je pourrais difficilement continuer s'il devait mourir.

Macha, Kolya, le jeune Lev et Dora vinrent pour l'été. Androucha et Olga vivaient à Iasnaïa avec leur nouvelle fille, Sonia. Quand Lev était trop faible pour écrire, il dictait à ses filles ou à Kolya, la plupart du temps à Macha. Une grande partie de son journal de cette période concerne la religion et la morale, mais il était encore obsédé par la question des femmes. Il dicta à Macha :

Seuls les maris connaissent leurs femmes. [Les mots suivants « quand il est trop tard » sont barrés.] Seuls les maris les voient de la coulisse. C'est pourquoi Lessing a dit que chaque mari déclare qu'il n'existe au monde qu'une mauvaise femme et que c'est la sienne[4]. Devant les autres, elles jouent le jeu avec habileté et tant d'art que nul ne les voit telles qu'elles sont, particulièrement quand elles sont jeunes.

Lev dicta ces mots à une fille qu'il aimait, peu après le moment de tendresse qu'il eut avec Sonia quand, en pleurant, il la remercia de s'occuper de lui. Apparemment Lev essayait de croire qu'il pouvait continuer à alimenter le foyer de sa rage contre les femmes, sans que ses sentiments envers celles de sa famille en fussent contaminés. Si Sonia, qui avait vécu avec cette rage pendant de nombreuses années, lut ce passage, il est difficile de croire qu'elle ressentit un détachement similaire, mais à l'époque son seul souci était la santé de Lev. Le 22 juillet elle écrivit :

Lev Nicolaïevitch se remet, il fait de longues promenades dans les bois, son appétit est excellent, aussi il dort bien, Dieu merci. Hier soir, il a reçu le courrier de

219

Tula et Kolya Obolenski a lu les lettres. [La maladie de Lev lui valait des témoignages de sympathie du monde entier.] Toutes les lettres exprimaient la sympathie, se félicitant que L. N. eût recouvré la santé. Il écouta, puis se mit à rire et dit : « Maintenant si je commence à mourir, je dois mourir pour de bon, ce ne doit pas être de la plaisanterie. Oui, ce serait une honte de repasser par tout ça depuis le début. Tout le monde croirait la chose vraie, les correspondants arriveraient, les lettres, les télégrammes et soudain, encore une fois pour rien. Non, ce serait certainement indécent. »

Sonia remarqua que la vieillesse devait être une chose bien ennuyeuse et qu'elle espérait qu'elle mourrait rapidement.

> Mais L. N. s'anima soudain, comme sortant brusquement de lui-même, et protesta avec véhémence : « Non, il faut vivre, la vie est si belle ! » Cette vitalité à soixante-treize ans est magnifique et elle le sauve et moi aussi.

Lev se remit de la malaria mais son cœur restait faible et les médecins étaient inquiets à l'idée qu'il passe l'hiver dans le nord. Le 30 juillet, Sonia nota :

> J'ai reçu une lettre de la comtesse Panine [une femme riche, connue pour sa générosité envers les pauvres de Saint-Pétersbourg] qui nous propose sa datcha à Gaspra en Crimée, et nous irons mais je ne veux pas y aller avant septembre.

La semi-guérison de Lev — il n'était pas assez malade pour que son état exigeât des soins attentifs mais il n'était pas assez bien pour vivre comme d'habitude — mettait Sonia dans l'agitation. Elle s'inquiétait de ce qu'ils abandonnent leurs activités habituelles pour tout l'hiver.

> L. N. et moi avons vécu ensemble une grande partie de la vie — trente-neuf ans. Et maintenant commencent les changements : nous allons aller ensemble en Crimée. L. N. devient plus faible et découragé, bien qu'il soit vrai qu'il s'en tienne à son emploi du temps

habituel : le matin il écrit, marche un peu dans le jardin ou le bois proche, passe la soirée avec moi. Ceci durera-t-il longtemps ? Et de quoi ma vie sera-t-elle faite ? Personne ne peut le prédire, je le sais. Que ta volonté soit faite, Seigneur.

On fixa le départ au 5 septembre et juste avant, Sonia alla à Moscou faire des courses. Macha saisit l'occasion de l'absence de sa mère pour se réaffirmer aux yeux de son père comme une tolstoïenne dévote. Jusqu'à ce qu'elle tombe amoureuse de Kolya, Macha avait été une fidèle admiratrice des principes de son père, allant jusqu'à renoncer à sa part de l'héritage par amour pour la pauvreté. Nul doute que Macha avait vécu un moment difficile quand, afin d'épouser Kolya, elle avait dû redemander sa part et qu'elle avait découvert que sa mère n'avait jamais pris sa renonciation au sérieux. Au lieu de répartir la part de Macha entre les autres bénéficiaires, elle l'avait gardée en dépôt et avait même ajouté un codicille à son propre testament, stipulant que cette part de l'héritage irait à Macha au cas où elle ne l'aurait pas réclamée avant la mort de sa mère [5].

C'est alors que Macha apporta à son père plusieurs pages qu'elle avait copiées de son journal de 1895, dans lequel Lev avait formulé ses dernières volontés. Lev demandait le cercueil le moins cher possible, pas de service religieux — à moins que ce ne soit désagréable à sa famille, auquel cas il désirait qu'il fût le plus simple possible — ni faire-part, ni discours, ni annonces aux journaux. Il demandait à ce que ses papiers allassent à Sonia, Tchertkov et Strakov et il laissait des instructions quant à la manière dont ils devaient en disposer. C'est la requête finale qui intéressait Macha. Lev suppliait ses héritiers de donner tous ses droits au public, mais il stipulait que c'était un « vœu » et non une « exigence ». Aujourd'hui, Macha poussait son père à signer ses papiers, afin de donner à ses vœux force de testament. C'était être naïf que de penser qu'une signature pouvait changer le sens du texte, mais le but de Macha était de faire une nouvelle renonciation devant son père. Comme il montrait quelque réticence à signer un document de si peu d'importance, Macha lui fit valoir que s'il ne signait pas ce papier, ses héritiers tireraient profit de ses œuvres. Lev céda.

A son retour de Moscou Sonia apprit ce qui s'était passé. Elle fut choquée et attristée que la chose ait eu lieu derrière son dos, mais elle était trop occupée à préparer le départ de la famille pour donner suite à l'affaire.

Le soir du 5 septembre 1901, Sonia et Lev accompagnés par Macha, Kolya, Sacha et un disciple de Lev, P. A. Boulanger, partirent pour la Crimée. La première partie de leur voyage, qui se fit en voiture sur des routes de campagne difficiles jusqu'à Tula, fut la plus pénible. Lev avait la fièvre, il se sentait mal, mais quand le train pour Sébastopol quitta la gare de Tula à trois heures du matin il avait retrouvé son énergie et il était occupé à dicter un texte à Macha.

Les Tolstoï étaient luxueusement installés. Boulanger, qui avait travaillé pour la compagnie des chemins de fer Moscou-Koursk, leur avait fait donner un wagon privé. Au réveil, le temps était déjà chaud et ensoleillé et les Tolstoï décidèrent qu'ils déjeuneraient au restaurant de la gare durant l'arrêt à Kharkov. Mais quand le train s'arrêta il leur fut impossible de descendre à quai. De la foule qui avait envahi la gare s'éleva une puissante clameur : « Tolstoï ! Lev Nicolaïevitch ! Etes-vous là ? Une délégation ! Laissez-nous entrer ! Hourrah ! Tolstoï ! » On introduisit une par une les délégations dans le wagon et quand le train se mit en branle, la foule appela Lev pour qu'il se montre à la fenêtre. Boulanger et Sonia le soutinrent tandis que, transpirant et tremblant, il saluait la foule. Quand enfin ils l'étendirent, pleurant, sur sa couchette, il eut une attaque d'angine de poitrine. La même foule les attendait à Sébastopol mais la police était maintenant sur ses gardes et Lev et sa famille furent rapidement embarqués dans des voitures et emmenés à leur hôtel. Le lendemain, ils allèrent en voiture à Gaspra. Ils passèrent les grilles de la propriété de la comtesse Panina, remontèrent l'imposante allée et furent accueillis à la porte par le majordome qui leur offrit le pain et le sel.

Les enfants de Lev le rejoignirent en Crimée ; certains s'installèrent à la villa, d'autres à Yalta. Une multitude d'amis, dont les beaux-parents Obolenski et le pianiste

A. B. Goldenweizer, vinrent pour de courts séjours. Goldenweizer avait fait la connaissance de Lev en 1896. Il devint un ami intime et enfin un de ses disciples. Anton Tchekov vivait à Yalta, Maxime Gorki près de Gaspra ; tous deux rendaient fréquemment visite à Lev. La santé de Lev était suffisamment bonne pour qu'il sorte une fois par jour en compagnie de Sonia mais il était apathique et Sonia était exaspérée de le voir uniquement occupé, soit à dicter des articles religieux, soit à méditer sombrement sur la mort. Les hivers du nord lui manquaient, la neige, les traîneaux et l'air vivifiant. Gaspra était un petit village et elle avait peu d'occupations à part faire des courses à Yalta et diriger la maison. Sa vue baissait, et comme elle avait remis à plus tard l'achat de nouvelles lunettes, elle ne pouvait pas beaucoup lire. Tania donna naissance à un second enfant mort-né en novembre, ce qui contribua à accroître la dépression de la famille. Sonia se mit elle aussi à ruminer des pensées funèbres :

> 2 décembre... Je pense de plus en plus à la mort avec une joie paisible, à l'endroit où je serai avec mes enfants, où il semble que la paix existera.

La résignation n'était pas le point fort de Sonia et les lignes suivantes sont plus conformes à son caractère :

> Dans cette vie, on ne peut pas avoir la tranquillité ; si on la recherche dans la vie, si on agit sagement, si on a une attitude égale envers tout, si on est humble et compréhensif, alors la vie en elle-même cesse. La vie est énergie, émotions sans cesse changeantes, lutte, ascension, chute, bien et mal ; la vie est la vie.

C'est cette vie turbulente que Sonia désirait ardemment partager avec Lev, mais il était fatigué d'être malade, exaspéré par son incapacité à faire du bon travail. Enjoué et patient avec les visiteurs, il était grossier avec Sonia ; il lui parlait d'un ton hargneux et cassant et son moral baissa. Le 7 décembre elle écrit :

> Les nouvelles de Moscou ne me rendent pas particulièrement joyeuse, ni celles de Iasnaïa. Petit à petit, les

223

affaires [de la maison] sont négligées. La merveilleuse musique — les symphonies et les amis et les concerts m'attirent de leurs feux lointains mais je reste ici pleine d'ennui et impuissante. Devoir, devoir, et toute mon énergie passe à l'accomplir.

Ceci n'était pas l'atmosphère de la lumière du soir. Elle fut encore plus ennuyée quand Lev quitta la chambre à côté de la sienne :

Il n'aimait pas l'escalier. Sa chambre à côté de la mienne est désertée et le silence sans vie qui règne à l'étage est lugubre et douloureux.

Son humeur suivait celle de Lev :

15 décembre... Aujourd'hui Levochka est mieux et nous sommes tous ragaillardis. Il est gai, son cœur va bien... Il a déjeuné avec nous et il a fait l'aller-retour jusqu'à la porte du jardin.

Une semaine plus tard, il alla dans les champs et rapporta un bouquet de fleurs à Sonia :

Merveilleux ! Je commence à aimer la Crimée. Dieu merci, ma mélancolie a disparu, en grande partie parce que la santé de Lev Nicolaïevitch commence à s'améliorer.

Lev continua à se rétablir et Sonia fut brièvement tentée d'aller à Iasnaïa et Moscou, mais à la pensée d'abandonner son mari, elle fut submergée de pitié pour lui. Et puis, soudain, l'inquiétude fit place à la peur. Le cœur de Lev s'était arrêté de battre quelques instants :

4 janvier. Pendant trois nuits j'ai dormi sur le canapé de cuir dans le salon ou, plutôt, je n'ai pas dormi de toute la nuit mais j'ai écouté Lev Nicolaïevitch derrière la porte, craignant pour son cœur.

Sonia voulait s'occuper entièrement de Lev mais elle devait admettre que son patient était tyrannique, toujours mécontent et qu'il était difficile de soigner quelqu'un qui pensait qu'il savait tout sur la médecine et l'hygiène. Quand Lev eut une brusque poussée de fièvre, Sonia eut si peur qu'elle envoya chercher des médecins à Saint-Pétersbourg et Moscou. (A son grand embarras, aucun d'eux n'accepta de se faire payer.) Elle quittait rarement la chambre de Lev et quand celui-ci dormait elle s'asseyait pour écrire son journal. Elle déclina même l'invitation de Tanéev à venir écouter une « chanteuse remarquable ».

Je me sens d'une certaine manière indifférente à tout et fatiguée par tout dans le monde! Oh! combien je suis devenue fatiguée de vivre en général. Aujourd'hui je n'ai exactement *rien* fait à part m'occuper de Lev Nicolaïevitch. Mes yeux sont très faibles. Je suis incapable de lire. Mais il n'y a qu'une chose qui soit importante et il n'y a qu'une chose qui me rende heureuse — être près de L. N.!

Les médecins ne pouvaient rien affirmer sur l'état de Lev, mis à part le fait qu'il était aggravé par une pneumonie et qu'ils craignaient qu'il ne se rétablît pas.

C'est ma conversation avec mon cœur. Mon Levochka est en train de mourir et je me rends compte que ma vie ne peut pas continuer sans lui. Pendant quarante ans j'ai vécu avec lui. Pour les autres c'est un homme célèbre — pour moi c'est ma vie. Nos vies nous ont liés l'un à l'autre et, mon Dieu, combien de culpabilité j'ai accumulée, combien de repentir. Tout est fini. Je ne peux plus rien restituer. Aide-moi, Seigneur. Combien d'amour je lui ai donné, combien de mots tendres, mais combien je l'ai blessé avec ma faiblesse. Pardonne-moi, Seigneur! Pardonne-moi mon bien-aimé, cher mari bien-aimé!

Le lendemain elle avoue :

J'aimerais tant écrire à propos de mon Levochka bien-aimé, mais je ne peux pas à cause des larmes et de la douleur qui me tourmente.

Cependant, elle parvenait à faire de longs comptes rendus de chaque journée. Elle quittait rarement la chambre du malade.

Sonia regardait un médecin administrer du camphre à Lev tandis que celui-ci déclarait avec calme : « Attendez, il y a une minute c'était du camphre, maintenant c'est de l'oxygène et ensuite ce sera un cercueil et la tombe. » Sonia l'embrassa et lui demanda s'il souffrait. « Non, répondit-il, je suis en paix. » A Macha, il dit qu'il se sentait très mal physiquement mais spirituellement « bien, très bien ». Un jour, dans son sommeil Lev s'écria soudain : « Sonia ! » Elle se pencha sur lui et il lui dit qu'il l'avait vue en rêve. Il se croyait mourant et il était doux et tendre avec Sonia. Il lui disait de se reposer plus et de ne pas rester à son chevet mais quand il s'éveillait et appelait : « Sonia, tu es là ? Tu écris ? » ou : « Pourquoi est-ce que je ne t'entends pas ? Es-tu couchée ? » Sonia se penchait sur lui et il observait attentivement son visage. « Tu es fatiguée, mon cœur », disait-il. Sonia le soulevait pour le retourner et il lui caressait la main, disant : « Je te suis reconnaissant, mon cœur[6]. » La tendresse de Lev ne dura pas ; il devint déprimé et renfermé. Il refusait de parler et de manger, il ne prenait qu'un peu de café et du champagne. Il semblait à Sonia que rien ne pouvait l'intéresser ; il la fixait d'un œil morne et elle reconnaissait qu'elle avait grand besoin de divertissement. Le 10 février elle écrit :

> Les annonces de concerts, particulièrement ceux où on joue la musique de Sergueï Ivanovitch, émeuvent ma petite âme et soudain, comme quelqu'un qui a faim, j'ai passionnément besoin de musique, et de la musique de Tanéev qui par sa profondeur agit si puissamment sur moi.

Mais Sonia ne pensait pas plus à partir qu'elle ne quittait la villa. A la mi-février, les médecins annoncèrent la crise, le moment critique dans le déroulement de la pneumonie où le patient guérit ou meurt, et la famille ne quittait pas les abords de la chambre du malade. La mort recula. Bien qu'il protestât de son empressement à se soumettre à la mort, Lev s'accrochait à la vie. Il déclara au médecin : « Il semble que la vie

226

doive continuer. » Sonia lui demanda s'il trouvait cela ennuyeux. « Non, non. Comment la vie pourrait-elle m'ennuyer ? Elle est bonne. »

Lev s'intéressait de nouveau au monde. Il voulait aller au soleil sur la terrasse, mais Sonia craignait de le laisser faire :

> Je reste résolument assise à la maison toute la journée à faire de la couture, ne me levant que pour m'occuper de Lev Nicolaïevitch. Le matin je lui donne toujours son bain, je le coiffe et je lui fais manger son petit déjeuner.

En même temps que la santé, Lev retrouvait sa mauvaise humeur. Quand Sonia l'habillait il la réprimandait pour sa maladresse. Sonia était épuisée par des semaines d'anxiété et elle avait du mal à supporter l'impatience de Lev. Avec sarcasme elle médite dans son journal sur la condition de femme de génie :

> Les génies doivent créer dans des conditions paisibles, agréables, confortables ; un génie doit manger, se laver, s'habiller, il doit réécrire son travail un nombre incalculable de fois ; il faut l'aimer, ne pas lui donner de raisons d'être jaloux afin qu'il ait la paix, il faut élever et éduquer les innombrables enfants qui naissent d'un génie mais pour lesquels il n'a pas de temps.

Cela faisait quarante ans maintenant, notait Sonia, qu'elle s'occupait de son génie et qu'elle lui consacrait toute sa vie intellectuelle et artistique. On pourrait lui demander : « Mais quel besoin auriez-vous, femme insignifiante, d'une vie intellectuelle et artistique ? » Sonia répondait :

> Et à cette question je ne peux que répondre : Je ne sais pas, mais devoir toujours réprimer mes besoins pour m'occuper des besoins matériels d'un génie est une grande épreuve.

Sonia admettait qu'elle était fatiguée par tous ses fardeaux : la mise au monde et l'éducation des enfants, la direction de la maison, tous les services matériels qu'elle rendait aux autres pour lesquels elle ne recevait « absolument rien qui ressemble à de la gratitude » mais au contraire « toujours plus de

227

reproches[7] ». Et à mesure que Lev s'impatientait de recouvrer ses forces si lentement, il exigeait encore plus de compréhension de la part de Sonia, invitant ses filles à prendre sa place et à la renvoyer. Sonia écrivit en avril :

> Je suis souvent seule. Mes enfants sont plus despotiques et constamment durs que leur père.

Finalement Macha persuada sa mère de faire le voyage dans le nord qui avait maintenant cessé de la tenter. Macha et Sacha lui promirent de lui envoyer chaque jour des nouvelles de leur père par télégramme et Sonia convint qu'un changement d'air lui ferait du bien. Elle partit le 22 avril mais elle se mit immédiatement à se faire du souci. Le jour même de son départ elle envoya un mot de Balaklava à son mari et à ses filles :

> Je pense à tout ce qui se passe à Gaspra et je m'inquiète. Mais j'essaye de ne pas me laisser démonter par cela. J'embrasse tout le monde. Sacha, as-tu envoyé mon télégramme ?

Les télégrammes de Gaspra étaient rassurants et tant à Iasnaïa qu'à Moscou Sonia fut touchée par l'accueil chaleureux des amis et des fournisseurs. Elle passa une journée à Iasnaïa en compagnie d'Androucha et alla ensuite à Moscou pour deux jours et deux nuits. Elle alla un soir à l'opéra et passa le second chez elle. Des amis vinrent la voir, dont Tanéev et, bien qu'il eût joué plusieurs morceaux, Sonia n'y parut pas fortement sensible. C'est le changement d'air qui l'avait tonifiée et après trois jours passés dans le nord elle était heureuse de retourner à Gaspra. Un choc l'y attendait. Les télégrammes ne l'avaient pas informée que Lev avait la typhoïde.

Sonia releva ses filles et resta au chevet de Lev nuit et jour, lui essuyant le front et lui faisant boire à la cuillère un mélange de café et de cognac. Lev pleurait et il avoua : « Je suis fatigué et je désire la mort ». Cependant la vie triompha encore une fois et il se remit rapidement. En mai il tenait son journal et en juin il marchait avec une canne, bien qu'il fût encore très faible. Sonia écrit dans son journal :

Il est souvent douloureux de le regarder, cela me fait souffrir, particulièrement quand il est doux et soumis, ainsi qu'il l'est constamment depuis quelque temps. Hier, quand je l'ai lavé et que je lui ai coupé les cheveux, ce fut la seule fois qu'il s'irrita contre moi.

Quelques jours plus tard les médecins lui permirent de partir pour Iasnaïa et le 27 juin 1902, les Tolstoï arrivèrent chez eux. Sonia écrivit dans son journal :

Nous sommes très contents d'être à Iasnaïa mais de nouveau un nuage sombre. Les douleurs de Macha ont commencé et dans la soirée elle a donné naissance à un enfant mort-né.

III

Les Tolstoï craignaient la typhoïde et décidèrent d'avoir un médecin à demeure. Plusieurs hommes se relayèrent jusqu'à l'arrivée de Douchan Makovitsky qui soigna Lev jusqu'à sa mort. Le médecin, en dormant dans la chambre contiguë à celle de Lev, privait les Tolstoï de leur intimité. Dorénavant, ils couchaient dans des chambres séparées. Ils passaient ainsi moins de temps seuls, à l'abri des exigences et des intrusions des tiers, et tous deux savaient que ces moments de solitude à deux étaient les meilleurs. « Je suis seul avec Sonia — je vais bien. » « L. N. et moi sommes très affectueux l'un envers l'autre maintenant, oui, et nous le sommes toujours quand nous sommes seuls. »

La présence du médecin n'était pas la seule qui les privât de leur intimité ; un nombre toujours croissant de membres de la famille et d'amis venait séjourner à Iasnaïa, Sacha y vivait et Macha ainsi que Kolya y passaient des mois d'affilée. Les deux filles se disputaient l'attention de leur père et toutes deux ambitionnaient de prendre la place de leur mère dans son cœur. Si Macha n'avait toujours donné naissance à des enfants mort-nés, peut-être l'amour maternel eût-il détourné une partie de l'intense dévotion qu'elle vouait à son père. Sacha était devenue une grosse jeune femme de dix-huit ans aux traits grossiers, aux manières rudes, dénuée du charme des Tolstoï. La vie n'avait jamais été clémente pour Sacha. Née l'année de la plus grave dépression de son père, négligée pour un frère cadet, jalouse de lui et l'adorant à la fois, blessée par sa mort, jalouse de nouveau alors qu'elle n'avait que treize ans de l'intérêt que sa mère portait à Tanéev, Sacha choisit sa mère comme cible de sa vengeance. Elle devint opiniâtrement attentive à son père, tandis qu'elle se montrait critique et froide envers sa mère. Sacha et Macha rappelaient toutes deux à leur père que, sans sa femme, il aurait pu choisir une vie en accord avec ses principes. L'inconséquence dont elles faisaient preuve ne leur apparaissait pas. Elles jouissaient toutes deux de la vie confortable que leur mère leur faisait, tout en se plaignant du « luxe » de la maison et en reprochant à Sonia l'argent qu'elle gagnait en éditant leur père.

En réalité, Sonia accordait à ce revenu moins d'importance que ne le pensaient ses filles. En juillet 1902 N. S. Tsetline, propriétaire et éditeur de la revue *Lumières*, offrit à Sonia de lui acheter un million de roubles (environ 3 500 000 francs) les droits des œuvres qu'elle publiait[8]. Sonia lui opposa un refus absolu, bien que l'offre de Tsetline lui eût permis de résoudre ses problèmes financiers, de laisser de l'argent à ses enfants et l'eût libérée d'un travail qu'elle commençait à trouver épuisant. Mais Sonia ne voulait pas voir la famille perdre le contrôle sur les écrits de Lev et l'offre de Tsetline lui rappela le papier que Macha avait persuadé son père de signer l'été précédent. Quelques mois après avoir repoussé l'offre d'un million de roubles, Sonia demanda à son mari si elle pouvait avoir le document qu'il avait signé pour Macha. Lev accepta volontiers mais une scène terrible éclata entre Macha et Sonia. Le compte rendu de Sonia, écrit à l'époque (10 octobre 1902) en sachant que Lev le lirait, est probablement juste :

Quelque chose est arrivé que je n'attendais en aucune façon. Macha est entrée dans une colère terrible, son mari criait Dieu sait quoi et a dit que lui et Macha publieraient le document après la mort de Lev Nicolaïevitch afin de faire savoir au plus grand nombre de gens possible ce qu'eux-mêmes avaient toujours su — que L. N. ne voulait pas vendre ses œuvres mais que sa femme les vendait. Et le résultat de cette histoire est que les Obolensky, Macha et Kolya, quittent Iasnaïa.

Mais ni Sonia ni Macha ne désiraient se brouiller définitivement. Moins de deux semaines plus tard Sonia écrivait :

23 octobre. Je me suis réconciliée avec Macha, elle est restée vivre dans l'aile de Iasnaïa et j'en suis très contente. De nouveau tout est calme et bien.

Macha et Sacha n'étaient pas les seules à reprocher à Lev son style de vie et les droits d'auteur qui le rendaient possible ; une foule de gens qui, pour des raisons politiques, sociales ou religieuses, cherchaient à changer la société, regardaient Tolstoï comme leur chef de file. Ces gens attendaient de lui plus que des mots et suppliaient Lev de se libérer de ses liens sociaux et domestiques et de quitter son foyer pour vivre une vie plus conforme à ses croyances. Certaines lettres l'accusaient d'inconséquence, lui rappelant qu'il y avait de l'argenterie sur sa table et qu'il était servi par des domestiques en gants blancs. En fait, le luxe qui gênait tant Lev n'était du luxe qu'en regard de l'existence frugale des paysans. La vie à Iasnaïa Poliana eût semblé bien modeste et simple à côté de celle d'une maison de campagne anglaise de même importance. Mais le courrier qu'il recevait tourmentait Lev. En même temps il se rendait certainement compte que si Sonia vivait la vie qu'il prêchait, il serait privé d'une grande partie des commodités dont il avait de plus en plus besoin. Le médecin qui le soignait, les nombreuses visites de ses enfants et petits-enfants — sans parler de celles de ses amis et de ses disciples — rien de tout cela n'eût été possible dans une hutte de paysan. En Crimée, les Tolstoï vivaient gratuitement dans la somptueuse villa de la comtesse Panine, mais sans l'hospitalité de cette dernière, il eût fallu compter sur l'argent que gagnait Sonia pour se loger. Lev et sa famille pensaient que l'hiver passé dans le sud lui avait sauvé la vie. En 1908 Lev écrivit dans son carnet qu'il en était venu à se rendre compte avec joie, « *vaut mieux tard que jamais* »*, que Sonia et ceux qui n'étaient pas d'accord avec ses idées, ne l'étaient pas parce qu'ils désapprouvaient ses convictions mais parce qu'ils étaient incapables de reconnaître l'importance de la religion[9]. C'était une façon d'absoudre Sonia. Durant ces années Lev, fit un compromis entre ses idéaux et la réalité de sa vie de famille. Plus importante que ses besoins matériels, toutefois, était la croyance qu'il devait rester avec sa femme et ne pas rompre son vœu. Il écrivit aussi à l'un de ses correspondants que c'était la volonté de Dieu qu'il portât la croix d'une vie qu'il désapprouvait.

Le séjour de Lev en Crimée, où il était resté face à la mort durant de longues heures, l'avait naturellement préparé à reprendre son livre sur Hadji Mourad. *Hadji Mourad* fut le dernier roman de Lev. Bien qu'il le reprît et le corrigeât jusqu'en 1904, la plus grande partie fut écrite à son retour de Gaspra. *Hadji Mourad* est un livre court mais complet et émouvant, l'histoire d'un chef de tribu du Caucase qui passe du côté des Russes, regrette sa désertion et est tué par les siens alors qu'il tente de revenir dans leur camp. Ce roman donna beaucoup de mal à Lev et il note souvent, comme en août 1902, qu'il n'a fait que penser à *Hadji Mourad* :

> Je n'ai pas écrit depuis quatre jours. [Dans son journal.]
> Empêtré dans mes pensées à propos d'*Hadji Mourad*.
> Maintenant il semble que ce soit plus clair.

En octobre, Sonia nota que Lev avait terminé le premier jet d'*Hadji Mourad*. Lev revit et corrigea le roman pendant presque deux ans avant d'en être satisfait. Tout le temps qu'il travailla à *Hadji Mourad*, les sentiments de Lev furent ambivalents. L'artiste et le créateur en lui étaient satisfaits mais il avait parfois honte de la satisfaction qu'il éprouvait à produire quelque chose qui ne contribuait pas directement à l'amélioration de l'humanité. En 1903, il commença donc une compilation des grandes pensées à travers les siècles, qu'il appela finalement *le Cycle des lectures*. Les citations, puisées tant dans la culture orientale que dans la culture occidentale, étaient

* En français dans le texte.

présentées sous forme de calendrier, avec un sujet différent pour chaque jour. Lev interrompit son travail pour terminer une nouvelle, *le Faux Coupon*, et nota en avril 1904 : « Je veux écrire *Les Décabristes*. » Il n'en résulta rien ; sa santé ne serait plus jamais assez solide pour une telle tâche, mais en 1905 il termina un conte très court, l'histoire charmante et touchante d'*Aliocha le Chaudron*.

Cependant la guerre russo-japonaise en 1904-1905 et la révolution de 1905 ébranlaient la Russie. Les Tolstoï en observaient le cours avec inquiétude mais cela ne dérangeait pas le rythme de la vie à Iasnaïa, vie toujours animée par ce mélange, particulier aux Tolstoï, de vitalité, de créativité et de gaieté. Quand il était en bonne santé, Lev se promenait, montait à cheval, jouait aux cartes et aux échecs, prenait part avec plaisir aux discussions autour de la table et participait aux plaisanteries familiales. Il accueillit un jour sa fille Tania avec ces mots : « Attention ! Maman a acheté une quantité incroyable de peinture laquée et elle est en train de peindre tout ce qui lui tombe sous la main, bien qu'en toute justice je doive admettre qu'elle a épargné jusqu'ici les êtres vivants. » Sonia rit à en perdre la tête tandis que Lev la regardait avec douceur. Il provoqua chez elle une autre crise de fou rire le jour où, la voyant s'occuper d'un enfant du village, il déclara : « Je vais te faire faire un bébé en caoutchouc qui aura toujours la diarrhée. Ainsi tu seras vraiment heureuse [10]. »

Sonia ne savait toujours pas rester inactive. En plus de ses occupations ménagères et de ses éditions, elle faisait de la photographie et, depuis son retour de Gaspra, elle écrivait son autobiographie. Elle ne trouvait pas la tâche facile, et les allusions qu'elle y fait dans son agenda sont souvent suivies d'exclamations telles que : « Difficile ! » « Très dur ! » « C'est trop difficile ! » Elle en faisait la lecture à Lev qui suggérait des changements et des additions qu'elle approuvait généralement. Sonia écrit :

> Aujourd'hui j'ai lu mon autobiographie pour les années 1877 et 1878 à Lev Nicolaïevitch. Il a ajouté quelque chose et m'en a fait compliment et ceci fut délicieux pour moi.

Il y avait maintenant deux secrétaires à Iasnaïa, une pour Lev et une pour Sonia, et une machine à écrire Remington. Le secrétaire de Lev qui entra en fonction en 1907 était un disciple, N.N.Gousev, et celle de Sonia était Varvara Mikhaïlovna Feokritov. Lev devait répondre à un grand nombre de lettres. Ses journaux et ses carnets ne faisaient plus beaucoup mention de sa vie de famille — il employait son journal à essayer de clarifier ses idées religieuses et philosophiques. Sonia de son côté, mettait de l'ordre dans les journaux de Lev avant de les donner au musée d'Histoire. En 1905, elle donna au musée tous ses journaux écrits jusqu'alors. Elle ne retrancha rien. Après la mort de Lev elle écrivit des commentaires dans les marges de ses journaux et de ceux de Lev, mais il n'y a pas de raison de penser qu'elle ait effacé quoi que ce soit.

La santé de Lev continuait à causer du souci à sa famille. Sonia écrit le 29 décembre 1902 :

> Lev Nicolaïevitch va mieux et puis moins bien. Aujourd'hui, il m'a dit : « J'ai peur de t'inquiéter long-temps. »

Elle comprit qu'il pensait qu'il ne se remettrait pas, s'en effraya et vécut avec « la douleur au cœur » :

> A Gaspra je ne ressentais pas une souffrance aussi profonde et une telle tendresse pour Levochka que maintenant.

Au début de la nouvelle année la santé de Léon s'améliora et elle écrit :

> Mon cœur bondit de joie à l'idée qu'il sort, qu'il va en voiture, qu'il prend les rênes ; combien de fois j'ai pensé que sa vie prenait fin et de nouveau il est rétabli !

Si le soulagement de Sonia était grand, ils n'en faisaient pas moins chambre à part. Sonia avait cinquante-huit ans et elle était pleine de vigueur. Elle éprouva une dernière flambée de sentiment pour Tanéev en janvier 1903, qui était probablement une sublimation romantique de ses désirs sexuels. Alors qu'elle copiait *Anna Karénine*, en mars de la même année, elle compara sa toquade pour Tanéev à la liaison d'Anna. Elle écrivit dans son journal que même le bonheur provoqué par la guérison de Lev ne guérissait pas son « cœur malade » :

> Je veux pleurer, je veux voir cet homme qui aujourd'hui est le centre de ma folie honteuse et déplacée. Mais que personne ne me jette la pierre car je me suis épuisée à souffrir et j'ai peur pour moi-même. Mais il faut vivre. Je dois m'occuper de mon mari et de mes enfants et je ne dois ni montrer ni trahir ma folie ni voir celui dont j'ai douloureusement besoin.

Il semble que ce besoin de Tanéev ait plutôt été de trouver un dérivatif romantique à ses préoccupations ; le besoin passa et elle ne s'identifia plus de nouveau à Anna, pas plus qu'elle ne se laissa aller à son fantasme dans son journal. Ce n'est que deux ans plus tard (après son refus) qu'elle mentionne Tanéev dans son journal où elle écrit que son article sur Rimsky-Korsakov est « froidement logique ».

Quand Lev était en bonne santé et gai elle était heureuse :

> Nous, L. N. et moi, sommes en très bons termes... Un bon jour, heureux... Il a caressé ma joue tendrement, comme celle d'un enfant, et son amour paternel m'a réjouie... Nous vivons dans la paix, le calme, le bonheur, même.

Quand Lev se montrait préoccupé ou apathique, elle lui en voulait :

> Mon mari passionné est mort, mon ami aimant n'a jamais existé.

Mais la lumière du soir était là filtrant parfois à travers les larmes. Le premier jour de 1905, Sonia entra dans la chambre de Lev pour l'embrasser et lui souhaiter une bonne année. Lev mit immédiatement la conversation sur un malentendu survenu le soir précédent et Sonia essaya de lui expliquer qu'elle ne l'avait pas négligé.

> Et soudain, L. N. éclata en sanglots et commença à me caresser et à dire combien il m'aimait, comme il avait

été heureux dans sa vie avec moi. Je pleurai aussi et lui dis que si jamais j'avais été malheureuse, j'étais la seule responsable et je lui demandai de me pardonner mes humeurs changeantes.

Quelques mois plus tard, Lev nota dans son journal que ses relations avec Sonia étaient « très bonnes » et ceci en dépit d'un concert à Iasnaïa dans lequel Goldenweizer et Tanéev avaient joué. Les Tolstoï se querellaient encore, mais les querelles finissaient bientôt par des réconciliations. Le fait que Sonia publiât les œuvres de Lev restait un point sensible ; Lev et Sonia notent tous deux une conversation désagréable à ce sujet en août 1905, mais après leur querelle Sonia apporta à Lev un album de photographies de la famille et ils le regardèrent ensemble, évoquant le passé. L'été suivant, Sonia se plaignit aux autorités du chapardage des paysans qui privait Iasnaïa d'une part significative de son revenu. On posta des gardes et on jugea et condamna quelques paysans. Sonia savait combien cela chagrinait son mari mais elle était impuissante du moment qu'elle avait demandé aux autorités d'intervenir.

Lev continuait à disserter sur la question des femmes dans son journal et ses carnets, mais il reconnaissait qu'il ne pouvait pas résoudre le problème en rejetant toute la faute sur le sexe féminin, et il écrivit dans son carnet en avril 1905 :

> La femme fait un grand travail. Elle donne naissance aux enfants mais elle ne donne pas naissance aux idées. Ceci est fait par les hommes.

En août 1906 ce fut au tour de Lev de craindre pour la santé de Sonia. Depuis plusieurs semaines elle avait très mal à l'abdomen, souvent si mal qu'elle était incapable de quitter le lit. Quand la douleur se fit insupportable, Lev fit appeler de Moscou le gynécologue Snégirov et la famille s'assembla à Iasnaïa, accablée de douleur à l'idée de perdre celle dont ils avaient toujours considéré la présence comme chose acquise et due. Même Sacha abandonna son attitude critique. Lev notait le 1er septembre :

> Voilà six jours que je n'écris pas. Sonia va plus mal. Aujourd'hui j'ai ressenti une sympathie particulière

pour elle. Sa modération, son honnêteté et sa bonté sont touchantes.

Sonia demanda un prêtre et Lev céda, expliquant dans son journal que certaines personnes choisissaient des façons simples d'exprimer leurs sentiments spirituels, mais que leur simplicité ne rendait en aucune façon leur expérience moins spirituelle. Ilya observait la douleur de son père tandis que Lev essayait de faire face à la mort de Sonia comme il avait fait face à celle de Vanechka, en embrassant le vide noir. Il dit à sa famille : « Le grand et solennel moment de la mort approche ; nous devons nous soumettre à la volonté de Dieu et l'intervention de la médecine viole la grandeur de la solennité du grand accomplissement de la mort. » Mais le docteur Snégirov diagnostiqua une tumeur éclatée et demanda de but en blanc à Lev de consentir à l'opération. Lev fut incapable de prendre une décision et dit qu'il revenait à Sonia et aux enfants de le faire. L'opération ayant été décidée, Lev alla marcher et prier dans les bois. Il dit aux enfants : « Si l'opération réussit, sonnez la cloche deux fois, sinon, alors — il vaut mieux ne pas sonner du tout, je viendrai. »

Lev s'engagea lentement dans le bois. L'opération prit une demi-heure. Ilya et Macha allèrent chercher leur père et le virent pâle et effrayé. « Réussie ! réussie ! » crièrent-ils. Lev répondit d'une voix brisée par l'émotion : « Bien. Allez, j'arrive tout de suite. » Quand il entra dans la chambre de Sonia, il fut pris de rage. « Mon Dieu, quelle chose terrible, cria-t-il. On ne peut pas laisser les gens mourir en paix. Voilà une femme attachée à son lit, sans coussins, l'abdomen ouvert et qui gémit plus qu'avant son opération. » Ilya remarqua que dès que sa mère montra des signes d'amélioration, Lev cessa d'accuser le médecin.

Le calme avec lequel Sonia avait affronté la mort convainquit Lev qu'elle avait embrassé ses convictions religieuses et qu'ils étaient maintenant véritablement unis. Hélas ! Sonia ne resta pas longtemps dans cette disposition d'esprit et reprit rapidement la routine. Lev regretta qu'elle ait tant souffert en vain. Mais ce n'est pas avant d'être sûr de son rétablissement qu'il put se remettre au travail. Il se remit alors à maugréer. Y avait-il, demandait-il à son journal, un acte plus dégoûtant que celui de l'union sexuelle ? Si Sonia lut ceci, elle n'y réagit pas.

Sonia s'était à peine remise de son opération qu'elle nota dans son agenda :

> 14 novembre. Macha a été très malade dans la soirée, avec beaucoup de fièvre et son état m'alarme beaucoup.

Et le lendemain :

> C'est un poids sur mon cœur. Elle [Macha] est pitoyable et c'est affreux pour elle. A la maison tout est silencieux et triste.

Lev, lui aussi, avait peur. Il écrivit dans son journal qu'il aimait Macha « très, très fort ».

Macha fut soignée durant sa brève maladie par sa mère, Sacha et Kolya. Sonia resta de longues heures à son chevet sans dormir, surveillant les mouvements agités de sa fille et essayant de l'apaiser quand la fièvre la faisait délirer. L'agitation de Macha fit place à l'apaisement qui précède la mort. Elle s'assit dans son lit, soutenue par des oreillers, entourée par sa mère, son père et son mari. Lev lui tenait les deux bras et juste après minuit, le 27 novembre, Macha mourut paisiblement. Sonia écrit :

> J'embrassai son front et restai près de L. N. Kolya pleurait de temps à autre et embrassa ses bras une fois qu'elle fut partie. Un vent aigre hurlait et bousculait tout. C'est très douloureux et j'ai du mal à croire que Macha n'est plus.

Macha mourut dans la chambre voûtée où Sonia avait passé la nuit la première fois qu'elle était venue à Iasnaïa quarante-quatre ans auparavant.

Lev était décidé à considérer la mort de Macha comme un événement magnifique, simple et beau et croire qu'en mourant elle s'était ouverte à Dieu. Il trouva les lettres et les télégrammes de condoléances injurieux. Rencontrant Kénia, une simple d'esprit du village, il lui demanda si elle avait appris la nouvelle. « Je l'ai apprise, répondit-elle, donne-moi un kopeck. » Lev écrivit dans son journal : « Combien ceci est mieux et plus simple. »

Sonia souffrait de la perte de la fille qu'elle avait aimée malgré leurs différences et, au début, son seul réconfort fut sa petite-fille âgée d'un an. Tania avait finalement donné naissance à un bébé robuste, une troisième Tania (appelée Tanouchka). Au printemps 1907, Sonia eut à supporter un nouveau malheur ; son frère Viacheslav, qui était ingénieur, fut tué par un chômeur durant l'excavation d'un port près de Saint-Pétersbourg. Mais deux tragédies en un an et sa maladie quasi mortelle n'entamèrent pas la formidable énergie de Sonia. Elle continuait à travailler pour le musée d'Histoire, mettant les papiers de Lev en ordre, et elle acheva son autobiographie jusqu'à l'année 1884. A l'automne, l'un des peintres russes les plus en vue de l'époque, Ilya Répine, vint à Iasnaïa. Il avait fait des portraits de Tolstoï et désirait maintenant faire celui du couple. Sonia appréciait Répine et elle lui lut certains passages de son autobiographie.

En août 1908, Lev fêterait son quatre-vingtième anniversaire et, durant le printemps et l'été, des bruits coururent qu'on préparait une grande célébration en son honneur. Quand Lev apprit qu'un comité avait été formé en vue d'organiser plusieurs manifestations, il en fut si contrarié qu'il envoya une lettre suppliant qu'on annulât le projet[11]. Le comité se rendit à son désir et l'anniversaire fut fêté en privé à Iasnaïa. Le 7 septembre, Sonia rend compte de ce jour dans son journal :

> Autour de la table étaient présents : quatre de nos fils, Seriocha, Ilya, Micha et Androucha. [L'année précédente, au grand dam de ses parents, Androucha avait divorcé d'Olga pour épouser une femme qui avait quitté son mari et ses six enfants pour le suivre.] [Le jeune] Lev était en Suède avec sa femme qui attend un enfant. De ses filles, seulement Sacha.

Tania, qui était venue pour l'anniversaire de Sonia, n'avait pas voulu quitter sa fille si tôt après. Sonia mentionne quatorze autres invités, parmi lesquels Tchertkov, dont l'exil avait pris fin. Elle poursuit :

> L'atmosphère était chaleureuse, paisible et émouvante... Il y avait un tel sentiment d'amour provenant de toutes les parties du monde et de chacun de ceux qui étaient présents ce jour-là. Quand Lev Nicolaïevitch se mit au lit le soir et que je le couvris, ainsi que je le fais toujours, avec ma chaude couverture blanche faite au crochet, il me dit : « Comme c'est merveilleux ! Comme tout est merveilleux ! »

Sonia se leva tôt le 8 septembre et alla voir son mari qui avait souffert du cœur pendant la nuit. Quand elle souleva la moustiquaire qui voilait la porte-fenêtre de son balcon, elle le trouva éveillé. « Ah, Sonia » dit-il avec un soupir de joie en la voyant. Elle était d'humeur mélancolique et c'est avec quelque tristesse qu'elle rend compte des conversations que Lev avait eues avec ses hôtes durant la journée. Elle ajoute :

> Les jours passent en vain et ceci me rend triste ; comme si quelque chose de précieux se perdait et ce quelque chose de précieux est le temps, les dernières années de ma vie et de la vie proche de la mienne.

Chapitre IX

CONSPIRATION ET TRAGÉDIE
1908-1910

I

Il restait à Lev deux années à passer à la croisée des chemins, là où il voyait une bonne vie s'étendant derrière lui et devant lui une bonne mort retardée pour un court laps de temps. Il y avait des moments où la maladie, les crises d'angine de poitrine, les évanouissements, les convulsions même, tout indiquait que la fin était proche. A d'autres moments, Lev se sentait suffisamment bien pour monter à cheval, se promener, recevoir avec plaisir et travailler. Il passait ses heures de travail à répondre au courrier, écrire son journal et chercher des citations pour *le Cycle des lectures*. Quand il en trouvait une, il allait immédiatement la montrer à Sonia. Elle s'étonnait du plaisir qu'il prenait à faire ce travail.

L'écriture de son journal était devenue pour Lev un dialogue avec son moi spirituel, avec le Dieu qui était en lui. « Dieu aime-t-il les tête-à-tête ? » demande-t-il, ajoutant en anglais : « On est bien à deux. » Dieu était la pure vérité qui pouvait améliorer l'humanité, mais maintenant une question s'insinuait dans les spéculations de Lev : Pouvait-on connaître et aimer Dieu face à face ? Tandis que le journal de Lev traduisait ces réflexions, celui de Sonia était rempli de pensées concernant son mari. En septembre 1908, elle comparait sa vie à la sienne, lui qui avait toujours fait ce qu'il voulait, qui écrivait, confectionnait des bottes, poussait la charrue ou enseignait, suivant son désir ou son impulsion. Ce qui cessait de l'intéresser, il le rejetait. Combien différents avaient été ses choix :

> Comment aurais-je pu essayer de mener une telle vie ? Que serait-il arrivé aux enfants ou à L. N. lui-même ?
>
> ... Personne ne le connaît et ne le comprend comme moi... C'est un homme doué d'une intelligence et d'un talent énormes, d'une imagination, d'une perception et d'une sensibilité extraordinaire.

Elle remarquait qu'un changement s'était opéré dans sa spontanéité. Il semblait être bon « par principe » et non « par bonté naturelle ». Elle remarquait qu'il y avait deux aspects dans sa vie :

> Il aime monter à cheval, il adore bien manger et boire du bon vin... Il aime jouer au « vint » et aux échecs mais c'est comme si son corps vivait une vie indépendante et que son âme demeurait indifférente à la vie terrestre, existant séparément et véritablement au-delà de son corps. Ceci, je ne sais comment, est arrivé après sa maladie : il s'est fait plus lointain. On se sent plus éloigné de L. N. et parfois il me paraît insupportablement triste et pitoyable, perdu dans sa vie et dans sa relation avec moi et tout son entourage. Les autres voient-ils ceci ?

Le principal souci de Sonia pour le moment était, ainsi que bien souvent par le passé, sa santé physique. Elle voyait son énergie accaparée par les visites incessantes à Iasnaïa Poliana et par les exigences de ses disciples. Elle se demande :

> Est-ce la maladie... ou est-ce ce mur de Tolstoïens, Tchertkov surtout, qui se plantent dans la maison, influencent Lev Nicolaïevitch et ne le laissent jamais tranquille ?

Tchertkov « se plantait » à Iasnaïa presque chaque jour. Il considérait que les années d'exil que lui avaient valu ses principes tolstoïens lui donnaient des droits particuliers dont celui d'être envahissant et impertinent avec Lev. Au grand scandale de la famille, Tchertkov entrait sans se faire annoncer dans le bureau de Lev. Il le critiquait pour avoir tué un moustique (un être vivant !) ou pour avoir fait sans y penser le signe de croix (ne pourrait-on pas penser qu'il était revenu à la religion orthodoxe ?). « Comme Tchertkov est étroit d'esprit », note Sonia.

L'étroitesse d'esprit de Tchertkov n'était pas désintéressée. La dévotion littérale aux principes tolstoïens lui convenait très bien, particulièrement en ce qui concernait la donation des œuvres de Lev au public. Sous l'apparence du désintéressement, Tchertkov cachait son but d'enlever à Sonia tout contrôle sur l'œuvre de son mari. Tchertkov se voyait restant dans l'histoire comme éditeur et distributeur de l'œuvre de Lev après sa mort. C'est dans cette perspective qu'il fit construire une grande maison sur le terrain de Telyatinki, un domaine qui jouxtait Iasnaïa[1]. En plus d'un appartement pour lui et sa famille, il y avait des bureaux capables d'accueillir trente employés. C'est de là que Tchertkov dirigeait l'édition et la distribution des œuvres écrites après 1881 dont les droits n'avaient pas été donnés à Sonia. Ce travail ne prenait qu'une petite partie du temps de Tchertkov, qui consacrait le reste à combiner des plans pour avoir le contrôle des œuvres écrites avant 1881.

Tchertkov trouva bientôt une alliée précieuse en Alexandra Tolstoï. Sacha voyait clairement que Tchertkov était dénué d'humour, pharisien et intrigant mais elle le cacha toujours à son père, préférant prendre le parti de l'ennemi de sa mère. La colère de Sacha envers sa mère avait grandi et elle la justifiait par le fait que Sonia contrecarrait le vœu de Lev de vivre selon son idéal. Plus tard Sacha regretta que son père eût été blessé par sa colère. Elle attribua alors la cause de ses sentiments de 1909 et 1910 à la jalousie que sa mère avait provoquée, en lui préférant Vanechka, mais le ressentiment qui taraudait Sacha avait des causes plus profondes que la jalousie. Elle s'était également sentie rejetée au profit de Tanéev, et il est possible que l'attention constante que Sonia portait à Lev quand il était malade ait ravivé en Sacha le souvenir de ses frustrations. Aujourd'hui, à vingt-six ans, elle n'était pas mariée,

Lev se sentait dépourvue de grâce, de talent et de cette place particulière dans le cœur de son père que Tania pouvait toujours revendiquer et qui avait été aussi celle de Macha. Il était naturel que Sacha cherchât à tirer vengeance de la personne qui avait le plus d'importance dans sa vie.

Tchertkov et Sacha reconnurent qu'ils étaient des alliés naturels et ensemble ils conspirèrent contre Sonia[2]. Au début, ils se mirent à dévoiler aux disciples et amis de la famille la « vérité » sur les rapports des Tolstoï : Sonia était l'obstacle qui empêchait Lev d'accomplir l'œuvre de sa vie. Le pianiste Goldenweiser, sa femme et le docteur Makovitsky étaient d'accord. L'attitude de Tchertkov envers Lev était un mélange d'arrogance dominatrice et de flatterie obséquieuse. Il gardait sur lui un petit carnet dans lequel il consignait les paroles de Lev pour la postérité. Il notait également tout ce que Lev pouvait déclarer ou faire contre sa femme. Tchertkov et Sacha parlaient toujours à Lev à voix basse, s'interrompant dès que Sonia s'approchait. Les conspirateurs fixaient alors Sonia d'un regard vide, Sacha pinçant les lèvres.

Sonia voyait parfaitement à quoi Tchertkov voulait en venir et elle était prête à lutter pour conserver ses droits de publication afin de les tranmettre à ses enfants et petits-enfants. En ceci elle faisait preuve, non d'intérêt, mais de sens pratique. Elle fit remarquer à Lev que s'il abandonnait tous ses droits d'auteur, ainsi qu'il menaçait fréquemment de le faire, il ne ferait que céder à un caprice dont les seuls vrais bénéficiaires seraient les éditeurs, qui auraient alors accès à l'œuvre de Tolstoï sans avoir à payer de droits d'auteur. Le petit nombre de livres que Tchertkov imprimait et distribuait gratuitement n'était rien en comparaison du nombre de ceux que les éditeurs vendaient. Sonia désirait également garder les droits sur les œuvres antérieures à 1881 comme une preuve de la fidélité de Lev et elle ne voulait pas les perdre au profit d'adversaires dont les motifs étaient animés par une malveillance qu'ils ne cherchaient pas à cacher.

Deux des fils Tolstoï, Androucha et le jeune Lev, essayèrent de venir en aide à leur mère, mais ils avaient peu d'influence sur leur père. Sergueï, Ilya et Micha étaient rarement à la maison. Tania qui habitait tout près, à Kochety, adorait son père à tel point que, quelque compatissante qu'elle essayât d'être envers sa mère, elle n'était pas objective.

Malgré les agissements de Tchertkov et l'ombre jetée par la conspiration, la lumière du soir illuminait encore la maison des Tolstoï ; il se peut que Lev et Sonia eussent pu résister aux intrigues, s'ils avaient été physiquement et mentalement plus forts. Leur amour était encore très vivant. Au printemps 1909, Lev, comme il était seul avec Sonia, éclata soudain en sanglots. « Je suis si heureux, si heureux », dit-il. Sonia lui demanda : « Pourquoi ? Est-ce parce qu'il y a tant de gens qui t'aiment ? — Non, répondit Lev. C'est toi. Je suis heureux à cause de toi. » Telle est la réalité qui aurait dû éclairer les dernières années des Tolstoï afin que le coucher de soleil pût réellement être lumineux et dégagé mais c'était la réalité contre laquelle Sacha et Tchertkov s'acharnaient. Le combat était inégal. La santé de Lev était fragile et il répugnait aux conflits. Il se sentait une dette énorme envers les disciples qui avaient souffert l'exil pour ses principes et il se sentait également coupable de n'avoir pas partagé leurs épreuves.

Il était lié à Sonia par bientôt cinquante ans de mariage. Quand les exigences de Lev étaient en contradiction avec celles de Sonia, Lev essayait de garder une attitude neutre mais, sur la question des droits de publication, ni Tchertkov ni Sonia n'étaient prêts à accepter la neutralité. Lev était de nouveau tenu par un double lien ; il était fatigué, il avait l'esprit confus et il aspirait à la paix.

Sonia était également fatiguée mais son esprit n'était pas confus. Elle tenait ses droits d'un accord verbal et elle était tourmentée par des questions embarrassantes. Sans un document en bonne et due forme spécifiant ses droits, qu'adviendrait-il quand Lev mourrait ? Ses ennemis la dépouilleraient-ils, elle et par conséquent ses enfants et petits-enfants, de tout ? Quels accords Tchertkov était-il parvenu à arracher à Lev ? Mais Lev et Sonia qui avaient chéri et pratiqué la franchise tout au long de leur mariage, ne pouvaient plus se parler.

Quand Sonia questionna son mari, il refusa de répondre. Quand elle lui demanda un document spécifiant ses droits, il refusa catégoriquement. Il désirait laisser les choses telles qu'il les avait établies dans son journal de 1895 où il suppliait, mais n'exigeait pas, que ses œuvres fussent offertes gratuitement au public[3]. Ce papier, qui ne mentionnait pas les droits détenus par Sonia, était ambigu tout comme la vie de Lev. Il prêchait austérité et pauvreté tout en vivant dans un certain confort. Depuis son retour de Crimée, Lev acceptait cette ambiguïté et la considérait comme un rôle particulier dévolu à lui par Dieu.

Sonia elle aussi s'était satisfaite de laisser les choses telles quelles jusqu'à ce qu'elle commençât à craindre que Tchertkov ne fût décidé à changer la situation à son profit. En juin 1909, Sonia supportait non seulement les tortures subtiles que lui imposait la conspiration affective de Tchertkov et Sacha, mais elle était terrifiée par l'idée qu'un complot précis eût été mis sur pied afin de la priver de tous ses droits. En plus de son anxiété, elle souffrait d'une forte fièvre et de névralgies au bras et à l'épaule. Elle se dit accablée de soucis au point d'en devenir folle, et elle écrit dans son journal que son système nerveux tout entier est complètement ébranlé. Devant le refus catégorique de Lev de lui donner un document qui la rassurerait, elle devint de plus en plus agitée et essaya de le fléchir par un comportement hystérique. Mais elle eut bientôt honte de jouer la comédie et elle cessa de feindre. L'arme la plus efficace que possédaient ses ennemis contre Sonia était le pouvoir qu'ils avaient de provoquer son hystérie, ce qui contribuait à ébranler son amour-propre. Sa conduite hystérique fournissait également une échappatoire à Lev. Il ne pouvait pas considérer les demandes de Sonia comme raisonnables sans entrer en conflit avec Tchertkov ; il les ignora donc sous prétexte qu'elle était « mentalement dérangée ».

La situation sembla s'améliorer quand Iasnaïa Poliana fut débarrassée de la présence de Tchertkov au printemps 1909. Le gouvernement de la province de Tula le bannit pour avoir distribué les œuvres censurées de Lev. Sonia considéra ce bannissement comme une vexation à l'encontre de son mari et écrivit une lettre indignée aux journaux. Cependant elle était soulagée de voir les relations de Tchertkov avec Lev limitées à l'échange de lettres et à quelques visites que Lev rendait à son disciple dans une maison que ce dernier avait louée hors de la province.

Tchertkov ne fut pas découragé par le bannissement. Il laissait derrière lui un groupe de partisans pour mener à bien ses projets : sa femme, Anna Constantinova, son fils Vladimir et ses employés de Talyatinki, dont les plus importants étaient A. P. Sergéenko et F. A. Strakhov (sans rapport avec feu N. N. Strakhov, le philosophe et critique ami de Lev). Sergéenko et Strakhov passaient presque chaque jour à Iasnaïa Poliana pour parler avec Lev d'affaires auxquelles Sonia n'avait aucune part. Elle se rendait compte qu'on était en train de discuter d'une chose importante et secrète et elle était certaine que cela concernait ses droits de publication. Le 8 juillet elle reçut un nouveau coup :

> Ma nervosité s'accroît à la nouvelle atterrante que Lev Nicolaïevitch a soudain décidé d'assister à la conférence mondiale de la paix à Stockholm.

Sonia craignait que Lev ne survécût pas aux fatigues et à l'excitation du voyage. Elle devint si agitée que Lev lui promit qu'il n'irait pas et elle tenta immédiatement de tirer parti de son humeur conciliante. Elle le supplia de lui donner par écrit les droits qu'elle tenait de lui par accord verbal. Quand Lev refusa, elle se jeta à ses pieds, s'accrocha à ses genoux et le conjura de ne pas la priver de « ce réconfort ». Ni l'un ni l'autre ne furent satisfaits de la violente dispute qui s'ensuivit et Lev s'adoucit. Ils se réconcilièrent et Lev décrivit dans son journal « une conversation pleine d'émotion tendre ».

Peu après, son fils Sergueï et Boutourline, un ami de la famille, vinrent lui rendre visite et le prièrent de revenir sur sa décision. Lev ne se fit pas prier et il commença à travailler son discours ; Sonia se coucha en pleurant. Quand Lev alla la voir, elle lui déclara que le docteur Makovitsky, qui lui avait donné un calmant, avait essayé de l'empoisonner. Il fallut une visite de Tania pour rétablir la paix. « Ma douce Tania, lui dit Sonia depuis son lit d'une voix faible, tu sais, je suppose que j'ai cru qu'ils voulaient m'empoisonner. » Tania, tout en réconfortant sa mère, lui déclara qu'il ne fallait pas faire obstruction au voyage de son père en Suède et Sonia céda, mais à la condition d'accompagner son mari afin de veiller sur sa santé. Le drame prit brutalement fin quand on apprit que la conférence était ajournée *sine die* à cause d'une grève en Suède.

Tchertkov reçut de Sacha un compte rendu de l'émotion soulevée par le projet du voyage et il écrivit à Lev une lettre pleine de suffisance dans laquelle il exprimait son regret des « horreurs qui depuis déjà tant d'années ont lieu autour de vous ». Sonia faisait le jeu de Tchertkov. Elle le savait mais elle ne pouvait pas changer. Elle aurait été capable de comuniquer avec Lev de manière rationnelle, mais une partie de l'esprit de son mari lui était fermée, cette partie que Lev permettait à Tchertkov de dominer. Blessée et courroucée de ne pouvoir rien demander qui allât contre la volonté de Tchertkov, Sonia adopta le seul moyen qui lui restait de provoquer l'attention de son mari — le comportement hystérique. Elle en faisait état dans son journal et, pire, elle l'affichait ouvertement. L'influence de Tchertkov sur Lev devint son obsession. Trente-huit ans auparavant, Sonia avait repéré les premiers indices de la dépression de Lev et avait écrit dans son journal :

> Quelque chose s'est interposé entre nous comme une ombre qui nous sépare.

A l'époque, Lev avait déclaré que c'était son âge mais Sonia avait soutenu que c'était la maladie. Alors qu'elle avait pensé que la maladie était due à une tension psychique, aujourd'hui elle pensait qu'elle était due à Tchertkov.

Si Lev sauvait les apparences, il était intérieurement aussi angoissé que Sonia, déchiré par l'indécision et la honte. Toute sa vie il n'avait été que trop enclin à la culpabilité et aujourd'hui il était doublement torturé par elle — vis-à-vis de Sonia et vis-à-vis de ses disciples. Des deux côtés on exigeait sa soumission et il ne pouvait la refuser à aucun.

Il se mit enfin à confier à son journal les sentiments d'anxiété, de futilité et de honte similaires à ceux qu'il y consignait en 1884.

En septembre, Lev accepta une invitation de Tchertkov et le 3, il se mit en route avec Sacha. Plusieurs jours après, Sonia décida d'aller rejoindre Lev. Elle fut heureusement surprise par l'accueil qui lui fut fait :

Tout le monde m'accueillit, y compris Lev Nicolaïevitch, très affectueusement. C'était très bon, amical, beau.

Sonia éprouvait un besoin pathétique de se voir acceptée par l'entourage de Lev — un peu de chaleur et de civilité et elle pardonnait tout, ne voulant croire que le meilleur. Toutefois elle montra des signes d'agitation quand Lev décida de retourner directement à Iasnaïa sans passer avec elle par Moscou. Lev alla la voir et écrivit ensuite dans son journal :

Elle était si pathétique, la pauvre, malade et faible. Elle ne se calma pas tout de suite mais après elle fut très gentille et elle parla très bien, elle était désolée, elle a dit : Pardonne-moi.

Quelques semaines plus tard, à Iasnaïa, Sonia notait que Sacha s'était mise à être gentille et douce avec elle et elle en remerciait Dieu[4].

II

Sonia fermait les yeux sur les manigances que Tchertkov et Sacha masquaient sous leur amabilité. Ils relâchaient la tension affective qu'ils avaient jusqu'alors maintenue contre elle autour de Lev, afin de détourner les soupçons de Sonia d'une trahison plus grave. Lev avait refusé de signer le document qui aurait spécifié les droits d'édition de Sonia mais, au cours de son séjour chez Tchertkov, il avait signé un papier autorisant la publication gratuite de toutes ses œuvres écrites après 1881 dont il nommait Tchertkov éditeur. Ce papier ne correspondait pas aux vœux de Tchertkov et il n'avait aucune valeur légale mais Lev n'avait pas voulu faire plus. Tchertkov savait que c'était la loyauté de Lev envers Sonia qui l'empêchait d'obtenir le document légal qu'il désirait. En octobre, il déclencha une offensive destinée à obtenir de Lev la signature d'un document légalisant la cession des droits d'une partie ou de l'ensemble de son œuvre.

Il attaquait sur deux fronts : il s'agissait de saper l'influence de Sonia en même temps que d'aggraver la culpabilité de Lev. Le 1ᵉʳ octobre 1909 Tchertkov écrivit à Lev :

> Je suis en train de rassembler toutes vos lettres concernant votre vie [privée] afin de pouvoir en dégager, en temps utile, une explication de votre position pour le bénéfice de ceux qui sont actuellement tentés par... les rumeurs.

Tchertkov encouragea A. F. Strakhov à faire plusieurs visites à Iasnaïa dans le but de soutirer à Lev un testament légal. Au même moment, Sacha faisait sa part du travail, en tentant de persuader son père de la cupidité de sa femme et de ses enfants. Elle lui dit qu'elle les avait entendu discuter de la manière dont ils pourraient tirer plus d'argent de ses écrits. Lev écrivit dans son journal le 21 octobre :

> A l'instant une conversation avec Sacha. Elle a parlé de l'avidité des enfants et des calculs qu'ils faisaient sur mes écrits qui leur reviendraient après ma mort.

Sans Tchertkov, les efforts de Sacha pour séparer ses parents eussent été vains car, en dépit du plaisir que le soutien inconditionné de Sacha lui causait, Lev était conscient de son animosité envers sa mère et sa dureté envers elle le blessait. Après une violente dispute entre Sonia et Sacha survenue en novembre, Lev note :

> Sans aucun doute Sacha était coupable. Je souffre pour elle parce qu'elle était coupable. Je suis fatigué de la vie.

Il était las des luttes qui l'entouraient. Il écrivit dans son journal qu'il avait passé la soirée à jouer du piano à quatre mains avec Sonia ; que c'était ainsi qu'il voulait que se passent ses derniers jours, dans la compagnie paisible de celle qu'il appelait « ma chère vieille femme ».

Les événements allaient inexorablement contre cette paix. Le 26 octobre, Strakhov arriva à Iasnaïa, pensant que Sonia était à Moscou pour un séjour de plusieurs semaines. Strakhov expliqua lui-même que la présence de Sonia eût

été « extrêmement indésirable » pour ce qu'il désirait faire.
A sa consternation, Sonia décida de revenir plus tôt et elle
arriva également le vingt-six. Strakhov attendit d'être seul
avec Lev et lui présenta alors un document rédigé par
Tchertkov qu'il dit être un testament. Bien qu'il ne concer-
nât que les droits d'auteur de Lev, ce document pouvait
être considéré comme son testament puisqu'il ne possédait
rien d'autre. Après l'avoir lu Lev déclara : « Toute cette
affaire m'est pénible. Et de plus, il n'est pas nécessaire de
garantir la diffusion de mes idées par quelque genre de
mesures que ce soit. » Il ajouta qu'un testament trahissait
en réalité un manque de confiance dans les idées et il
quitta son bureau. Lev écrivit dans son journal qu'il pensait avoir décidé de tout de la manière la plus simple et la
plus naturelle : il désirait confier toutes ses œuvres à Sacha
afin qu'elles soient distribuées gratuitement, étant entendu
que jusqu'à sa mort, Sonia garderait le droit de publier
toutes les œuvres écrites avant 1881. Lev ne voulait pas
signer un document légal, que ce soit pour enlever ou pour
donner ce droit à Sonia.

Dans la soirée, Strakhov se trouva de nouveau seul avec
Lev et il lui déclara qu'en refusant de signer un testament
il abandonnait le droit de publication de ses œuvres à sa
famille. Lev promit de réfléchir à ce que Strakhov venait
de lui dire, mais il interrompit de nouveau la conversation et quitta son bureau. Dans son journal il déplore
d'avoir promis ne fût-ce que d'envisager de signer un document :

> J'ai consenti. Je voulais dire, mais je ne l'ai pas fait,
> que tout ceci m'afflige beaucoup et qu'il vaudrait
> mieux ne pas le faire.

La façon dont Strakhov rend compte de sa visite prouve
qu'il n'ignorait pas qu'il prenait une part active dans la
conspiration. Il note qu'au dîner « Sofia Andréevna était loin
d'avoir le moindre soupçon ». Quand Sonia lui demanda
pourquoi il était venu, il lui dit « avec bonne conscience »
qu'il était venu pour diverses choses[5].

Quand il revint à Iasnaïa, Strakhov amena Goldenweizer

en renfort et présenta à Lev l'esquisse d'un second testament. Lev nota dans son journal :

> Ils ont apporté des papiers que leur a donné Tchertkov. J'ai tout changé. Assez de cette chose ennuyeuse !

Lev pensait avoir réglé l'affaire. Le fait qu'il fallut dix mois à Tchertkov pour obtenir un testament complet est une preuve de l'aversion de Lev pour cette idée. Le papier que Lev avait signé en septembre n'avait pas valeur légale. En novembre Strakhov eut plus de succès ; Lev céda et signa un testament en bonne et due forme abandonnant tous ses droits sur les œuvres écrites après 1881. Ces droits n'appartenaient pas à Sonia mais elle espérait qu'ils reviendraient un jour à ses enfants et petits-enfants. Pour la première fois de sa vie, Lev cachait une chose importante à sa femme et il n'en était pas heureux. Quand il revint à Iasnaïa juste avant Noël, il était déprimé et silencieux. Les festivités habituelles eurent lieu, on décora des arbres, on fit des mascarades et Sonia, déguisée en sorcière, dansa et chanta pour ses petits-enfants. Lev écrivit dans son journal qu'il se sentait isolé de tout son entourage. Il savait qu'en signant un testament secret il avait trahi sa femme mais il avait accepté afin de complaire à Tchertkov, la figure autoritaire qui formulait des exigences sévères au nom du droit. Dans son journal il avoue souffrir constamment de la honte et demande :

> Finirai-je vraiment ma vie dans cette situation honteuse ? Seigneur, aide-moi.

Comme en 1884, il transféra sa honte sur les siens et sur ceux qui ne partageaient pas sa croyance ; il écrit qu'il doit les traiter comme des animaux, avec amour et pitié mais sans faire l'effort de communier spirituellement avec eux. En 1884, il avait écrit que Sonia et sa sœur Tania n'étaient « pas des êtres humains ». Sa lutte intérieure l'épuisait. Le 21 janvier 1910, Sonia écrit dans son journal :

> Ce matin Lev Nicolaïevitch a dormi tard et quand il s'est levé, il ne se rappelait rien et il n'a pas reconnu Iliouchka [un de ses petits-fils]. Il est entré dans ma

chambre pour me dire qu'il ne se rappelait pas si j'étais à Moscou ou ici.

Lev ne perdit jamais de vue l'importance de Sonia dans sa vie et même au plus fort de sa colère il continuait de consigner ses allées et venues. Quand il se réveilla, il alla dans sa chambre afin de s'assurer qu'elle, sa « boussole » était là.

En janvier, Tchertkov envoya à Lev un jeune étudiant, Valentin Boulgakov, pour l'aider à faire sa correspondance. Il accroissait ainsi la dette de Lev envers lui, en même temps qu'il renforçait la surveillance à Iasnaïa. Boulgakov, jeune homme sympathique et intelligent, ne fit pas son office d'espion ; il ne chercha qu'à servir Lev, qu'il vénérait, du mieux qu'il put. Lev et Sonia l'adoptèrent immédiatement et c'est Sonia qui le persuada d'abandonner ses allées et venues quotidiennes de Iasnaïa à Telyatinki, résidence de Tchertkov, pour s'installer à Iasnaïa. Le journal de Boulgakov, compte rendu quotidien des dix derniers mois de la vie de Lev, se lit comme un réquisitoire contre Tchertkov et Sacha.

En dépit des luttes qui s'entre-croisaient entre les différents protagonistes, la vie familiale des Tolstoï semblait toujours enviable vue de l'extérieur. Boulgakov décrit avec enthousiasme un spectacle de marionnettes que Sonia avait écrit pour ses petits-enfants. Sonia avait fait elle-même les marionnettes et la scène et elle tenait tous les rôles féminins tandis que les rôles masculins avaient été confiés à son gendre Soukhotine, l'ancien « noceur » que son mariage avec une Tolstoï avait totalement assagi. Lev, assis au dernier rang, regarda le spectacle à la jumelle, ravi du début à la fin, se frappant le genou et riant bruyamment. Boulgakov fut impressionné par son enthousiasme plein de vie et d'intérêt, et par son énergie physique et mentale. Il écrivit dans son journal :

> Il se tient merveilleusement à cheval — droit, les rênes dans la main gauche, la droite sur la hanche. Mais quand il vole dans le vent, alors c'est magnifique : son cheval laisse ses empreintes dans la neige poudreuse et sa barbe grise brille au soleil.

Comme il leur confiait son admiration pour les qualités de cavalier de Lev, Sonia et Soukhotine se mirent à rire, tombant d'accord que sans aucun doute Lev Nicolaïevitch avait fait de grands efforts pour impressionner son secrétaire.

Les tensions sous-jacentes n'empêchaient pas Sonia de vaquer à ses occupations habituelles. L'hiver précédent, elle s'était de nouveau attelée à la tâche d'établir la bibliographie des œuvres de Lev et elle avait copié *Hadji Mourad*. Elle écrit dans son journal :

> Je n'ai positivement rien fait à part copier *Hadji Mourad*. Excellent ! Je ne peux pas m'en arracher.

Sonia continuait à écrire son autobiographie et à travailler à ses éditions. Mais, même quand elle était de bonne humeur, elle était nerveuse, facilement agitée et sensible aux murmures de Lev. Il se plaignait qu'on servît deux gâteaux pour le dessert, qu'il y eût des fleurs sur la table (si on avait donné la terre aux paysans il n'y aurait pas eu de parterres de fleurs) et quand, les beaux jours revenus, Sonia fit dresser la table sur la terrasse, il lui demanda pourquoi elle désirait donner ce spectacle honteux aux passants. Elle répliqua calmement : « Je pensais que tu dirais : Ah ! c'est merveilleux, la nature est si — » sa voix se perdit[6].

L'atmosphère n'était pas toujours aussi tendue. Un jour que Sonia jouait du Beethoven, Lev entra dans la pièce pour prendre le thé et lui dit qu'il l'avait écoutée avec plaisir. Sonia rougit et répondit qu'il plaisantait sans doute. Mais Boulgakov vit combien elle était heureuse. Avec la même douceur, Lev parla à Sonia des remords qu'il éprouvait à voir le genre de vie qu'ils menaient et elle l'écouta sans le contredire. Cette nuit-là il écrivit dans son journal :

> Je l'ai embrassée en silence — elle comprend parfaitement ce langage.

En présence de Boulgakov, Lev parla à Tchertkov de sa conversation avec sa femme. « J'ai parlé avec chaleur, dit-il, bien qu'avec calme et, à ce qu'il semble, elle a compris. » Bien après, Tania Tolstoï songeait devant sa fille : « Si seulement on avait laissé ce vieux couple vivre en paix et résoudre ses problèmes, si seulement personne ne s'était interposé[7]. » Mais on ne laissait pas Lev et Sonia en paix. Ces moments d'apaisement eurent lieu alors que Sacha était allée en Crimée soigner une éventuelle tuberculose. Lev pleura de joie à son retour mais il note bizarrement dans son journal :

> Elle [Sacha] est trop gaie. J'ai peur[8].

Entre-temps Tchertkov ne relâchait pas ses efforts contre Sonia. Il empruntait les journaux de Lev pour les copier et ne se gênait pas pour citer autour de lui tous les commentaires négatifs qu'il y trouvait à propos de Sonia.

Il écrivit à Dosev, un disciple roumain, que Sofia Andréevna était :

> Une femme qui ne l'aime pas [son mari] et hait son âme, et qui a perdu la tête à force d'égoïsme, de malice et de cupidité[9].

Le fait que Tchertkov eût accès aux journaux de Lev était douloureusement humiliant pour Sonia. C'est elle qui les avait conservés, recopiés et donnés au musée d'Histoire. Elle craignait que non seulement Tchertkov répétât hors contexte les remarques négatives, mais qu'en plus il raturât celles qui lui étaient favorables. Dans les derniers jours de mai 1910, elle vint confier à Lev une nouvelle anxiété — elle n'était plus capable de s'occuper du domaine. Elle allait avoir soixante-six ans, elle était de plus en plus nerveuse, elle souffrait de névralgies et elle n'était plus l'organisatrice efficace qu'elle avait été. Même en publiant de nouvelles éditions des œuvres de Lev, elle n'était plus en mesure de suffire aux dépenses de la maison. Elle lui demanda sans détour ce qu'elle devait faire. Sa question l'embarrassa ; elle touchait de trop près la vie dont il jouissait tout en la critiquant. Il répondit que la faute lui en incombait pour avoir voulu à tout prix conserver un train de vie aristocratique et que, si sa situation ne lui convenait pas, elle n'avait qu'à vivre autre part, peut-être à Odöevéo (un petit village) ou même à Paris. La cruauté de cette réponse la fit fuir la maison en courant. On la trouva allongée dans un fossé. Lev avait eu peur et il remercia le Ciel de son retour. Tous deux étaient si heureux de tomber dans les bras l'un de l'autre qu'ils oublièrent le problème qui avait causé leur différend. C'est dans cette atmosphère rassérénée que Lev partit le 12 juin faire une visite à Tchertkov. Il emmenait avec lui ce que Sonia appelle :

Toute la suite — Sacha, le docteur Makovitsky, le secrétaire Boulgakov, et le serviteur, Ilya Vassilevitch.

C'était l'argent que gagnait Sonia qui permettait à Lev de voyager en pareil équipage mais il ne semble pas qu'elle mette la moindre ironie dans sa description ; ils s'étaient séparés dans les meilleurs termes. Quand Lev lui écrivit, il lui demanda avec gentillesse des nouvelles de ses éditions et des affaires de la maison et déclara :

Quelque agréable que ce soit d'être un invité, il est encore meilleur d'être à la maison.

Il promet d'être de retour avant le 23 juin et termine sa lettre par ces mots :

Adieu, ma chère vieille épouse. Je t'embrasse.
A nous revoir — j'espère.

Cependant le temps passait et Lev ne parlait plus de retour. Elle craignait que, flatté par l'adoration dont il était entouré et sensible aux allusions du « problème » qui l'attendait chez lui, il ne voulût rester plus longtemps chez Tchertkov. Sonia était seule à Iasnaïa avec, pour seule compagnie, sa secrétaire, Varvara Mikhaïlovna. Varvara étant une amie intime de Sacha, elle éprouvait peu de sympathie pour Sonia. Sans personne pour la distraire de ses craintes, elle finit par exiger que Varvara télégraphie à Lev que sa femme souffrait nerveusement et qu'il devait revenir. Sonia, craignant toujours que Lev ne remît son retour, télégraphia elle-même : « T'implore de revenir le vingt-trois. » Le matin du jour dit parvint une triste réponse :

Plus pratique de venir demain. Envoie télégramme si nécessité absolue je viendrai ce soir.

Sonia reconnut l'influence de Tchertkov dans la froideur du terme « plus pratique » et elle ne se contint plus. Elle s'assit à son bureau pour écrire ce qu'elle intitula un « Mémorandum avant la mort » et sous-titra « Les délires d'une femme malade[10]. Sonia se traitait de folle, ses ennemis la traitaient de folle, même son mari faisait des allusions à sa folie — mais sa conduite ressemblait plus à celle de quelqu'un qui flirte avec la folie qu'à celle d'un fou véritable. Elle essayait seulement, de la manière la plus frappante qu'elle pût trouver, d'attirer l'attention sur ses besoins affectifs et de désigner celui qui était venu se mettre entre elle et son mari après presque un demi-siècle de mariage. Elle s'interrompait d'écrire pour faire les cent pas dans la maison. Elle comparait le bruit qu'elle avait dans la tête au roulement des charrettes de foin ; elle alla prendre une bouteille d'opium et chercher dans un ouvrage médical les effets de l'empoisonnement par l'opium. Elle se voyait allongée sous le train que son mari avait jugé « plus pratique » de prendre pour venir la retrouver. Comme son nez paraîtrait grand, pointant tout droit, quand elle serait étendue dans son cercueil !

Quant au télégramme qui avait provoqué le désespoir de Sonia, ce n'était pas Lev qui l'avait envoyé. Il nia en avoir eu connaissance et suggéra que c'était Boulgakov qui avait câblé — mais Boulgakov ne savait rien non plus. Sonia avait probablement raison de soupçonner Tchertkov. C'était lui ou Sacha qui avait envoyé le télégramme sans consulter Lev. Ecrivant dans son journal le matin du vingt-trois, Lev consigna sa réaction à l'appel pathétique de Sonia :

> Hier soir je venais juste de me coucher mais je n'étais pas encore endormi quand arriva un télégramme qui disait : « T'implore de revenir le vingt-trois. » Je le ferai et je suis heureux d'avoir une occasion de faire mon devoir.

III

A son retour, Lev fut froid et distant. Sonia lui confia immédiatement toutes ses peurs concernant Tchertkov. Pendant un instant, voyant son mari assis sur un tabouret, voûté et silencieux, elle eut soudain pitié de lui — puis il lui lança un regard plein de colère et elle parla durement. Ils se séparèrent pour la nuit sans avoir fait la paix, mais Sonia fut incapable de s'endormir et elle se rendit dans la chambre de Lev afin de poursuivre leur querelle. Au matin, prise de peur, elle jeta les bras autour du cou de Lev, le suppliant d'avoir pitié d'elle et de lui témoigner de la tendresse. C'était ce que tous deux désiraient ; en pleurant, ils s'étreignirent et se promirent de repartir sur de nouvelles bases[11]. La chose aurait été possible sans Tchertkov, sans Sacha, et sans les changements qui avaient eu lieu en Lev et Sonia. Les deux Tolstoï avaient changé. Sonia était plus consciente de son isolement et de son impuissance (quand elle n'était pas d'accord avec Lev, Sacha, Tchertkov, Goldenweizer, Strakhov et Sergéenko prenaient tous le parti de son mari) et donc plus désespérée et plus facilement agitée. Le changement en Lev s'était produit chez Tchertkov, où, empoisonné par le soupçon et la rancœur distillés par son hôte, il avait écrit un testament de sa propre main spécifiant que toutes ses œuvres devaient revenir au domaine public. Sonia ne pourrait pas même léguer ses propres droits à ses enfants. Tchertkov avait également persuadé Lev de lui donner tous ses journaux depuis 1900. Lev fut amené à prendre ces décisions par un mélange de flatterie, d'intimidation et de reproches, procédé auquel il lui fut difficile de résister, déchiré qu'il était par ses divisions internes et sa culpabilité.

Lev ne trahit pas Sonia de gaieté de cœur :

> Quelque fortement qu'on puisse désirer vivre en toutes choses pour l'esprit, pour Dieu, on reste dans le doute et ébranlé devant beaucoup, beaucoup de questions. Le seul salut : repousser les questions, faire pour le présent ce qu'on pense sur le moment être bon pour Dieu, pour l'esprit. Croire qu'on peut vivre sans faire de fautes, sans pécher, est une grande et dangereuse erreur.

C'est ainsi que Lev rationalisait sa défaite devant Tchertkov. Même ainsi, son acte demeurait si inacceptable à ses yeux qu'il se détourna de la vérité et choisit de jouer le rôle du mari persécuté, résigné et patient qui supportait une femme cupide et folle pour le service de Dieu. Que restait-il à Sonia? Elle aussi jouait un rôle quand elle se servait de sa folie bouffonne pour forcer son mari à la regarder et du même coup se regarder lui-même. Mais en flirtant avec la folie, Sonia ne fut pas loin de se détruire. Elle se plaignait de spasmes cardiaques, de maux de tête, d'un désespoir intolérable, d'accès de tremblements, de claquements de dents, de crises de larmes incontrôlables et de contractions nerveuses dans la gorge. Une fois que son bon sens eut repris le dessus, elle alla voir Lev et lui déclara calmement qu'elle était prête à vivre la vie qu'il voulait, qu'ils n'avaient qu'à tout recommencer autre part. Elle lui demanda où il aimerait aller. « Dans le sud », répondit Lev sur-le-champ. « En Crimée ou dans le Caucase. » Pendant un instant cela lui sembla possible. Sonia le pressa de partir immédiatement; Lev souleva alors des objections et déclara qu'avant d'opérer un tel changement il leur fallait essayer d'instaurer entre eux de la « bienveillance ». Sonia avait agi trop tard. Trois semaines plus tôt Lev aurait pu accepter sa proposition; maintenant, il était lié à Tchertkov par le coupable secret du testament et la conscience affreuse qu'il n'osait pas faire de projets sans l'assentiment de Tchertkov. Il n'avait pas besoin de le lui demander pour savoir que Tchertkov n'était pas spécialement désireux de le voir vivre une vie rêvée en compagnie de Sonia. Cependant, la proposition de Sonia et son refus troublèrent Lev et le lendemain il écrivit dans son journal :

Hier elle a parlé d'aller quelque part. Je n'ai pas dormi de la nuit. Je suis très fatigué.

Lev avait trahi Sonia en faisant un testament secret et maintenant il se trahissait lui-même en rejetant sa proposition. Sa frustration et sa colère le poussèrent à se retourner contre elle et il lui cria qu'elle était toujours d'un avis contraire au sien. Sonia demande à son journal :

En quoi ?... Nous croyons tous deux en Dieu, en la bonté, en l'humilité devant la volonté de Dieu. Nous abhorrons tous deux la guerre et le meurtre. Nous aimons tous deux vivre à la campagne. Nous détestons tous deux le luxe. Reste que je n'aime pas Tchertkov mais j'aime Lev Nicolaïevitch. Et il ne m'aime pas mais il aime son idole.

Sonia reçut un nouveau coup quand le gouvernement permit à Tchertkov d'aller rendre visite à sa mère à Telyatinki, sans spécifier la durée de son séjour. C'était lever *de facto* son bannissement de la province de Tula. La nouvelle agita Sonia à tel point que Lev, afin de la distraire, accepta d'aller avec elle chez leur fils Sergueï à l'occasion de l'anniversaire de ce dernier. Sergueï vivait à Nicolsköe, qui était à une demi-journée de Iasnaïa, et les deux jours qu'ils passèrent chez lui constituèrent un répit heureux pour les deux Tolstoï. Lev note dans son journal que « Sonia était d'humeur merveilleuse » et dans le sien elle écrit avec ravissement :

> Pendant deux jours j'ai été proche, proche de mon Levochka. Nous sommes allés à la gare et c'est lui qui a voulu me prendre le bras.

Ils retournèrent à Iasnaïa le 30 juin. Le lendemain, Tchertkov fit son apparition et Lev, Sacha et lui se réunirent dans le bureau de Boulgakov, connu maintenant sous le nom de salon Remington à cause de la machine à écrire. Sonia s'alarma en les entendant prononcer son nom :

> Lev Nicolaïevitch, Sacha et Tchertkov commencèrent une conversation secrète dont j'entendis très peu si ce n'est la fréquente mention de mon nom. Sacha vint voir si j'écoutais et, me voyant, se mit à courir, disant que je les avais probablement entendus parler ou comploter depuis le balcon... Alors j'entrai sans me cacher dans la pièce où ils étaient, saluai Tchertkov et demandai : « Encore un complot contre moi ? »

Ainsi que Boulgakov l'écrit dans son journal :

> Iasnaïa est devenu une sorte de forteresse avec des rencontres secrètes, des pourparlers et le reste.

Tchertkov était maintenant assez sûr de lui pour affronter Sonia de face et elle rapporte dans son journal du 1er juillet qu'il l'avait abordée dans l'escalier et lui avait crié :

> « Vous avez peur que je vous démasque au moyen des journaux [ceux de Lev]. Si je l'avais voulu, j'aurais pu vous traîner dans la boue, vous et votre famille autant que je l'aurais voulu. » — Une jolie expression pour un homme soi-disant respectable. « J'ai assez de relations et d'occasions pour le faire, et si je ne l'ai pas fait, c'est uniquement par affection pour Lev Nicolaïevitch. »... Tchertkov cria que s'il avait une femme telle que moi, il se serait tué ou il se serait enfui en Amérique. Ensuite, en descendant l'escalier avec mon fils Lev, Tchertkov dit d'un ton vindicatif à mon sujet : « Je ne comprends pas une pareille femme qui voue toute sa vie au meurtre de son mari. »

Peu après cette échauffourée, Lev alla voir Tchertkov à Telyatinki et Sonia lui fit une scène à son retour. Puis, soudain, ils redevinrent brièvement ceux qu'ils avaient été. Sonia entra dans sa chambre alors que Lev s'apprêtait à se mettre au lit et lui demanda de lui promettre de ne jamais la quitter sans le lui dire. « Je n'en ai pas l'intention, dit-il, et je promets de ne jamais te quitter. Je t'aime. » Sa voix se cassa et elle tomba dans ses bras. Ils s'assurèrent mutuellement que leur amour était aussi fort que jamais. Après l'avoir quitté, prise d'un accès de gratitude, elle retourna le remercier d'avoir soulagé son cœur d'un tel poids. De retour dans sa chambre, elle entendit la porte qui s'ouvrait. C'était Lev. « Ne dis rien, la supplia-t-il. Je veux seulement te dire que notre conversation de ce soir a été une joie pour moi — une grande joie [12]. » Ils s'étreignirent et s'embrassèrent de nouveau et Sonia, ouvrant son journal, écrivit dans le ravissement :

> Tu es à moi, tu es à moi, criait mon cœur et maintenant je serai plus calme et je reprendrai mes esprits, je serai plus gentille avec tout le monde et j'essayerai d'être meilleure dans mes relations avec Tchertkov.

Lev nota simplement :

> Tard dans la soirée j'ai eu une très bonne conversation avec elle.

Il devenait circonspect quand il s'agissait de faire des allusions tendres ou même favorables à Sonia. Tchertkov recopiait son journal et ne manquait pas de lui signaler l'erreur qu'il commettait en faisant confiance à Sonia.

Sonia essaya effectivement d'être plus calme mais la présence continuelle de Tchertkov, la façon arrogante qu'il avait de dominer Lev et les manières subtiles qu'il employait pour saper l'affection de son mari provoquèrent une seconde querelle. Lev refusa d'écouter les doléances de sa femme et lui demanda d'un ton courroucé de le laisser dormir. Une fois encore, Sonia s'enfuit de la maison et refusa de revenir avec le jeune Lev, déclarant que son mari l'avait chassée et que c'était lui qui devait la ramener. Le jeune Lev courut porter le message à son père, mais Lev hésitait à aller retrouver sa femme, hésitation qui provoqua la colère de son fils, qui lui déclara avec impatience, qu'il était de son devoir d'y aller [13]. Lev sembla abasourdi par la réaction de son fils, mais il alla chercher Sonia dans le jardin et la raccompagna jusqu'à sa chambre. De nouveau ils pleurèrent et s'étreignirent mais le lendemain matin, Lev notait dans son journal :

> Suis à peine en vie... Le pire fut Lev Lvovitch ; il m'a grondé comme si j'étais un vilain garçon et m'a ordonné d'aller chercher Sofia Andréevna dans le jardin. Je suis incapable de regarder Lev avec calme, je suis encore dans un mauvais état. La pauvre Sonia s'est calmée. C'est une maladie désolante.

Désirant se faire pardonner, Sonia se rendit en voiture à Telyatinki avec Boulgakov, pour faire une visite de courtoisie à la mère de Tchertkov. En chemin Sonia se mit à pleurer doucement et à supplier Boulgakov de persuader Tchertkov de lui rendre les journaux de Lev. « Qu'il les copie tous, dit-elle, mais redonnez-moi les manuscrits originaux de Lev Nicolaïevitch. Vous savez que c'est moi qui ai gardé ses journaux jusqu'alors. Dites à Tchertkov que s'il me rend les journaux, je m'estimerai satisfaite. Je serai agréable avec lui, il viendra chez nous comme avant et nous travaillerons ensemble pour Lev Nicolaïevitch et nous nous vouerons à lui. Voulez-vous lui dire ceci ? Pour l'amour de Dieu, dites-le lui ! » Jugeant la requête de Sonia raisonnable, dès qu'ils furent à Telyatinki, il se mit à la recherche de Tchertkov. Il le trouva enfermé dans son cabinet avec Serguéenko ; le message de Boulgakov sembla beaucoup inquiéter Tchertkov. « Vous ne voulez pas dire, demanda-t-il, que vous lui avez dit où sont les journaux ? » Et afin de montrer à quel point cette idée lui déplaisait, il fit la grimace et tira la langue. Boulgakov déclara qu'il n'avait rien dit pour la raison qu'il ne savait rien. « Ah ! c'est excellent ! » s'écria Tchertkov, bondissant sur ses pieds et ouvrant la porte. « Allez maintenant, s'il vous plaît. Ils sont en train de prendre le thé là-bas, vous avez sûrement faim et ici nous sommes en train de parler. » Boulgakov entendit qu'on refermait la porte au verrou[14]. Il ne fut certainement pas surpris en entendant Tchertkov lui déclarer ensuite qu'il avait été décidé que les journaux ne seraient pas rendus.

Une fois de plus, Sonia était déçue. Elle fut encore plus désolée quand, cherchant le journal courant de Lev, elle découvrit qu'il le lui avait caché, mettant ainsi brusquement fin au dialogue de leurs pensées qui avait duré prsque tout le temps de leur mariage. Son désespoir força Lev à faire un compromis : il demanda à Tchertkov de lui rendre tous ses journaux afin qu'il les dépose dans le coffre d'une banque de Tula, auquel il aurait seul accès. Avant de rendre les journaux, ce dernier rassembla sa femme, sa sœur, Sergéenko, les Goldenweizer et Sacha et tous ensemble ils copièrent soigneusement tous les passages qui contenaient des critiques envers Sonia[15]. C'est ainsi que Tchertkov comprenait sa mission de dépositaire des écrits de Tolstoï.

Après avoir redemandé ses journaux, Lev écrivit à Sonia une lettre où il lui promettait de ne montrer son journal courant à personne et lui apprenait que ses autres journaux seraient dans un coffre. Sonia écrivit ses commentaires dans la marge de la lettre. Lev écrivait :

Comme je t'ai aimée dans ma jeunesse, de même, malgré diverses raisons de froideur, je t'ai aimée sans cesse et je t'aime. Les raisons de cette froideur étaient (je ne parle pas de l'abandon des relations conjugales — ce n'était que l'abandon d'une expression fausse de l'amour, pas de l'amour vrai)...

Sonia commente :

Bien sûr la froideur résulte principalement de la cessation des relations conjugales due à la maladie de Lev Nicolaïevitch et à son âge. Qui saurait cela mieux qu'une épouse ?

Lev continuait en disant que la froideur actuelle était due à son caractère, qui était récemment devenu « irritable, despotique et immodéré », et à la différence de leurs aspirations, les siennes étant spirituelles, celles de sa femme matérielles. Sonia aurait pu lui rappeler la proposition qu'elle lui avait faite d'aller vivre ainsi qu'il le désirait, mais elle passa outre afin de s'attarder à la lecture d'un paragraphe plus à son goût :

Voici comment je considère ta vie avec moi : moi, un homme profondément dépravé, vicieux et plus jeune, je t'ai épousée toi, une jeune fille de dix-huit ans, pure, bonne, intelligente et, en dépit de mon passé ignoble et vicieux, tu as vécu avec moi, en m'aimant, une vie difficile, exténuante pendant cinquante ans, mettant au monde, soignant, élevant les enfants et t'occupant de moi, sans céder aux tentations qui auraient pu si facilement avoir raison de n'importe quelle femme belle, robuste et saine dans ta position. Mais tu as toujours vécu en sorte que je n'aie rien à te reprocher... Ceci est une description sincère de mon attitude envers toi.

A partir de ce moment la lettre de Lev devient confuse. Il consent à cesser de voir Tchertkov pour l'amour de Sonia mais il continue :

Si tu n'acceptes pas ces conditions d'une vie douce et paisible, je reprendrai ma promesse de ne pas te quitter.

Sonia note dans la marge qu'il n'a posé aucune condition. Vers la fin de la lettre Lev supplie :

> Pense calmement, amie bien-aimée, écoute ton cœur, sens, et tu décideras de tout ainsi qu'il le faut.

Sonia écrit dans la marge qu'il n'a été fait aucune mention de ce qu'elle doit décider. Lev finit ainsi sa lettre :

> Ma chérie, cesse de torturer, non pas les autres, mais toi-même parce que c'est toi-même qui souffres cent fois plus que quiconque. Et c'est tout. Lev Tolstoï. 14 juillet au matin.

Sonia qualifia le jour d' « heureux ». Sa semi-victoire en ce qui concerne les journaux lui fut toutefois un peu utile. Le 17 juillet, Tchertkov persuada Lev d'écrire encore un nouveau testament de sa propre main, cette fois-ci sous la dictée de Goldenweizer, le précédent testament s'étant révélé insuffisant du point de vue légal. Sonia n'avait pas perdu son sixième sens et, le lendemain, elle demanda à Lev s'il ne lui cachait pas quelque chose. Si Sonia avait été moins bouleversée, elle aurait pu exposer la chose calmement. Son agitation s'aggrava à tel point que le 19, Lev fit examiner sa femme par un médecin et un psychiatre. Ils diagnostiquèrent une hystérie passagère. Lev dit ensuite à Boulgakov qu'il était sûr que Sonia aurait une vieillesse normale. Sacha, qui l'écoutait, lança : « Il y a peu de chances qu'il en soit ainsi — Pourquoi pas ? » rétorqua son père.

Les médecins ne prescrivirent aucune thérapie, ils suggérèrent seulement que Sonia vécût séparée de son mari, suggestion que ni Lev ni Sonia n'étaient prêts à accepter. Sonia était plus calme mais les soupçons continuaient à la torturer et, de fait, l'affaire du testament n'était pas terminée. Goldenweizer avait oublié de dicter la formule : « sain de corps et d'esprit et en possession de toutes mes facultés ». Une fois de plus le document dut être réécrit, signé et certifié. Lev refusa de retourner à Telyatinki pour le faire ; il donna rendez-vous à Goldenweizer et aux autres dans les bois proches de Iasnaïa. Là, assis sur une souche, Lev écrivit et signa son testament définitif. Parce qu'il était légalement impossible de faire un testament sans héritier, Lev légua ses œuvres à Sacha, étant entendu qu'elle les donnerait au domaine public. Il déclara, sans le mettre par écrit, qu'il était entendu que, tant qu'elle vivrait, Sonia conserverait ses droits de publication et qu'à sa mort ceux-ci iraient à Sacha afin d'être abandonnés au public. Tchertkov fut nommé conservateur de tous les écrits de Lev.

Lev revint à la maison chargé d'un nouveau fardeau de culpabilité. En geste d'apaisement à l'endroit de Sonia, il envoya un mot à Tchertkov lui demandant de ne pas venir à Iasnaïa pendant quelque temps, mais même le hasard était contre le couple. Tchertkov avait décidé de se rendre à cheval à Iasnaïa pour y prendre le thé et il choisit une route différente de celle empruntée par le messager de Lev. Quand Sonia apprit qu'il était dans la maison elle mit sa tête dans ses mains et sanglota, à quoi Sacha réagit en crachant sur sa mère et criant : « Pouah ! le diable sait combien ces scènes me portent sur les nerfs [16]. » Sonia ignora cette insolence et alla stoïquement présider la table. Il y avait une nappe blanche, le samovar et une grande jatte de framboises mais tout le monde, y compris Tchertkov, était déprimé. Plus tard Boulgakov écrivit dans son journal :

> Quand je me rappelle cette soirée, je suis frappé par l'intuition de Sofia Andréevna : elle semblait sentir que quelque chose de terrible et d'irréparable venait juste d'advenir.

C'était certainement ce que ressentait Lev. Le lendemain il écrivit dans son journal :

> C'est affreux, ma santé est très mauvaise mais ce n'est rien en comparaison de mon état mental. Eh bien, qu'en est-il ? *Je m'entends**. J'ai mal à l'estomac. Je n'ai pas été capable de tenir ferme contre les exigences qui m'ont été faites.

Il demandait à Dieu de l'aider à agir selon sa volonté mais les concessions qu'il avait faites à Tchertkov le blessaient en

* En français dans le texte.

même temps que Sonia et il voulait « essayer une autre manière ». Lev n'était pas entièrement perdu pour Sonia ; toutefois Tchertkov, Sacha, Goldenweizer, Strakhov et Sonia elle-même, par ses crises nerveuses, l'avaient épuisé et il n'avait pas été capable de « tenir ferme ».

IV

Plus la conscience de Lev était torturée par son coupable secret, plus il s'éloignait de Sonia. Sans cesse, il opposait à ses questions un : « Je ne désire pas discuter de cela », ou il gardait simplement le silence. Sonia suppliait, pleurait et exigeait de savoir ce qui se passait derrière son dos. Rien ne la blessait plus que le refus de Lev de communiquer avec elle. Elle s'accrochait aux petites habitudes de la vie conjugale qui survivaient — le dîner, où elle pouvait se bagarrer contre le manque d'appétit de Lev, les courtes promenades dans le jardin après le dîner ; elle s'occupait de ses vêtements aussi, les raccommodait et lui donnait un lavement quand besoin en était. Elle prit enfin une décision énergique. Epuisée par la chaleur de l'été — il avait fait 29° au milieu du mois de juillet — et fatiguée par l'excès de ses propres émotions, elle résolut de quitter la maison pour un certain temps. Elle se reposerait de Tchertkov et elle reposerait Lev de « [sa] présence et de [son] âme souffrante ». Elle annonça à la famille qu'elle partait pour un temps indéfini, repoussée par son mari et conspuée par sa fille.

Sonia pensait passer quelque temps dans un hôtel à Tula, ou dans la maison de Moscou, mais à la gare de Tula, elle rencontra Androucha avec ses enfants et sa nouvelle femme. Androucha était un chaud partisan de sa mère. Comment pouvait-elle résister à sa supplique de retourner avec eux à Iasnaïa, bien qu'elle redoutât d'avoir à affronter la dérision de Lev ? Arrivée chez elle, elle se glissa jusqu'à sa chambre et s'allongea sur son lit. A son grand étonnement, Lev vint la voir. Il semblait mal en point et il dit : « Je ne pourrais absolument pas vivre sans toi. C'est exactement comme si je m'étais écroulé. Nous sommes trop proches et nous avons trop grandi ensemble. Je te suis tellement reconnaissant d'être revenue à la maison, ma chérie. Merci. » Comme si souvent auparavant, ils s'étreignirent, s'embrassèrent et parlèrent de leur amour.

Sonia supplia Lev de lui accorder plus de confiance et de ne pas provoquer ses craintes et ses soupçons. Quand elle parla de Tchertkov, il se troubla et se tut. Ce même jour, Sacha avait appris à Goldenweizer que Lev Nicolaïevitch songeait à parler de son testament à sa femme. Goldenweizer alla en hâte trouver Lev pour lui dire qu'il ne devait sous aucun prétexte aborder ce sujet avec sa femme. Quand Lev lui demanda pourquoi, Goldenweizer lui donna deux raisons : d'une part, céder aux exigences de Sofia Andréevna n'aurait pour effet que d'en susciter d'autres et, d'autre part, sa connaissance du testament lui donnerait un motif réel de haïr Tchertkov. Lev céda mais Sacha et Goldenweizer restaient inquiets, particulièrement quand Lev escorta affectueusement Sonia jusqu'à la table du dîner. Ils le virent seul, séparément, pour lui rappeler de se méfier de la gentillesse de sa femme — ce n'était qu'une ruse qu'elle employait pour parvenir à ses fins. Tchertkov, mis au courant de l'attitude chaleureuse de Lev envers Sonia, écrivit à Lev qu'il avait « la preuve indubitable » que Sonia et ses fils projetaient de le faire déclarer sénile afin de pouvoir invalider quelque testament qu'il fît. Lev répondit que c'était une exagération, mais il n'en était pas moins troublé par tant d'insinuations.

C'est à cette époque que Lev se mit à tenir un journal secret. « Juste pour moi seul. » Le jour de son inauguration, il note :

> Si les soupçons de certains de mes amis sont justifiés, elle est en train d'essayer de parvenir à ses fins en se montrant affectueuse. Depuis plusieurs jours déjà, elle embrasse ma main, ce qu'elle n'a jamais fait avant, et il n'y a ni scènes ni désespoir.

Tout comme ses ennemis avaient utilisé l'hystérie de Sonia contre elle-même, ils utilisaient maintenant son attitude affectueuse pour suggérer qu'elle cachait de mauvaises intentions. Mais, dans son journal secret, Lev attribuait la faute à qui de droit :

Tchertkov m'a entraîné dans une lutte et cette lutte m'est douloureuse et répugnante.

Si Lev retrouvait momentanément sa clairvoyance, il le devait à son disciple Biryoukov qui était venu lui rendre visite et fut horrifié d'apprendre que Lev avait fait un testament qu'il cachait à sa femme et à sa famille. Il lui fit remarquer combien l'affaire ressemblait à un complot. N'aurait-il pas été plus dans l'esprit des convictions de Lev de rassembler sa famille afin de lui faire part de ses désirs ? Dans son journal secret, Lev note le 2 août :

Je ne comprends que trop mon erreur. J'aurais dû convoquer tous les héritiers et déclarer mes intentions — ne pas les garder secrètes.

Lev était maintenant résolu à faire ainsi qu'il l'avait écrit, mais il n'osait pas agir sans l'approbation de Tchertkov. Il écrivit à son disciple une lettre qui provoqua la panique à Telyatinki. Tchertkov répondit longuement, insistant sur le fait que Sonia ne devait apprendre l'existence du testament sous aucun prétexte, car elle et ses fils pourraient parvenir, à l'occasion d'un moment de faiblesse de Lev, peut-être même sur son lit de mort, à l'amener à revenir sur sa décision. Tchertkov eut l'audace d'exposer à Lev les pensées secrètes de Sonia et de lui expliquer quelles étaient ses intentions véritables quant à l'œuvre de son mari. Il déclara que l'un des fils de Lev, agitant sa nouvelle *le Faux Coupon*, avait dit : « Nous en tirerons au moins cent mille roubles. » Tania Tolstoï, dans son livre *Souvenirs de Tolstoï*, rapporte qu'elle questionna le frère accusé par Tchertkov et que celui-ci nia avec véhémence avoir jamais dit pareille chose ni avoir jamais eu de telles pensées.

Goldenweizer et Anna Constantinovna, la femme de Tchertkov, écrivirent aussi, incitant Lev à nourrir les soupçons les plus graves quant aux mobiles de Sonia. Cette ingérence dans sa vie privée blessait Lev, et il répondit que les choses n'allaient pas si mal qu'ils l'imaginaient. Il écrivit à Tchertkov qu'il allait bien, et qu'il était heureux, et que tout à la maison était tranquille — une tranquillité qui ne dura pas. Sonia ne pouvait trouver le repos, sachant que Tchertkov, sa fille et beaucoup d'autres en savaient plus sur les intentions de son mari qu'elle-même, sa femme. Lev garda un silence impassible devant les questions de Sonia, et celle-ci l'accusa alors d'être lié à Tchertkov par un amour homosexuel. Pour preuve de ce qu'elle avançait, elle lui lut une phrase tirée d'un journal de ses années de jeunesse :

> Je suis si souvent tombé amoureux d'hommes ; pour moi, l'indice principal de l'amour est tout simplement la peur — peur de blesser ou de ne pas plaire à l'objet aimé[17].

Un tel usage de son journal provoqua la colère de Lev, et il s'enferma dans sa chambre tandis que Sonia, sans se soucier de la présence de Sacha et de Boulgakov, le suppliait en pleurant de lui pardonner et d'ouvrir sa porte. Cette scène, ajoutée à l'effet de la lettre de Tchertkov, brisa la résistance de Lev. Le lendemain, 12 août, il écrivit à Tchertkov :

> La nuit dernière et ce matin, j'ai pensé à votre lettre d'hier qui a provoqué en moi, principalement, deux sentiments : le dégoût devant l'égoïsme brutal et l'insensibilité patente que je n'ai pas vus, ou que j'ai vus et oubliés, et la douleur et le remords de vous avoir blessé par ma lettre dans laquelle j'exprimais le regret de ce qui avait été fait. Et la conclusion que votre lettre m'a inspirée alors est que Pavel Ivanovitch [Biryoukov] avait tort et moi avec lui, et que j'approuve entièrement vos actions mais que je ne suis toujours pas satisfait des miennes ; je sens qu'il y aurait eu un meilleur moyen pour moi d'agir, bien que j'ignore lequel. Et maintenant je ne regrette pas ce que j'ai fait, c'est-à-dire écrire le testament qui a été écrit, et ne peux que vous être reconnaissant de l'intérêt que vous avez porté à cette affaire.

Une fois de plus, Lev capitulait devant la figure du père qui avait le pouvoir momentané d'apaiser sa conscience troublée.

Tchertkov accepta les excuses de Lev tout en lui laissant entendre que rien n'était acquis pour autant. Il donna à Lev le conseil suivant, qu'il disait tenir de psychiatres. Dans les rapports avec Sonia, comme avec tout malade mental, il y avait trois règles à suivre : d'abord, l'éviter durant les crises d'hystérie ; ensuite ne jamais céder à ses exigences, car cela ne faisait qu'en appeler d'autres ; enfin, lui faire comprendre qu'il y avait des limites au-delà desquelles elle ne devait pas intervenir [18]. Lev nota dans son journal :

> Il a raison pour les méthodes à appliquer aux malades.

Maintenant Lev essayait de se détacher complètement de Sonia. Il dit à Boulgakov que quand il était capable de ressentir de la compassion pour sa femme, il se réjouissait. « Il faut avoir pitié d'elle, et je me réjouis quand j'y parviens — je l'ai même noté. » Lev regardait Sonia et sa « folie » comme il aurait regardé un objet sous un microscope, avec un détachement glacé. Quand une lueur de compassion réchauffait son cœur, l'un ou l'autre des ennemis de Sonia la faisait disparaître bien vite. Le 19 août, il écrivit dans son journal :

> Je viens juste de rencontrer Sofia Andréevna ; elle marchait très vite et semblait terriblement préoccupée. Je fus navrée pour elle. Je leur dis de la surveiller discrètement et de voir où elle allait. Sacha me dit, cependant, qu'elle n'allait nulle part mais qu'elle était en train de m'épier. Je fus moins navré pour elle.

Afin d'appuyer son affirmation, Sacha donna à son père un livre sur la paranoïa où elle avait souligné les passages qui pouvaient s'appliquer au comportement de sa mère. Lev fut impressionné par sa lecture et il résolut, afin de ne pas favoriser la maladie de sa femme, d'opposer un silence imperturbable à toutes ses questions et accusations. Il coupa net.

Les cendres de l'ancienne affection furent ravivées par la visite que Lev, Sonia et Sacha firent à Kochety où la présence de Tania eut une influence apaisante. Bien qu'elle fût affligée par les demandes incessantes que sa mère faisait à son père (promettrait-il de ne jamais se laisser photographier en compagnie de Tchertkov, de ne jamais montrer ses journaux à personne, puisqu'elle-même n'y avait plus accès, et ainsi de suite), Tania fut toujours bonne et douce avec Sonia et elle

271

compensait la dureté de Sacha. Sonia se détendit elle aussi, et quand les affaires la rappelèrent à Iasnaïa, Lev et elle eurent du mal à se quitter. Ils s'embrassèrent tendrement, et peu de temps s'écoula avant que Lev avoue à Tania que sa femme lui manquait. « Elle était très touchante quand nous nous sommes dit au revoir, dit-il. La pitié que j'éprouve pour elle me la fait beaucoup aimer. Je lui ai écrit une petite lettre. » C'était une lettre qui venait du cœur :

Kochety, 29 août 1910

J'ai été profondément touché, chère Sonia, par tes mots d'adieu pleins de bonté et de sincérité. Comme il serait bon que tu puisses conquérir en toi — je ne sais comment le dire — ce qui te torture. Comme cela serait bon pour toi et pour moi. Je ne cesse de penser à toi. J'écris ce que je ressens et je ne veux rien écrire de superflu. S'il te plaît, écris.

Ton mari affectionné,
L. T.

Bien qu'elle fût contente de recevoir la lettre, les mots suggérant qu'elle devait surmonter quelque chose en elle la firent pleurer. Elle écrivit dans son journal :

Il a un seul but et un seul désir qui sont que je me maîtrise et, à l'évidence, que je permette la présence de Tchertkov.

La réponse de Sonia montrait des signes évidents de détresse et de confusion :

31 août 1910

... J'ai reçu ta lettre et celle de Tania, ce matin, qui m'ont rendue très heureuse. Tant de soucis et d'angoisses m'accablent ici que je deviens un peu folle, d'autant plus que, de même qu'à Kochety, je me lève tôt et me couche tard. Le temps est merveilleux, mais Iasnaïa Poliana m'a fait une impression étrange. Tout a complètement changé, c'est-à-dire que ma vision de tout a changé. Comme si j'avais enterré quelque chose

272

dans ma vie et que je doive la recommencer à nouveau. Et de même qu'après un enterrement, comme celui de Vanechka, on est pendant très, très longtemps navré par la perte d'un être aimé, de même aujourd'hui cette blessure, la perte du bonheur et de la sérénité, que le destin m'a envoyée de manière si inattendue, me fait souffrir. Ici, pour l'instant, me trouvant dans une situation familière et sans un grand nombre de regards étrangers devant lesquels j'ai honte, m'oppressant parce qu'il n'y a ni connaissance ni intérêt pour l'origine de ma souffrance, il semblerait que je commence à être tranquille. J'ai toujours été sincère, en dépit de mes nombreux défauts. Je t'ai sincèrement aimé, et je t'aime sincèrement, et je t'ai exprimé chaleureusement et sincèrement que je regrettais profondément de t'avoir fait souffrir.

Sonia avait perdu l'habitude du bonheur. Son comportement était incontrôlé et dépourvu de sens. Elle avait acheté un petit canon d'enfant qu'elle utilisait de sa fenêtre ; elle invita un prêtre à venir asperger d'eau bénite toutes les pièces où Tchertkov était entré, afin d'exorciser son esprit malin.

Début septembre, elle passa de nouveau une semaine à Kochety, mais son séjour fut gâché par les querelles et elle rentra à Iasnaïa plus bouleversée que jamais. Elle pleurait devant des étrangers et parlait sans retenue de la troisième personne qui avait détruit leur mariage. Quand elle pensait que les membres de la famille ou les amis qui lui rendaient visite étaient trop critiques à son égard et penchaient pour Lev, elle leur lisait des passages « honteux » des journaux de la jeunesse de son mari. Cela faisait quinze ans, depuis la mort de Vanechka, que Sonia repoussait la dépression nerveuse ; aujourd'hui elle n'avait plus de réserves physiques, affectives ni mentales. Elle s'écroulait au moment où son mari avait désespérément besoin de son bon sens pour démêler sa propre confusion. Varvara notait toutes les indiscrétions et les folies de Sonia et en faisait le rapport à Telyatinki ; de là, elles étaient communiquées à Lev, agrémentées de calomnies inventées par Tchertkov. Au début, Lev voyait ces cancans d'un mauvais œil et il déclara à sa fille Tania : « Dieu merci cela n'a pas d'importance pour moi, mais cela produit un effet néfaste sur mes sentiments pour elle. Ils ne devraient pas faire ça. » Peu à peu, le bombardement d'informations fausses et vraies eut l'effet désiré et Sacha put écrire avec plaisir à Boulgakov :

Il y a eu un changement... en Lev Nicolaïevitch lui-même. Lui-même a commencé à sentir, influencé en partie par les lettres de bons amis, qu'il n'est plus possible de céder car, cela est étrange à dire, cela n'apaise ni ne produit des sentiments aimants ainsi qu'il semble que cela devrait mais, au contraire, accroît la haine et les mauvaises actions [19].

Boulgakov ne se laissa pas prendre à cette lettre ; ses yeux étaient dessillés. Une semaine plus tôt il avait écrit dans son journal :

14 septembre

... Il est clair qu'elle [Sonia], femme âgée et malade, devrait être traitée avec plus de délicatesse que Tchert-kov ou Alexandra Lvovna ne lui en témoignent parfois... Vladimir Grégorévitch et Alexandra Lvovna, pour une raison que j'ignore, souffrent de cécité dans cette relation. Le but du premier est la destruction morale de la femme de Tolstoï afin d'obtenir le contrôle de tous ses manuscrits ; quant à la seconde, soit elle est de mèche avec lui, soit, ainsi que font les femmes, elle hait sa mère et voue son temps à lutter contre elle comme si c'était une sorte de sport. Ni l'un ni l'autre ne contri-buent à sa bonne réputation. Varvara Mikhaïlovna prétend être également dévouée à la mère et à la fille, mais rapporte chacun des mots étranges et hystériques de Sofia Andréevna, l'incitant [Sacha] ainsi à poursui-vre ses actions guerrières. Goldenweizer et Sergéenko aident Tchertkov. Le tableau est épouvantable et démo-ralisant.

Lev avait finalement avalé la plus horrible des calomnies de Tchertkov : il croyait que Sonia avait l'intention de le faire déclarer sénile. Le 22 septembre, il écrivit dans son journal secret :

> Je vais à Iasnaïa et je suis saisi d'horreur à l'idée de ce qui m'attend là-bas.

Il résolut à nouveau que, quelles que fussent les questions et les exigences de Sonia, il refuserait de lui répondre. Lev faisait de fréquentes allusions à la « maladie » et à la « folie » de Sonia, mais lui-même montrait des signes de désordre émotionnel : silences glaciaux, visage dénué de toute expression, obsession que sa femme détruisait sa créativité et sa capacité de travail et, enfin, aberration. En août, il avait noté dans son journal secret :

> Aujourd'hui j'ai pensé, alors que je me rappelais notre mariage, qu'il y avait là quelque chose de fatal. Je n'ai même jamais été amoureux.

Quand Serguéï Tolstoï lut ce passage après la mort de son père, il nota en marge qu'il ne pouvait être attribué qu'à la déficience de la mémoire de son père qui était dans sa quatre-vingt-deuxième année.

Au matin du quarante-huitième anniversaire de leur mariage, Sonia vint prendre le petit déjeuner dans une élégante robe blanche. Boulgakov la rencontra dans le jardin et la congratula. Sonia lui donna la main et demanda : « Pour quoi ? C'est un anniversaire tellement... » Incapable de finir sa phrase, elle couvrit son visage de ses mains et s'éloigna. Après le dîner, toutefois, elle voulut être photographiée avec Lev. A peine les photos faites, Sacha provoqua une scène. Elle demanda en hurlant pourquoi son père se laissait photographier avec sa femme et pas avec Tchertkov. Elle déclara à Lev : « C'est faire preuve d'inconsistance que de sacrifier les intérêts de ton ami et de ta fille au bénéfice d'une femme dérangée. » Quant Tchertkov apprit l'histoire de la séance de photographie, il en prit prétexte pour envoyer à Lev une lettre de réprimande. Lev écrivit dans son journal :

275

Une lettre de Tchertkov pleine de reproches et d'accusations. Ils se mettent en pièces. Parfois je pense que je devrais les fuir tous.

Lev était blessé par la mesquinerie de Tchertkov et de Sacha ; d'un autre côté, sa sympathie pour Sonia était devenue plus mécanique que sincère. Il dit à Boulgakov : « Elle est dans un état horrible et pitoyable. Je fais un effort pour me dégager de cette situation. » Lev avait nourri son hostilité envers Sonia jusqu'à ce qu'elle fût devenue son ennemie. Ses marques d'affection l'irritaient. Il parlait à Boulgakov avec détachement mais, dans son journal secret, il rageait :

Ces expressions d'amour, cette loquacité et cette intrusion constante. Il est toujours possible d'aimer, je sais cela, mais je ne le peux pas... Mon hostilité à son égard est terriblement affligeante, mais je ne peux pas la surmonter quand elle commence ce bavardage ; bavardage interminable, bavardage sans fin et sans signification ni raison... Aujourd'hui j'ai éprouvé très fortement le besoin du travail créatif, mais je vois que c'est impossible... et c'est à cause d'elle, à cause de la persistance de mon sentiment à son égard et de ma lutte intérieure.

La lutte intérieure de Lev l'épuisait physiquement, et Sonia le découvrit un jour pris de convulsions. Il eut en tout cinq attaques, certaines si violentes qu'il gisait écartelé sur son lit. Sonia lui tenait les pieds et priait : « Seigneur ! Pas cette fois-ci, pas cette fois-ci ! » Elle se tourna vers Sacha et lui fit cette déclaration pathétique : « Je souffre plus que toi ; tu perds un père mais je perds un mari, de la mort de qui je suis responsable. » Sacha resta silencieuse et calme, les lèvres fermement pressées l'une contre l'autre.

Alors que Lev se reposait de ses attaques, Sonia entra sur la pointe des pieds dans la chambre dont on avait tiré les rideaux et fit un bruit. Lev demanda. « Qui est-ce ?
— C'est moi, Levochka.
— Pourquoi es-tu ici ?
— Je suis venue te voir.
— Ah [20] ! »

276

Sonia avait grand-peur. Elle savait que Lev ne vivrait plus très longtemps et elle devenait de plus en plus anxieuse d'arranger les choses entre eux, de communiquer avec lui sans l'irriter, de lui montrer son amour et d'avoir accès à son cœur si elle ne pouvait avoir accès à sa tête. A peine quelques semaines auparavant, il lui avait dit qu'il ne pouvait pas vivre sans elle, et maintenant, quand elle ouvrait la porte de son bureau, il lui demandait avec froideur : « Tu ne peux pas me laisser en paix ? » Sonia se retirait et recourait aux lettres, espérant qu'il lirait à défaut d'écouter. Elle lui écrivit qu'elle était convaincue qu'il avait fait un arrangement avec Tchertkov, une mauvaise action qui priverait ses enfants de ses droits de publication, et elle le supplia de revenir sur ce qu'il avait fait sous l'influence de « ce misérable ». Elle écrit :

> Chaque jour tu me demandes des nouvelles de ma santé, comment j'ai dormi, comme si tu t'inquiétais de moi, mais je suis incapable de cesser de souffrir parce que chaque jour il y a de nouveaux coups qui dessèchent mon cœur, qui abrègent ma vie et qui me torturent de manière insoutenable.

Lev qualifiait les lettres de Sonia de « démentes ». Il les ignorait, continuait d'être froidement poli et gardait sa colère pour son journal :

> Elle est au courant d'un testament, de ce que je laisse quelque chose à quelqu'un, qui concerne mes œuvres à l'évidence. Quels tourments elle souffre pour leur valeur marchande... Mais ceci est évident et vaut mieux que quand elle parle avec exagération de son amour, tombe à genoux et m'embrasse les mains. C'est horrible.

Lev était assis sur un volcan de rage contenue. Sonia seule ne pouvait avoir provoqué une telle colère. Son hystérie, ses accusations folles, son besoin compréhensible de connaître les projets de son mari et de faire partie de sa vieillesse, tout ceci irritait Lev et lui faisait honte à la fois — mais une bonne part de sa colère était probablement dirigée contre Tchertkov et s'accumulait depuis le retour d'Angleterre de son disciple. Nul

277

doute qu'un homme fier et courtois comme Lev n'ait été offensé par les réprimandes qu'un homme plus jeune et inférieur lui adressait, comme une gouvernante à un enfant, souvent devant sa famille et ses amis. Certainement Lev dut se révolter contre l'ingérence présomptueuse de Tchertkov dans sa vie privée, la lettre au sujet des « horreurs » de son mariage, le dossier qu'il tenait à jour afin de pouvoir écrire sa propre version de la vie dans le foyer des Tolstoï, l'incroyable effronterie dont il faisait preuve en l'informant des pensées et intentions secrètes de sa femme. Et le testament, ce testament qui allait tant à l'encontre des principes de Lev qu'il en fut malade après qu'il l'eut signé, malade d'avoir été contraint. Mais les journaux de Lev montrent qu'il ne se sentait pas le droit d'éprouver de la colère envers Tchertkov, un disciple qui avait souffert l'exil pour lui et dont l'approbation était si satisfaisante. La colère doit trouver un exutoire et, une fois de plus, ce fut Sonia sur qui il rejeta la responsabilité de son double lien, ainsi qu'il l'avait fait en 1884. Il était probablement plus dangereux de passer sa colère sur Tchertkov, qui ne souffrait pas le moindre désaccord, que sur l'épouse qui l'aimait et lui pardonnait chacune de leurs querelles. Quand Sonia arrêta de se quereller avec lui et essaya de se faire conciliante, elle le priva de prétextes à sa colère et il semble que Lev ait commencé à la haïr pour son amour.

Parfois, il était pris au dépourvu par ses anciens sentiments. Il apporta une poire à Sonia et s'assura qu'elle la mangerait, ce qui la réconforta. De tels moments étaient rares. Comme Sonia, il se mit à se confier à ses hôtes. Il parlait de ses problèmes matrimoniaux et de son désir de quitter son foyer pour toujours. Le 20 octobre, Mikhaïl Novikov, un paysan à qui Lev contait ses misères, lui avoua qu'il fouettait sa femme. Le lendemain, Lev écrivait dans son journal secret :

> Je ne cesse de me rappeler les paroles de Novikov : « Quand je me servais du fouet elle était beaucoup mieux », et celles d'Ivan : « C'est comme ça que nous nous servons des rênes », et je ne suis pas content de moi.

Ivan était le cocher de Iasnaïa, et Sacha avait fait connaître à son père la sympathie qu'éprouvait Ivan pour les problèmes que Lev avait avec la comtesse et le conseil qu'il lui donnait de la traiter ainsi qu'on faisait chez eux. « Si une femme fait des bêtises, son mari lui donne les rênes — elle devient comme de la soie. » Quelques jours plus tard, Lev avouait dans son journal qu'il ne pouvait arrêter de penser aux paroles de Novikov.

Sacha dit également à son père que Sonia était en train de négocier avec un éditeur la vente de toutes ses œuvres pour un million de roubles[21]. Il semble que l'accusation de Sacha n'ait été en rien fondée et elle-même n'en fait pas mention dans ses livres. Les rapports que Sacha faisait à Telyatinki sur la froideur de Lev envers Sonia encouragèrent Tchertkov à envoyer à Lev une copie de la lettre qu'il avait écrite au disciple roumain Dosev, dans laquelle il disait que Sonia était une femme qui haïssait l'âme de son mari et à qui son égoïsme, sa malice et sa cupidité avaient fait perdre la tête. Il rappelait à Lev que Dosev était de ceux, nombreux, qui pensaient que Tolstoï devrait quitter son foyer. La lettre de Tchertkov arriva le 22 octobre. Le vingt-quatre, Lev envoya un mot à Novikov lui demandant :

> S'il arrivait que je vienne te voir, pourrais-tu me trouver un endroit dans ton village, chaud mais petit et à l'écart.

Deux jours plus tard, Lev dit à sa vieille admiratrice, Maria Alexandrovna Schmidt, qu'il songeait à quitter son foyer. Maria Alexandrovna lui reprocha l'égoïsme d'une telle pensée, et il admit dans son journal que c'était une tentation que sa conscience lui interdisait. La nuit suivante, il était couché quand il entendit Sonia dans son bureau. Il y eut un bruit de papiers comme si elle fouillait dans ses tiroirs et Lev en conclut qu'elle cherchait son testament. Il alluma sa chandelle, Sonia vit la lumière et ouvrit la porte. Elle lui demanda s'il se sentait bien et, après son départ, Lev ressentit ce qu'il décrit plus tard comme du « dégoût et de la rage ». Précipitamment, il prit « la ferme résolution de partir ». Il écrivit une lettre froide à Sonia, réveilla Sacha, le docteur Makovitsky et leur dit qu'il quittait la maison en secret. Tandis qu'ils

279

faisaient ses valises, il alla aux écuries et fit apprêter les chevaux. Un peu avant six heures du matin, le 28 octobre, Lev, qui avait alors quatre-vingt-deux ans, accompagné de Dushan Makovitsky, quittait Iasnaïa Poliana pour toujours.

Chapitre X

TANT DE CHOSES ACCABLENT SONIA
1910-1919

I

Sonia passa une nuit agitée et ne s'endormit pas avant l'aube. Il était onze heures, cinq heures juste après le départ de Lev, quand elle descendit de sa chambre. Elle alla directement au bureau de son mari et, ne l'y trouvant pas, elle courut au salon Remington et de là à la bibliothèque. Elle avait déjà peur quand elle rencontra Sacha et Boulgakov dans la bibliothèque. Dans son journal, Boulgakov décrit en détail la manière dont Sonia reçut la nouvelle de la fuite de son mari :

« Où est Papa ? demanda-t-elle.

— Il est parti, répliqua Sacha calmement.

— Où ?

— Je ne sais pas. » D'après Boulgakov, les genoux de Sonia fléchirent et elle s'appuya contre l'encadrement de la porte. Lui étreignant les mains, elle supplia Sacha de lui en dire plus. En réponse, Sacha tendit à sa mère la lettre de Lev. « Mon Dieu », murmura Sonia en déchirant l'enveloppe. Elle lut la première ligne : « Mon départ va te faire de la peine », et jeta la lettre sur la table de la bibliothèque. « Mon Dieu, qu'est-ce qu'il me fait ? » murmura-t-elle comme pour elle-même, et elle s'enfuit en courant. « Lis la lettre, lui cria Sacha, il y a peut-être quelque chose dedans. » Sonia ne répondit pas, mais, quelque temps après, une domestique vint et déclara en pleurant que Sofia Andréevna était en train de courir vers l'étang. Sacha se tourna vers Boulgakov et dit : « Suivez-la, vous êtes en bottes. » Quand elle eut mis ses bottes, Sacha dépassa Boulgakov en courant, soufflant comme une machine à vapeur, ses jupes volant autour d'elle. Quand ils atteignirent l'étang, Sonia était en train de couler, le visage tourné vers le haut avec la bouche ouverte. Avec l'aide d'une domestique qui les avait suivis, Sacha et Boulgakov tirèrent Sonia jusqu'à un petit embarcadère et de là sur la rive. Sacha courut chercher des vêtements, tandis que Boulgakov et la cuisinière menaient lentement Sonia en direction de la maison. Soudain, elle s'assit par terre et dit calmement : « Je veux juste m'asseoir un peu. Laissez-moi m'asseoir. » Un domestique apporta alors une chaise et c'est dans la chaise qu'elle fut transportée jusqu'à la maison. Arrivée à la porte, elle ordonna à la cuisinière d'aller à la gare et de trouver pour quelle destination Lev Nicolaïevitch avait acheté les billets. Elle lui donna également un télégramme qu'elle devait envoyer à Lev dans son train : « Reviens immédiatement. Sacha. » La cuisinière le montra à Sacha qui télégraphia à son père d'ignorer tous les messages qui ne seraient pas signés Alexandra. Elle câbla également à ses frères et à Tania de venir immédiatement[1].

Le 29 octobre toute la famille était rassemblée. Serguëi fut épouvanté par le changement qui s'était opéré chez sa mère. Elle l'accueillit en robe de chambre, les cheveux en désordre. Son visage n'était pas celui qu'il connaissait, mais celui d'une vieille femme, ridé et tremblant. Ses yeux n'arrêtaient pas de bouger. Aucun de ses enfants n'était capable de comprendre ses changements d'attitude ; parfois, elle pressait le petit oreiller qu'elle avait fait pour Lev contre sa poitrine, le couvrant de baisers et de larmes, disant : « Levochka chéri, où reposes-tu ta tête fatiguée maintenant ? Ecoute-moi. Tu sais que la distance ne signifie rien. » A d'autres moments elle criait : « C'est un monstre. Il est impossible d'être plus cruel — il a délibérément voulu me tuer. » Sonia avertit ses enfants que s'ils ne la laissaient pas se noyer, elle trouverait un autre moyen de mourir. La famille décida de la garder constamment sous surveillance et envoya chercher un psychiatre et une infirmière à Moscou[2].

Tania et tous ses frères, sauf Serguëi, voulaient à tout prix que leur père revînt à la maison. Quand Sacha avoua qu'elle savait où il se trouvait (il lui avait dit sous le sceau du secret que sa première destination serait le monastère d'Optina), les enfants décidèrent de lui écrire. Sacha accepta de transmettre leurs lettres ainsi que celle de Sonia. Androucha écrivit pour le jeune Lev et Micha. Il exprimait leur amour et leur sympathie pour leur père, mais il ajoutait :

> Il est de mon devoir de t'avertir que la décision que tu as prise est en train de tuer Mère.

Ilya suppliait son père de se rappeler les quarante-huit années de son mariage et de penser à sa femme.

> Ecris-lui, donne une chance à ses nerfs de se rétablir et ensuite — ensuite à la grâce de Dieu.

Tania était déconcertée. Elle voulait considérer la fuite de Lev comme un dernier pèlerinage de l'âme, mais elle ressentait cruellement les souffrances de sa mère. Elle choisit de ne pas prendre parti et écrivit :

> Cher, précieux Papenka,
> Tu as toujours souffert d'une grande quantité de conseils — aussi ne t'en donnerai-je pas. Tu dois, comme tout le monde, agir de la manière qui te semble nécessaire. Je ne te condamnerai jamais. A propos de Maman, je te dis qu'elle est pitoyable et touchante.

Dans sa courte lettre, Sergueï exprimait son soutien à son père, disant que sa situation était intenable et qu'il avait choisi le bon moyen de s'en sortir. A l'époque, Sergueï pensait que son père réalisait le « rêve ardent » de vivre une vie sainte et faisait une dernière tentative pour découvrir la vérité[3]. Mais, à part Sacha, tous les enfants étaient choqués et troublés. Ce fut Ilya, le fils sensible qui avait toujours été le plus proche de son père, qui formula l'explication la plus plausible de sa fuite soudaine. Ilya suggérait qu'à cause de son testament, son père se trouvait dans une position qui était :

> ... véritablement désespérée. Il lui était impossible de tout dire à sa femme car c'eût été blesser ses « amis ».

Détruire le testament eût été encore pire. Ses « amis » avaient souffert pour ses convictions, moralement et certains matériellement même ; ils avaient été exilés de Russie. Et il se sentit leur obligé. Et, par-dessus tout cela, il y avait toujours ses évanouissements, sa perte de mémoire progressive, la nette conscience que sa fin était proche, la nervosité croissante de sa femme, qui ressentait en son cœur l'éloignement anormal de son mari et ne le comprenait pas. Et si elle lui demandait ce qu'il lui cachait ? Ou il ne lui disait rien ou il lui disait la vérité. Mais ceci était impossible. Que devait-il faire ?

Ilya écrivait que son père avait toujours rêvé de vivre un jour une vie de pauvreté et de simplicité et que cela avait fini par l'attirer hors de chez lui.

Harcelé, malade de corps et d'esprit, il se mit en route sans but, sans objectif, seulement afin de se cacher quelque part, où que ce fût, de se reposer des tortures morales qui lui étaient devenues insupportables.

En prenant le parti de Tchertkov, Lev s'était mis en contradiction avec lui-même, et en fuyant son foyer pour la première fois, il avait essayé de se persuader qu'il était quelqu'un d'autre que lui-même. Il avait écrit dans son journal qu'il n'avait jamais aimé sa femme et qu'il ne pouvait cesser de penser à lui donner le fouet.

En février 1910 Lev fit part à Boulgakov d'un rêve qui, tel qu'il est rapporté par celui-ci dans son journal, peut être considéré comme une allégorie prophétique :

Il avait rêvé qu'il avait ramassé un piquet de fer et qu'il était allé quelque part avec. Et là, il avait vu un homme qui s'était faufilé derrière lui et l'avait calomnié : « Regardez, voilà Tolstoï ! Comme il a fait du mal à tout le monde, l'hérétique ! » Alors Lev Nicolaïevtich s'était retourné et avait tué l'homme avec le piquet en fer. Mais quelques instants plus tard il avait ressuscité, à l'évidence, puisqu'il bougeait les lèvres et disait quelque chose.

Avec le piquet de fer, Lev avait tué le moi véritable qui était sur ses talons. Geste indispensable s'il voulait être en paix avec le moi qui appartenait à Tchertkov. Quand Sonia ouvrit sa porte, la dernière nuit qu'il passa chez lui, le vrai Lev bougea les lèvres. Il n'était pas mort. La fuite de Lev pourrait être considérée plus comme une fuite vis-à-vis de lui-même que de Sonia.

Quand Lev écrivit sa lettre à Sonia aux petites heures du 28 octobre, il se frappait lui-même avec le piquet de fer :

> Mon départ va te faire de la peine. J'en suis navré, mais tu dois comprendre et croire que je ne peux agir autrement. Ma situation à la maison devient, est devenue insupportable. Et, plus que tout, je ne peux plus vivre dans ces conditions de luxe dans lesquelles j'ai vécu et je fais ce que les vieillards de mon âge font d'habitude : quitter la vie du monde afin de finir leurs jours dans le calme et la solitude. S'il te plaît comprends et ne me suis pas, même si tu découvres où je suis. Cela ne ferait qu'aggraver ma situation et la tienne, et ne me ferait pas changer ma décision. Je te remercie pour quarante-huit années honorables de vie avec moi et je te supplie de me pardonner tout ce dont je suis coupable envers toi. Si tu désires communiquer avec moi, communique avec Sacha. Elle saura où je suis et me transmettra ce qui est nécessaire ; elle ne peut pas dire où je suis parce que j'ai sa promesse de ne le dire à personne. J'ai demandé à Sacha de rassembler mes effets et mes manuscrits et de me les envoyer.
>
> Lev Tolstoï.

Après cette lettre, Lev se porta un nouveau coup. Bien que sa première lettre à Sacha fût modérée (il la suppliait de garder son calme quand elle parlait à sa mère), dans la seconde il lui écrivit qu'il ne pouvait plus tolérer que Sonia...

> ... m'espionne, écoute aux portes, ces reproches sempiternels et la haine monstrueuse pour l'homme qui m'est le plus proche et le plus nécessaire, avec cette haine évidente pour moi sous les fausses apparences de l'amour.

Il ne désirait qu'une chose, être libéré de sa femme et de ses mensonges, ses faux-semblants et sa méchanceté. Son moi véritable était vivant, toutefois, car, à la fin de sa lettre, il écrit : « Tu vois, ma chère, comme je suis malade. Je ne le cache pas. »

Quand Sonia répondit à la lettre laissée par Lev, elle ignora sa froideur et laissa parler son cœur :

29 octobre 1910

Levochka, mon amour, reviens à la maison, bien-aimé, sauve-moi d'un second suicide. Levochka, ami de toute ma vie, je ferai toujours tout ce que tu voudras, je rejetterai tout luxe, je serai amicale avec tes amis, je ferai une cure, je serai douce, chéri, chéri, reviens. Tu sais que tu dois me sauver et tu sais qu'il est dit dans *les Evangiles* qu'on ne doit jamais renier sa femme sous aucun prétexte. Bien-aimé, mon amour, ami de mon âme, sauve-moi, reviens, ne serait-ce que pour me dire adieu avant notre séparation éternelle. Où es-tu ? Où ? Vas-tu bien ? Levochka ne me torture pas, mon amour. Je te servirai avec amour de tout mon être et de toute mon âme, reviens-moi, reviens, au nom de Dieu, pour l'amour de Dieu dont tu parles toujours, et je te donnerai un amour si humble, si désintéressé ! Je promets sincèrement et fermement, mon amour, que nous serons toujours bien ensemble, que nous vivrons simplement et où tu veux et comme tu veux. Eh bien, adieu, adieu, peut-être pour toujours.

Ta Sonia[4].

Sonia prouva sur-le-champ qu'elle comptait tenir parole et entreprit une démarche afin de se gagner l'amitié de Tchertkov. Elle envoya Boulgakov à Telyatinki supplier Tchertkov de venir se réconcilier avec elle et elle donna à Sacha un télégramme pour son père dans lequel elle lui faisait part de sa démarche. Elle demanda à Boulgakov d'assurer Tchertkov que son invitation ne cachait aucune arrière-pensée. Boulgakov espérait qu'ils feraient enfin la paix. « Mais hélas ! écrit-il dans son journal, Tchertkov resta lui-même circonspect, étranger à tout sentiment. » « Pourquoi irais-je ? demanda Tchertkov. Pour qu'elle s'humilie devant moi et me demande pardon ? C'est encore une de ses ruses afin de pouvoir me demander d'envoyer pour elle un télégramme à Lev Nicolaïevitch. »

Les fils Tolstoï et Tania furent abasourdis par le refus de Tchertkov. Ils ne pouvaient pas croire qu'il ne se laisse pas fléchir en de telles circonstances et ils envoyèrent le docteur Berkenheim, un ami de la famille, plus âgé que Boulgakov, pour qu'il persuade Tchertkov. mais Tchertkov n'avait aucune envie de soulager les souffrances de Sonia. Il ne cacha pas ses sentiments à Lev, lui écrivant que les mots étaient incapables d'exprimer la joie que lui causait son départ et qu'il était convaincu de tout son être qu'il avait agi comme il fallait. Même alors, Tchertkov semblait se méfier de la force de l'attachement de Lev pour Sonia ; il lui disait de n'éprouver aucun remords au sujet de sa femme, que sa fuite était un bien pour tout le monde et avant tout pour Sofia Andréevna. Tchertkov ne se fia pas seulement à sa lettre. Il savait par Sacha que Lev était à Optina et il y envoya Sergéenko afin que celui-ci fortifie sa résolution. Sergéenko apprit à Lev la réaction que Sonia avait eue à sa lettre, sa tentative de suicide, son accès d'hystérie, et il ajouta que Sofia Andréevna avait demandé à Androucha de retrouver son père à tout prix. Ces nouvelles ne réjouirent pas Lev, et il nota dans son journal :

J'ai été très déprimé toute la journée, et aussi faible physiquement.

Le lendemain Sacha arriva avec les lettres de la famille. Leur lecture, celle de Serguéï mise à part, blessa Lev. Il écrivit une seule réponse à tous ses enfants, mais n'envoya ses remerciements qu'à Tania et Serguéï, ceux qui ne le pressaient pas de revenir. Il répondit à la lettre de Sonia :

31 octobre 1910

Notre rencontre et encore plus mon retour *maintenant* sont complètement impossibles. Tout le monde me dit que cela te serait néfaste au plus haut degré et pour moi ce serait terrible, car ma situation actuelle due à ton état d'excitation, ton irritabilité et ta maladie est encore pire qu'avant, si telle chose est possible. Je te conseille de te faire à ce qui est arrivé, à ce qui est, pour l'instant, ta nouvelle position, mais surtout d'accepter de te faire soigner.

Lev ne se montrait pas affectueux, mais le fait qu'il eût souligné le mot « maintenant » donnait à espérer. Cette phrase, dans la dernière partie de la lettre, donnait encore plus à espérer :

Essaye d'employer toute ton énergie, non pas à obtenir ce que tu veux — mon retour maintenant — mais à devenir paisible en toi-même et en ton âme, et tu obtiendras tout ce que tu désires.

Même dans sa lettre à Tchertkov, Lev n'écarte pas la possibilité de son retour à Iasnaïa, mais il déclare qu'il a écrit à sa femme, sans refuser de revenir à elle, en mettant cependant son apaisement comme condition à son retour.

Dès que Sacha eut rejoint Lev à Optina, elle le pressa de quitter le monastère de peur que Sonia ne l'y trouve. Sacha prévint son père que Sonia avait juré de ne plus jamais se montrer aussi stupide, qu'elle ne le quitterait plus jamais des yeux et qu'elle dormirait devant sa porte. Sacha, Varvara (qui était venue avec elle) et le docteur Makovitsky se mirent à échafauder des plans pour leur prochaine destination. Lev était évidemment mécontent de ces plans et Sacha le prit à part pour lui parler. Ensuite elle remarqua pensivement que son père semblait regretter la décision qu'il avait prise de quitter la maison. Mais Lev, ainsi qu'Ilya le fait observer, était épuisé tant de corps que d'esprit et il obéissait à Sacha[5]. Le dernier jour d'octobre, ils partirent pour Novocerkassk, ville au nord de Rostov, où ils espéraient vivre chez la fille de Maria Nicolaëvna, la nièce de Lev. Ils étaient à environ cent cinquante kilomètres au sud-est de Tula quand ils furent forcés de s'arrêter. Cette nuit-là, Lev écrivit dans son journal d'une écriture tremblée :

Nous avons fait un bon voyage, mais, après quatre heures, je commençai à trembler. Ma température était de quarante degrés et nous nous sommes arrêtés à Astapovo. Le bon chef de gare nous a donné deux belles chambres[6].

Lev avait une pneumonie. Sacha ignora la promesse qu'elle avait faite de prévenir la famille au cas où Lev serait malade mais elle câbla à Tchertkov et, se rendant compte de l'importance de la responsabilité qu'elle avait prise, elle envoya également un câble à Sergueï, qui était à Moscou, lui demandant d'envoyer le docteur Nikitine, un ami de la famille. Entre-temps, à Iasnaïa, la famille restait dans l'ignorance. Bien que Tchertkov ait confié à Boulgakov qu'il partait pour Astapovo rejoindre Lev, il avait d'abord arraché à Boulgakov la promesse de ne rien dire à Sonia ni à aucun des enfants. Toutefois, l'endroit où se trouvait Lev n'était plus un secret. Les journalistes du monde entier se rassemblaient autour de la maison du chef de gare et seule l'isolation de Iasnaïa explique que sa famille l'ignorât. C'est un reporter du *Monde russe*, K. V. Orlov, qui leur télégraphia :

> Lev Nicolaïevitch transporté malade dans maison chef de gare Astapovo. Température 40 degrés.

II

Sonia prit immédiatement les choses en main. Elle pensa à tout ce dont son mari pourrait avoir besoin, y compris le petit oreiller dont elle ne s'était pas séparée depuis sa fuite. Elle loua un train spécial afin de ne pas avoir à attendre et, le 2 novembre, elle arriva à Astapovo avec son psychiatre, son infirmière et ses enfants, Tania, Ilya, Androucha et Micha. Sergueï était déjà arrivé de Moscou et il avait vu son père. La famille tint une conférence dans le wagon qui avait été mis sur une voie de garage. Sacha leur dit que Lev voulait qu'elle câblât à ses fils pour les supplier d'empêcher leur mère de venir, parce que son cœur était si faible qu'il craignait qu'une rencontre ne lui fût fatale. Considérant ceci, les enfants décidèrent qu'il ne devait pas savoir que Sonia était à

Astapovo ; Ilya, Androucha et Micha convinrent de ne pas le voir de peur qu'il ne pensât qu'ils étaient avec leur mère. Sonia consentit avec douleur, déclarant qu'elle ne voulait pas être la cause de la mort de son mari.

La situation de Sonia n'aurait pu être pire. Les deux personnes qui avaient essayé avec tant d'opiniâtreté de se mettre entre elle et son mari, Tchertkov et Sacha, étaient avec lui, tandis qu'elle, qui l'avait soigné durant toutes ses maladies, était tenue à l'écart. Sa famille, Tchertkov et le monde entier disaient que Tolstoï avait fui sa maison afin d'échapper à sa femme. Sonia aussi le croyait. Dans son désespoir, elle accepta le cruel verdict de ses ennemis. Elle brûlait d'implorer le pardon de Lev, de se voir donner une nouvelle chance. Elle se vit contrainte, ultime humiliation, de veiller devant la maison du chef de gare aux yeux du monde entier. Reporters et photographes grouillaient autour de la gare, de la maison et du wagon des Tolstoï. Sonia fut photographiée alors qu'elle regardait par une fenêtre, essayant d'apercevoir son mari. Elle nota dans son journal :

> Je m'épuise à tourner autour de la petite maison où se trouve L. N.

Elle errait en pleurant autour de la gare, et les reporters lui posaient des questions. La pauvre Sonia était trop heureuse de leur ouvrir son cœur.

Les enfants ne permirent pas à leur mère de faire parvenir un message à Lev, pas même en faisant croire qu'il venait de Iasnaïa mais ils lui permirent de lui faire parvenir le petit oreiller qu'elle avait apporté. Le docteur Makovitsky, après s'être troublé, déclara que c'était Tatiana Lvovna qui l'avait apporté. Lev demanda à voir sa fille et, folle de joie, Tania accourut au chevet de son père. « Comme tu as l'air en forme et quelle élégance » déclara Lev, à quoi elle répondit qu'il avait toujours eu mauvais goût. Ils rirent et Lev demanda : « Et Maman, avec qui est-elle ?

— Avec Andreï et Micha.

— Et Micha ?

— Oui. Ils ont tous décidé qu'on ne devait pas la laisser venir te voir avant que tu ne le désires. » Nul doute que c'était l'occasion idéale de lui dire que sa femme était à Astapovo mais qu'elle ne voulait pas le déranger à moins qu'il ne la fît demander. Tania avait le cœur de le faire, mais elle n'en avait pas la volonté ; sa sœur, beaucoup plus volontaire, lui avait imposé le silence. Lev redemanda si Andreï était avec sa mère et Tania lui dit : « Oui, et Micha. Ils sont très gentils, les garçons, très inquiets, les pauvres, ils essaient par tous les moyens de calmer leur mère.

— Dis-moi, que fait-elle ? Comment s'occupe-t-elle ? »

L'émotion l'empêcha de continuer, et Tania s'alarma. Elle suggéra : « Papenka, il vaut peut-être mieux que tu ne parles pas, tu es bouleversé.

— Dis-moi, dis-moi, répondit Lev, n'est-ce pas ce qu'il y a de plus important pour moi ? » Tania lui parla du médecin qu'ils avaient pris pour leur mère, et Lev lui demanda s'il était bon. Tania l'assura qu'il l'était et qu'ils avaient aussi une très bonne infirmière. « Est-ce qu'elle l'aime ?

— Oui.

— Eh bien, encore. Est-ce qu'elle mange ?

— Oui, maintenant elle mange et elle essaie de rester en bonne santé parce qu'elle vit avec l'espoir d'être avec toi.

— Est-ce qu'elle a reçu ma lettre ?

— Oui.

— Et qu'est-ce qu'elle en a pensé ?

— Elle a surtout été rassurée par le passage de ta lettre à Tchertkov où tu dis que tu ne refuserais pas de retourner à la maison si elle se calmait [7]. »

Lev tomba dans un profond sommeil après cette conversation mais l'émotion intense qu'il avait montrée en parlant de Sonia effraya Tania. Elle et ses frères tombèrent d'accord sur le fait que Sacha avait raison de tenir leur mère éloignée de leur père. Les médecins — les Tolstoï n'avaient pas confié Lev aux soins du seul docteur Makovitsky : en plus du docteur Nikitine, ils avaient fait venir un autre ami de la famille, le docteur Berkenheim — administraient de la morphine à Lev qui passait sans cesse du sommeil à l'éveil. Peu après sa conversation avec Tania, il se réveilla et écrivit dans son journal pour la dernière fois :

La nuit a été mauvaise. J'ai eu de la fièvre pendant deux
jours. Le deux, Tchertkov est venu. Ils disent que S. A.
[Sofia Andréevna]...

Lev ne finit pas sa phrase à propos de Sonia mais énuméra à
la place ceux qui étaient venus le voir. Ses derniers mots étaient :

Et voilà pour mon plan. *Fais ce que doit adv* *[ienne que
pourra.] Tout est pour le mieux, pour moi-même
comme pour les autres mais surtout pour moi.

Lev déclina rapidement. Dans ses moments de délire, il
criait : « S'échapper — s'échapper. » Sa famille pensait qu'il
s'échappait de Sonia ; ce n'est que plus tard qu'Ilya comprit
que son père fuyait ses « tortures morales » insupportables. La
preuve en est qu'à Astapovo Lev essaya de changer son
testament. Le 5 novembre, il dit à Tania : « Tant de choses
accablent Sonia. Nous nous sommes mal débrouillés.
— Qu'as-tu dit, Papa. Tant quoi ? Du soda ?
— Sonia, Sonia. Tant de choses l'accablent. » Le cœur
battant, Tania lui demanda s'il voulait voir Sonia, mais Lev
était déjà retombé dans le sommeil provoqué par la morphine.
En s'éveillant, il demanda au docteur Nikitine d'écrire ce qu'il
allait lui dicter. Lev commença sa dictée en ordonnant qu'on
annule toutes ses dispositions mais son discours devint alors
confus. Il était visiblement tourmenté par l'idée que Nikitine
ne comprit pas ce qu'il voulait. « Pourquoi est-ce que vous ne
comprenez pas ? » demanda-t-il à Serguéï et Tania qui étaient
également présents, pourquoi est-ce que vous ne voulez pas
comprendre ? C'est si simple. Pourquoi est-ce que vous ne
voulez pas le faire ? » Serguéï comprit que son père souffrait
de l'impossibilité où il était de se faire comprendre. Plus tard,
il fut convaincu que les dispositions que Lev désirait annuler
était son testament [8].
Cependant, Sonia allait et venait sur le quai de la petite gare
ou écrivait son journal à l'intérieur du bâtiment. Elle note
avec tristesse :

* En français dans le texte.

Il semble qu'il y ait peu d'espoir. Je suis déchirée par ma conscience, par l'attente d'une fin terrible et par l'impossibilité de voir mon mari bien-aimé.

Le 6 novembre, elle écrivit :

Douloureuse attente. Je suis incapable de me rappeler quoi que ce soit correctement.

Dans un moment de lucidité, Lev dit à Sergueï : « J'ai peur d'être en train de mourir. C'est dur. » Une autre fois il cria d'une voix forte : « Seriocha ! » Sergueï se précipita à son chevet mais fut incapable de comprendre ce que disait son père. Le docteur Makovitsky était certain que c'était une phrase entière et il écrivit les mots qu'il parvint à saisir : « Vérité... Je les aime... tous. » Tania et Sacha décidèrent que Lev avait essayé de dire : « J'aime beaucoup la vérité. J'aime la vérité. » Plus probablement, le docteur Makovitsky avait noté les mots exacts, et Lev essayait de dire que la vérité était qu'il les aimait tous — sa femme, ses enfants, ses amis et ses disciples. Durant la nuit du six, Lev fut agité. Il refusa catégoriquement l'injection de morphine que les médecins lui proposaient. « Je ne veux pas de morphine ! » Ce furent ses derniers mots. Peu après les médecins parvinrent à lui faire une injection, et il s'endormit. Aux environs de deux heures du matin, le sept, on décida d'assembler la famille. Enfin, Sonia fut autorisée à voir son mari. Elle entra calmement dans la chambre, resta un moment à regarder Lev, puis elle alla à son chevet et s'agenouilla. Elle embrassa son front et murmura : « Pardonne-moi », ainsi que quelques mots d'amour. Plus tard, elle voulut croire que Lev l'avait entendue. Sergueï était sûr que son père était endormi, mais Tania remarqua qu'après que sa mère eut parlé Lev soupira profondément plusieurs fois. Il se peut que Sonia ait eu raison et que ses soupirs aient été un signe ; il avait si souvent salué sa venue d'un « Ah, Sonia » ou simplement d'un « Ah ». Ses soupirs firent craindre à l'assistance qu'il ne s'éveillât et vît sa femme, et on fit précipitamment sortir Sonia de la chambre. On ne lui permit de revenir que dix minutes avant la fin. Elle s'agenouilla de nouveau au chevet et murmura. Lev poussa un long et ultime soupir puis cessa de respirer. L'un des médecins dit : « Six heures moins le quart. » Peu après, le 7 novembre 1910, le télégraphe d'Astrapovo émit deux mots qui furent transmis dans le monde entier : Tolstoï mort.

III

Serguéï et le docteur Makovitsky firent la toilette du mort qu'ils habillèrent de sa blouse grise de paysan. Ils ouvrirent les portes de la petite maison et un millier de personnes vinrent saluer la dépouille. Sonia était assise à côté du lit ; son visage était calme, mais sa tête tremblait de manière pathétique. Léonide Pasternak, le père de Boris, un artiste ami de la famille, vint faire un dessin, le sculpteur Mercurov fit un moule tandis que les photographes photographiaient la maison. Le 8 novembre, Serguéï, Ilya, Androucha et Micha chargèrent le cercueil de leur père dans le train.

Le lendemain matin, les paysans de Iasnaïa Poliana portèrent le cercueil jusqu'à la maison. Passant outre les ordres de Tchertkov qui voulait que le cercueil ne fût pas transporté à l'intérieur de la maison mais exposé seulement quelques minutes à l'entrée, Sonia et ses fils le firent porter dans la pièce voûtée où le cercueil fut ouvert. Tôt le lendemain matin, alors qu'il faisait encore sombre, dans la pièce éclairée aux chandelles, la procession commença devant le cercueil. Beaucoup embrassaient la main ou le front du mort, disant : « Adieu, Lev Nicolaïevitch », ou : « Merci, Lev Nicolaïevitch ». A deux heures et demie, on ferma le cercueil et on le transporta dans le bois à l'endroit où le bâton vert de l'enfance des frères Tolstoï était supposé être caché. Là, Lev fut enterré sans prêtre ni cérémonie religieuse, ainsi qu'il l'avait demandé. Sonia était calme, silencieuse, elle ne pleura pas. Tchertkov n'était pas présent. Cette nuit-là, Sonia ouvrit son journal une nouvelle fois pour relater en deux paragraphes concis la fuite et la maladie de Lev. En voici les dernières lignes :

Ils ne m'ont pas permis de voir Lev Nicolaïevitch, ils m'ont retenue de force, ils ont fermé la porte à clef, ils m'ont brisé le cœur. Le 7 novembre à six heures du matin, Lev Nicolaïevitch est mort. Le 9 novembre, il a été enterré à Iasnaïa Poliana.

Sonia n'écrivit plus jamais dans son journal mais elle consigna sa douleur dans son agenda :

Nous avons enterré Lev Nicolaïevitch... Nuits terribles, sans sommeil. Angoisse insupportable, bourrelée de remords, faiblesse, pitié pour les souffrances de mon défunt mari... Je ne peux pas vivre... Lugubre et atroce est la vie qui m'attend... Tous les jours sont pareils, pleins d'angoisse.

Dans sa souffrance, Sonia n'était pas inactive. Il y avait de nombreux visiteurs à Iasnaïa Poliana et elle leur faisait visiter la maison et la tombe de son mari. Elle était calme avec les inconnus ; avec ses amis et sa famille elle pleurait et parlait de son repentir. Même Goldenweizer la plaignait. Elle ne montra plus de signes d'hystérie après la mort de Lev ; l'hystérie avait été un effort désespéré de sa part pour communiquer avec lui. Elle travaillait sur ses éditions et termina son autobiographie où elle donne sa version des faits afin de prouver que Lev l'aimait mais qu'on s'était interposé entre eux. Ceci n'était pas nécessaire. Dans leurs journaux à tous deux sont consignés la lutte menée par Lev contre ceux qui voulaient les séparer ainsi que l'amour qu'ils se portaient. D'autres témoignages de l'amour et de l'entente des Tolstoï ont également survécu, qui ne proviennent pas seulement de ceux qui, tel Fet, les connurent dans leurs jours les plus heureux. Léonide Pasternak fit la connaissance des Tolstoï en 1898. Après leur mort, il écrivit :

En beaucoup de points elle [Sonia] était exceptionnelle, une personne remarquable, digne de Lev Nicolaïevitch. Grâce à ses capacités critiques, elle était capable de comprendre la création artistique et d'aider son mari dans son travail. Sofia Andréevna était elle-même une personnalité exceptionnelle.

Maxime Gorki eut l'occasion d'observer les Tolstoï de près durant la maladie de Lev en Crimée. Il écrivit ensuite que Tolstoï était l'un des plus compliqués des grands hommes du XIXᵉ siècle et que sa femme joua un rôle qui fut « incontestablement difficile et important ». Elle était, d'après lui, « une femme pleine de courage et de sincérité ». N. N. Strakhov, qui fut plus proche des Tolstoï que Pasternak et Gorki, écrivit à Lev en 1895 qu'il était conscient que les liens les plus profonds unissaient Lev Nicolaïevitch et Sofia Andréevna :

> Des liens plus forts que ceux qui unissent les enfants à leurs parents, la fusion de deux personnes en une seule[9].

A part Sacha, les enfants Tolstoï regrettaient le rôle qu'ils avaient joué dans la séparation de leur père et de leur mère au cours de la dernière maladie de Lev. Tania écrivit dans son journal :

> Sergueï dit avec tristesse qu'il a été fait beaucoup de mal irréparable, que beaucoup a été négligé et que cela ne peut être réparé maintenant. La faute en est en partie à mon indolence et en partie à mes scrupules qui me faisaient craindre de l'ennuyer, ou de l'enlever à la compagnie de gens qui, à ce qu'il me semblait, étaient plus intéressants et plus nécessaires pour lui que je ne l'étais.

Tania avait eu trop de respect pour Tchertkov et trop peu conscience de l'étendue de l'hostilité de Sacha envers leur mère. Quand Tania comprit enfin le rôle que Sacha avait joué dans la séparation de Lev et Sonia à la fin, elle ne put s'empêcher de parler à sa sœur cadette avec amertume et douleur[10].

Ilya écrivit dans son étude sur son père :

> C'est une chose terrible qu'il lui ait été refusé de voir son mari mourant. C'était sa volonté et le conseil du médecin, mais il me semble aujourd'hui que ce fut une erreur[11]. Il eût été préférable qu'elle le vît alors qu'il était encore conscient. Préférable pour lui et pour elle.

Ilya termine son livre par cette phrase :

> Si les gens qui furent les plus proches de mon père durant la dernière année de sa vie avaient su ce qu'ils faisaient, peut-être les choses se fussent-elles passées différemment.

Sacha et Tchertkov continuèrent de travailler contre Sonia. En 1913, ils demandèrent à prendre possession de tous les manuscrits déposés par elle au Musée d'Histoire. Afin d'appuyer leur requête, Tchertkov écrivit une lettre au ministre de l'éducation : certaines personnes pensant que les relations difficiles de Sofia Andréevna avec Lev Nicolaïevitch étaient dues à sa maladie et à son hystérie, il lui semblait de son devoir d'insister sur le fait que leur désaccord était dû aux intérêts financiers qu'avait Sonia sur la propriété littéraire de son époux. Sacha et lui priaient qu'on leur donnât la propriété de tous les manuscrits de Tolstoï afin que sa femme ne pût les utiliser à des fins personnelles. Ils échouèrent. Le 6 décembre 1914, le Sénat décréta que tous les manuscrits de Tolstoï fussent rendus à sa veuve. Moins de deux mois après les avoir reçus, Sonia confia les manuscrits à la garde définitive de ce qui est maintenant la Bibliothèque Lénine. Après la mort de Sonia, Tchertkov fit traduire *Hadji Mourad* par Aylmer Maud et vendit ensuite les droits du roman à un éditeur américain — s'appropriant ainsi le revenu dont il avait persuadé Lev de priver ses enfants et petits-enfants. Tchertkov gagna aussi de l'argent avec le livre qu'il écrivit sur les derniers jours de Tolstoï, un livre que Sergueï qualifia de « diatribe contre ma mère ».

Sonia ne vécut pas seule ses dernières années. Après avoir chacune perdu leur mari, Tania Kouzminski et Tania Soukhotine revinrent vivre à Iasnaïa et Sonia jouit de la compagnie de ses trois Tania : sa sœur, sa fille et sa petite-fille bien-aimées. Sacha se réconcilia finalement avec sa mère et lui fit de fréquentes visites pour son plus grand bonheur. Les fils Tolstoï ne négligèrent pas leur mère ; en fait, rares étaient les moments où Iasnaïa ne recevait pas la visite d'un membre de la famille. La dernière épreuve qu'eut à supporter Sonia fut la mort d'Androucha, emporté par une pleurésie et une hépatite à l'âge de trente-neuf ans. Il mourut à Iasnaïa la nuit du

23 février 1916 — jour anniversaire de la mort de Vanechka, ainsi que Sonia le rappelle dans son journal. Après la révolution, Nicolaï Obolenski, sa seconde femme et leurs trois enfants s'installèrent dans l'annexe. Iasnaïa fut nationalisé et Kolya en devint le directeur.

Sacha était à Iasnaïa quand, à la fin d'octobre 1919, Sonia tomba malade d'une pneumonie. Sergueï reçut la nouvelle à Moscou ; il lui aurait fallu plusieurs jours pour obtenir un permis de voyage s'il n'avait fait appel à un ami qu'il avait au Kremlin.

> Etant donné la maladie extrêmement grave de Sofia Andréevna Tolstoï, épouse de Lev Nicolaïevitch Tolstoï, son fils, Sergueï Lvovitch Tolstoï, est autorisé à quitter Moscou au plus vite pour... Iasnaïa Poliana. Ordre est donné à toutes les autorités ferroviaires et militaires de lui prêter toute l'assistance qu'il requerra pour la durée de son voyage ; en outre, il est autorisé à voyager par convoi de marchandises, militaire, ou de voyageurs.

Le laissez-passer était signé de la main du président du Soviet des Commissaires du Peuple, V. Oulianov (Lénine).

Sonia était une bonne malade, reconnaissante à tous ceux qui la soignaient. Sergueï lui ayant apporté du vin, elle voulut boire à sa santé. Sa fille Tania lui demanda si elle pensait jamais à Papa et Sonia répondit : « Tout le temps. Je vis avec lui et me tourmente à l'idée de ne pas avoir été assez bien pour lui. Mais je lui ai été fidèle corps et âme. Je me suis mariée à dix-huit ans et je n'ai jamais aimé que lui. » Parfois son esprit s'égarait, mais Sergueï lui ayant demandé si elle le connaissait, elle répondit : « Bien sûr, je connais tous mes enfants. » Une autre fois elle dit à Sergueï : « Il faudrait partir sans être pleuré, comme les paysans. » Le 2 novembre, le docteur Nikitine arriva de Moscou et Sergueï dit à sa mère qu'elle allait maintenant se remettre. « Je suis très faible », répondit Sonia. Quand Sergueï lui souhaita bonne nuit, elle fut incapable de lui répondre. Quand elle fut dans l'impossibilité de parler, elle ne cessa de suivre de ses grands yeux noirs les déplacements de ceux qui approchaient son lit. Sacha, incapable de supporter la souffrance qu'exprimaient ces yeux grands ouverts, dut quitter la chambre. C'est sa sœur Tania qui la veilla la dernière nuit — Tania avec qui elle avait couru et gambadé autour de la maison de Pokrovskoë, Tania qui ne manquait jamais de provoquer sa gaieté. De la pièce voisine, Sergueï et ses sœurs écoutaient le souffle rauque de leur mère.

A quatre heures et demie du matin, ils entendirent un râle, puis le silence. La neige tombait au-dehors. Il faisait un froid glacial quand, le jour suivant, portée par ses enfants jusqu'au cimetière, elle quitta Iasnaïa Poliana pour toujours.

NOTES

CHAPITRE I

1. Conversation de Lev avec N. N. Gousev citée dans *le Jeune Tolstoï, Souvenirs de ses contemporains*, ch. V, p. 93.
2. Journal de Lev, 17 mars 1847.
3. Il était d'usage, en Russie, que le fils cadet reçût la maison de famille, et Lev choisit Iasnaïa Poliana. Les quatre frères Tolstoï donnèrent à leur sœur une part égale à celle qui leur était échue dans le partage des biens considérables de leur père, bien qu'ils n'y fussent pas tenus par la loi.
4. Journal de Lev, 17 et 18 avril 1847.
5. Conversation de Lev avec Paul Birioukov, citée dans *les Lettres d'amour de Tolstoï*, p. 122, et journal de Lev, mai 1858, avril 1861, 9 juillet 1908 et 14 juillet 1909.
6. La mère de Lioubov, Sofia Kozlovski, avait provoqué un scandale à la cour où elle était demoiselle d'honneur. Mariée au prince Kozlovski qui était alcoolique, elle s'était enfuie avec l'homme qu'elle aimait, Alexandre Islenev. « Je suis sa femme devant Dieu », déclara-t-elle, mais leur mariage n'était pas légal et le divorce impossible. Sofia et Alexandre, par leur conduite irréprochable à tout autres égards, gagnèrent leur réinsertion dans leur milieu. Naturellement, leur situation restait un point sensible et ils désiraient beaucoup voir leurs filles épouser des hommes capables d'assurer leur position dans la société.
7. *Ma vie à la maison et à Iasnaïa Poliana*, première partie, ch. X, p. 62.
8. *Le Jeune Tolstoï. Souvenirs de ses contemporains*, ch. XV, p. 455.
9. *L. N. Tolstoï. Œuvres complètes*, vol. XIII, *Guerre et paix*, livre I, ch. V.
10. *Ma vie à la maison et à Iasnaïa Poliana*, première partie, ch. XV, p. 91.
11. Sofia était morte après quinze ans de vie commune avec Alexandre Islenev.
12. Andrevna est la forme familière d'Andréevna.
13. Note 99 du journal de Sonia pour 1891.

CHAPITRE II

1. *Esquisse du passé*, première partie, « la Vie en famille », 1862-1870.
2. Journal de Lev, mai 1858 et février 1859.
3. Journal de Sonia, 9 octobre 1862.
4. Passages de l'autobiographie de A. A. Fet, publiés dans *L. N. Tolstoï. Souvenirs de ses contemporains*, vol. I, p. 79.
5. *Souvenirs de Tolstoï*, p. 190.
6. *Ma vie à la maison et à Iasnaïa Poliana*, première partie, ch. XXIV, p. 151.
7. Id. Première partie, ch. XXIV, p. 159.
8. *Esquisses du passé*, première partie, « la Vie en famille », 1862-1870.
9. *Ma vie à la maison et à Iasnaïa Poliana*, Deuxième partie, ch. XI, p. 219.

CHAPITRE III

1. Journal de Lev, 11 avril 1863.
2. *Souvenirs de Tolstoï*, p. 33.
3. *Les Lettres d'amour de Tolstoï*, p. 104.
4. *Ma vie à la maison et à Iasnaïa Poliana*, deuxième partie, ch. XVIII, p. 264.
5. Id. deuxième partie, ch. XXII, p. 290.
6. *Père. Une vie de Lev Tolstoï*, ch. XXVII, p. 268.
7. L'« édition du centenaire » des œuvres de Tolstoï comprend « Une comédie en trois actes » qui, selon les éditeurs est une version incomplète des *Nihilistes*, dont la version définitive n'a pas été conservée.
8. *Père. Une vie de Lev Tolstoï*, ch. XXVII, p. 269.
9. *Le Messager russe*, qu'on traduit également *le Courrier russe*, était un journal littéraire qui fut publié mensuellement de 1856 à 1906. Tant que vécut son premier directeur, Mikhaïl Katkov, il publiait la plupart des grands écrivains russes ; *Guerre et paix* et *Crime et châtiment* y parurent en même temps. Après la mort de Katkov en 1887, le journal devint le porte-parole de la réaction politique.
10. Lettre de Sonia à Lev, 25 novembre 1864.
11. Lettre de A. A. Fet à Lev, 16 juin 1866. Lettre de Lev à Fet, 7 novembre 1866.
12. Dernière phrase du *Journal de la femme de Tolstoï, 1860-1891*, 10 mars 1865.
13. *Esquisses du passé*, première partie, « la Vie en famille », 1862-1870.
14. Journal de Sonia, 10 août 1866.
15. Y. F. Samarine était un slavophile, essayiste, orateur et réformiste, membre du gouvernement, qui rédigea la proclamation d'Alexandre II abolissant le servage.
16. *Penseurs russes*, « le hérisson et le Renard », p. 55.
17. *Le Journal de la femme de Tolstoï, 1860-1891*, 12 septembre 1867.
18. I. S. Tourguéniev, lettre à P. V. Annenkov, 13 avril 1868.

1. Samara était le nom d'une province du centre de la Russie et de sa capitale, une ville située sur un méandre de la Volga. Les steppes de Samara, vastes plaines sans arbres, s'étendent à l'est de la Volga, en direction de la ville d'Orenbourg. Aujourd'hui la province et sa capitale s'appellent Koubishev.
2. Lettres de Lev à Sonia, 18 juin, 16 et 17 juillet 1871.
3. Lettres de Lev à N. N. Strakhov, 23 et 24 septembre 1873.
4. Dans le *Phédon* de Platon, le corps est une lyre et l'âme est l'harmonie.
5. Lettre de Lev à Alexandra Tolstoï, 15 et 30 décembre 1874.
6. Une méningite non soignée — et, en 1875, il n'existait pas de traitement efficace — est généralement mortelle. Ceux qui survivent sans avoir été soignés restent parfois idiots.
7. Il est hautement improbable que Sonia ait pu survivre à une péritonite sans opération ni antibiotiques. Elle souffrit probablement d'une grave infection intestinale.
8. Le monastère d'Optina était situé dans le district de Kaluga, à environ quatre-vingt-dix kilomètres à l'ouest de Tula. Le couvent de Chamardino était à quelques kilomètres d'Optina.

CHAPITRE V

1. En dépit des difficultés qu'elle eut avec son premier enfant, Sonia allaita les suivants, à l'exception de Macha et de Sacha.
2. Carnet de Lev, 27 et 30 septembre 1878.
3. Du grand nombre d'écrits de Lev traitant de ses croyances religieuses, voici deux extraits, l'un datant de sa jeunesse, l'autre de sa maturité. A l'âge de trente-sept ans il écrivit dans son journal qu'il rêvait de fonder une nouvelle religion « une religion chrétienne mais dépouillée de la foi et des mystères, une religion pratique qui ne promet pas un avenir bienheureux, mais offre la béatitude sur terre ». A l'âge de soixante-treize ans, en réponse à son excommunication, il écrivit au « Tsar et à ses Conseillers » une lettre qui commençait par ces mots : « Je crois en Dieu, que je comprends comme l'Esprit, l'Amour et la Source de toutes choses. Je crois également qu'il est en moi et que je suis en lui. Je crois que la volonté de Dieu est exprimée de manière claire et compréhensible dans les enseignements d'un homme, le Christ, dont je considère qu'il est un blasphème suprême de croire qu'il est Dieu et de lui adresser des prières. »
4. Notes de Sonia, 31 janvier 1881.
5. J'ai pris soin de ne pas « diagnostiquer » le genre de dépression dont Lev souffrait ni d'en expliquer la cause. Ce qui eût été une tâche difficile du vivant d'une personnalité si complexe l'est encore plus cent ans après. Les livres de référence qui m'ont aidée à reconnaître que durant les années 1881-1884 la dépression de Lev était plus qu'une de ces humeurs mélancoliques qui l'affectèrent toute sa vie sont : *le Manuel de diagnostics et de statistiques de l'Association américaine de Psychiatrie*, troisième

édition, *le Manuel Merck*, quatorzième édition, et *Sortir de la dépression*, du docteur Léonard Cammer, Editions Simon et Schuster.

6. Lettre de Lev à Sonia, 1er mars 1882.
7. *Père. Une vie de Lev Tolstoï*, ch. XXXVII, p. 403.
8. Lettre de Lev à A. M. Englehardt, décembre 1882 ou janvier 1883.
9. Lettre de Lev à Sonia, 29 septembre 1883. Sa réponse, 30 septembre 1883.
10. Journal de Lev, 9 avril 1884.
11. Journal de Lev, 3 mai 1884.
12. Journal de Lev, 22 mai 1884.
13. Journal de Lev, 18 juin 1884.
14. Journal de Lev, 14 juillet 1884.

CHAPITRE VI

1. Voir note 5, chapitre V.
2. Lev s'inspira, pour le titre de son roman, de *la Sonate pour violon en la majeur*, op. 47, 1803, qui joue un rôle dans l'intrigue. La sonate doit son titre à son dédicataire, le violoniste français Rodolphe Kreutzer, qui, semble-t-il, ne la joua jamais.
3. Journal de Lev, 24 juillet 1889.
4. *Dostoïevski. Souvenirs.*
5. *Léon Tolstoï* (Simmons).
6. Lettre de Lev à N. N. Gay, 18 décembre 1890.
7. Journal de Sonia, 19 juillet 1887.
8. George Kennan, explorateur, écrivain et journaliste, était appointé en 1885 par *Century magazine* pour écrire un article sur le régime de l'exil tel qu'il était pratiqué en Russie. L'article de Kennan dans *Century magazine* était intitulé : « Une visite au comte Tolstoï. »
9. « Une visite au comte Tolstoï. »
10. Journal de Lev, 28 août 1889.
11. Journal de Lev, 7 août 1889.
12. *Les Derniers Journaux de la comtesse Tolstoï*, 1891-1897, 27 mai 1891.
13. Journal de Lev, 7 septembre 1889.
14. Carnet de Lev, 9 décembre 1889.
15. Phrase tirée des *Derniers Journaux de la comtesse Tolstoï*, 1891-1897, 23 avril 1891.
16. *Le Journal de la femme de Tolstoï*, 1860-1891, 5 janvier 1891.

CHAPITRE VII

1. Sonia consacra une part du revenu provenant de ses éditions au secours des victimes de la famine et rassembla également de l'argent pour les

bonnes œuvres de Lev en publiant des appels dans la presse. Le premier appel de Sonia rapporta 13 000 roubles (environ 50 000 francs) en deux semaines.

2. Les deux derniers mots sont tirés des *Derniers Journaux de la comtesse Tolstoï*, 1891-1897, 1er février 1895.
3. Journal de Sonia, 21 février 1895.
4. Le chapitre « Mort de Vanechka » est tiré de *Ma vie*, livre VII, pp. 21-41, publié avec les journaux de Sonia.
5. Cette citation et les six suivantes sont extraites du journal de Lev, 12 mars 1895.
6. Journal de Lev, 27 mars 1895.
7. Lettre de Sonia à Lev, 12 octobre 1895.
8. Journal de Lev, 13 octobre 1895.
9. Les Doukhobors étaient une secte religieuse fondée au XVIIIe siècle dont les croyances étaient proches de celles des Quakers (pacifisme, non-violence et refus du service militaire). Ils vivaient simplement et laborieusement en communautés. La lettre signée par les disciples de Lev protestait contre la réaction du gouvernement à un incident qui eut lieu dans le Caucase, où les Doukhobors décidèrent de brûler les quelques armes qu'ils possédaient, couteaux et fusils de chasse. Les Doukhobors se réunirent autour d'un immense feu de joie en chantant des psaumes et furent dispersés par les Cosaques à coups de fouet. Certains en moururent.
10. Sonia téléphona à Lev alors qu'il résidait chez les Olsoufev, aristocrates fortunés qui, tout naturellement, furent parmi les premiers à posséder un appareil. On ne trouve nulle part mention d'un téléphone dans la maison de Moscou, et il est probable que Sonia téléphona de la poste.
11. Lettre à Lev à V. G. Tchertkov, 13 octobre 1897 et Journal de Lev, 16 juillet 1897.
12. Après avoir jeté un coup d'œil à *Aphrodite*, Lev demanda « Peut-on appeler cela de l'art ? »
13. Journal de Sonia, 20 juillet 1897.
14. Journal de Sonia, 22 juillet 1897.
15. En juillet 1895, Sergueï avait épousé Maria (Mania) Rachinsky, la fille d'un académicien, et le jeune Lev s'était marié en mai de l'année suivante avec Dora Westerlund, la fille d'un médecin suédois.

CHAPITRE VIII

1. En 1898, aidés par le prince anarchiste Kropotkine, les Quakers anglais et Tolstoï, les Doukhobors reçurent permission d'émigrer au Canada. Ils eurent même des difficultés avec leurs pays d'accueil, principalement parce qu'ils vivaient en communautés isolées, subvenant à leurs besoins et refusant de faire du commerce avec quiconque. Certains Doukhobors pratiquaient leur croyance en la simplicité jusqu'au point d'aller nus. Tolstoï aida également les Molokanes, ainsi appelés parce qu'ils buvaient du lait pendant le carême, pratique interdite par l'église orthodoxe. Tolstoï fit connaissance des Molokanes à Samara. Le gouver-

nement ayant séparé les adultes des enfants afin d'empêcher la secte de croître, ils firent appel à lui. Tolstoï et sa fille parvinrent à faire rendre les enfants à leurs parents.

2. Constantin Pobedonotsev devait en grande partie son influence à son intimité avec le tsar Alexandre III, dont il avait été le précepteur. Tolstoï fut une épine à son pied pendant quelques années ; la question de l'excommunication fut soulevée en 1888, mais le Saint-Synode n'agit qu'à la fin de 1900, après que l'affaire eut été examinée et soumise au vote.

3. Voir note 3 du chapitre V.

4. Gotthold Lessing (1729-1781) philosophe, dramaturge et critique allemand. Lev fait allusion à sa remarque : « Il existe au plus une seule mauvaise femme dans le monde. Il est malheureux que tout homme considère la sienne comme cette femme unique. »

5. *Journal de Sonia*, 10 octobre 1902.

6. *Journal de Sonia*, 27 janvier-7 février 1902.

7. *Journal de Sonia*, 13 mars 1902.

8. Note 56 du *Journal de Sonia* pour 1902.

9. *Carnet de Lev*, 27 mars 1908.

10. *Souvenirs de Tolstoï*, p. 177.

11. Lettre de Lev à A. M. Bodiansky, 12-13 mars 1908.

CHAPITRE IX

1. Sacha avait acheté Telyatinki, une petite propriété de cent hectares, en 1905. En 1908, elle en vendit la moitié à Tchertkov.

2. *L. N. dans la dernière année de sa vie*, p. 335.

3. Selon la loi, Lev était propriétaire des droits sur ses œuvres jusqu'à ce qu'il les cède légalement ou jusqu'à sa mort, auquel cas ils écherraient à ses héritiers. Il permit à Sonia de publier ses œuvres écrites avant 1881 et à Tchertkov, ou quiconque, de publier ses œuvres après 1881, mais ces permissions n'étaient pas légales et n'avaient cours que tant que Lev ne les retirait pas. A sa mort, ses œuvres iraient à ses héritiers et, malgré toutes ses protestations du contraire, il semble que telle ait été sa volonté jusqu'à ce qu'il cède aux pressions de Tchertkov.

4. *Journal de Sonia*, 26 octobre 1909.

5. *Mes souvenirs*, ch. XXIX, p. 253.

6. *L. N. Tolstoï dans la dernière année de sa vie*, p. 179.

7. *Souvenirs de Tolstoï*, p. 246.

8. *Journal de Lev*, 27 mai 1910.

9. *Esquisses du passé*, quatrième partie, ch. I.

10. *L'Ultime Combat*, p. 102.

11. *Journal de Sonia*, 26 juin 1910.

12. *Journal de Sonia et journal de Lev*, 7 juillet 1910.

13. *Journal de Sonia*, 10 juillet 1910.

14. *L. N. Tolstoï dans la dernière année de sa vie*, p. 293.

15. Id., p. 248.

16. *Journal de Sonia*, 23 juillet 1910.

17. Feuille libre datée du 29 novembre 1851 et placée dans le journal de 1851.
18. *L'Ultime Combat*, notes de Sergueï Tolstoï, p. 235.
19. *L. N. Tolstoï dans la dernière année de sa vie*, p. 338.
20. Id., p. 382.
21. Journal secret de Lev, 19 octobre 1910.

CHAPITRE X

1. Du début du chapitre X jusqu'à ce point, *L. N. Tolstoï dans la dernière année de sa vie*, pp. 398-400.
2. *Esquisses du passé*, quatrième partie, ch. I.
3. Lettres des enfants, id.
4. Sonia écrivit en tout quatre lettres après le départ de Lev, mais il ne reçut que celle-ci.
5. Dans son étude, Ilya écrit que la sœur de Lev, Maria Nicolaevna, lui dit après la mort de son frère que celui-ci avait la ferme intention de rester à Optina, mais que Sacha avait bouleversé ses plans : « Quand elle arriva avec son amie [Varvana], dit Maria Nicolaevna à Ilya, elles commencèrent à examiner la carte de la Russie, étudiant un itinéraire en direction du Caucase. Levochka était assis, l'air pensif et triste. Sacha essaya de le dérider : " Ne t'inquiète pas, Papa, tout ira bien. " Son père répondit avec amertume : " Oh vous, les femmes, les femmes. Qu'est-ce qui ira bien ? " »
6. Astapovo a été rebaptisé Lev Tolstoï.
7. La conversation de Tania avec Lev est citée dans *Esquisses du passé*, quatrième partie, ch. II, et tirée d'une lettre écrite par Tania à son mari le même jour.
8. *L'Ultime Combat*, préface de Sergueï Tolstoï, p. 37.
9. Dans son introduction à l'édition de Moscou des journaux de Sonia, S. Rozanova cite les remarques de Pasternak, Gorki et Strakhov.
10. *Souvenirs de Tolstoï*, p. 246.
11. Tel était le désir de Lev au moment où, pensant se remettre, il appréhendait l'excitation provoquée par les retrouvailles avec Sonia. On ne peut savoir quel eût été son désir si, alors qu'il se savait mourant, il avait appris que Sonia était à quelque pas et brûlait de le voir.

BIBLIOGRAPHIE

EN RUSSE

Tolstoï, L. N. *Œuvres complètes*, « Edition du Centenaire » (90 volumes). Editions d'Etat, Moscou-Leningrad.

Tolstoïa, S. A., *Journaux*. Editions des Belles-Lettres, Moscou, 1978. (En plus des journaux et carnets, cette édition comprend un chapitre tiré de l'autobiographie de Sonia, *Ma vie*, et une étude : *le Mariage de L. N. Tolstoï*. Les notes abondent en citations des lettres de Sonia et de *Ma vie*. Cette autobiographie, œuvre volumineuse dont Sonia dit qu'elle était « la meilleure chose que j'aie jamais écrite », ne doit pas être confondue avec la brève autobiographie écrite peu après la mort de son mari à la demande d'un éditeur, traduite et publiée plus tard par Hogarth Press sous le titre de *l'Autobiographie de la comtesse Tolstoï*.)

Tolstoïa, S. A., *Lettres à L. N. Tolstoï*. Presses Académiques, Moscou-Leningrad, 1936.

Boulgakov, Valentin. *L. N. Tolstoï dans la dernière année de sa vie*. Editions d'Etat, Moscou, 1960.

Eykhenbaum, B. M. (édition établie par). *Le Jeune Tolstoï. Souvenirs de ses contemporains*. Editions des Ecrivains, Leningrad, 1929.

Gousev, N. N. *Chroniques de la vie et de l'œuvre de Lev Nicolaïevitch Tolstoï*. Editions d'Etat, Moscou, 1958.

Kouzminskaïa, T[atiana] A. *Ma vie à la maison et à Iasnaïa Poliana*. Editions de Tula, Tula, 1960.

Tolstoïa, Alexandra. *Père. Une vie de Lev Tolstoï*. Chekov Publishing House, New York, 1953.

Tolstoï I[lya] L. *Mes souvenirs*. Editions des Belles-Lettres, Moscou, 1969.

Tolstoï S[erguei] L. *Esquisses du passé*. Editions d'Etat, Moscou, 1978.

EN FRANÇAIS

Accouturier, Gustave (traduit par). *Léon Tolstoï. Journaux et carnets*. Editions Gallimard, vol. I, 1979; vol. II, 1980; vol. III, 1985.

EN ANGLAIS

Boulgakov, Valentin. *The Last Years of Leo Tolstoy*. The Dial Press, New York, 1971.

Kennan, George. « A Visit to Count Tolstoy ». *The Century Magazine*, vol. XII, 1887.

Kouzminskaïa, Tatiana A. *Tolstoy As I Knew Him*. The Macmillan Company, New York, 1948.

Maude, Aylmer (traduit par). *The Final Struggle. Countess Tolstoï Diary for 1910*, préfacé et annoté par S[erguei] Tolstoï. Octagon Books, New York, 1980. (La traduction d'Aylmer Maude du journal de Sonia n'est pas complète mais j'ai utilisé *L'Ultime Combat* pour la préface et les notes approfondies de Serguei Tolstoï.)

Soukhotine-Tolstoïa, Tatiana. *The Tolstoy Home*. Journaux de Tatiana Soukhotine-Tolstoïa. Harvill Press, Londres.

Tolstoï, Alexandra. *A Life of My Father*. Harper and Brothers, New York, 1953.

Id. *Out of the Past*, Columbia University Press, New York, 1981.

Tolstoï, Comte Ilya. *Reminiscences of Tolstoy*. The Century Company, New York, 1914.

Tolstoï, Serguei. *Tolstoy Remembered by His Son*, Weindenfeld and Nicolson, Londres, 1961. (Une traduction considérablement abrégée d'*Esquisses du passé*).

Tolstoï, Tatiana. *Tolstoï Remembered*. Michael Joseph, Londres, 1977.

Bayley, John. *Tolstoy and the Novel.* The Viking Press, New York, 1966.

Berlin, Isaiah. *Russian Thinkers.* The Viking Press, New York, 1978.

Biryukov, Paul. *Tolstoy's Love Letters.* The Hogarth Press, Richmond, 1923.

Crankshaw, Edward. *Tolstoy, The Making of a Novelist.* The Viking Press, New York, 1974.

Dostoevsky, Anna. *Dostoevsky, Reminiscences.* Liveright, New York, 1975.

Gifford, Henry. *Tolstoy.* Oxford University Press, Londres, 1982.

Simmons, Ernest. *Leo Tolstoy.* Vintage Books, New York, 1960.

Stillman, Leon, ed. *Leo Tolstoy, Last Diaries.* Columbia University Press, New York, 1960.

Tchertkoff, Vladimir. *The Last Days of Tolstoy.* William Heinermann, Londres, 1922.

Tolstoy, Alexandra. *The Tragedy of Tolstoy.* George Allen and Unwin Ltd., Londres, 1933.

Tolstoy, Nikolai. *The Tolstoys, Twenty-Four Generations of Russian History.* Hamish Hamilton, Londres, 1983.

Werth, Alexander, trans. *The Diary of Tolstoy's Wife, 1860-1891.* Victor Golbancz, Londres, 1928.

Id. *Countess Tolstoy's Later Diary, 1891-1897.* Victor Golbancz, Londres, 1929. Réédité par Books for Librairies, Freeport Press, New York, 1971.

Wiener, Leo, trans. *Tolstoy on Education.* The University of Chicago Press, Chicago, 1967.

Christian, R. F. ed. and trans. *Tolstoy's Diaries.* Vol. I : 1847-1894. Vol. II : 1895-1910, Charles Scribner's Sons, New York, 1985.

Porter, Cathy. *The Diaries of Sophia Tolstoy.* Random House, New York, 1985.

EN FRANÇAIS

Troyat, Henri. *Tolstoï.* Editions Fayard, 1979.

Cet ouvrage à été réalisé en photocomposition par BUSSIÈRE
et imprimé par la Société S.E.P.C. à Saint-Amand-Montrond (Cher)
pour le compte des Éditions Olivier Orban
14, rue Duphot, 75001 Paris

Achevé d'imprimer le 7 mars 1988

Nº d'édition : 470. Nº d'impression : 3652-288.
Dépôt légal : mars 1988.
Imprimé en France